易学文化丛书

易道主干

张其成
著

华夏出版社
HUAXIA PUBLISHING HOUSE

图书在版编目（CIP）数据

易道主干 / 张其成著. -- 北京：华夏出版社有限公司，2023.5
ISBN 978-7-5222-0370-6

Ⅰ. ①易… Ⅱ. ①张… Ⅲ. ①《周易》—通俗读物 Ⅳ. ① B221-49

中国版本图书馆 CIP 数据核字（2022）第 129088 号

易道主干

作　　者	张其成
责任编辑	赵学静
出版发行	华夏出版社有限公司
经　　销	新华书店
印　　装	三河市少明印务有限公司
版　　次	2023 年 5 月北京第 1 版 2023 年 5 月北京第 1 次印刷
开　　本	710mm×1000mm　1/16 开
印　　张	20
字　　数	315 千字
定　　价	88.00 元

华夏出版社有限公司　　地址：北京市东直门外香河园北里 4 号　　邮编：100028
　　　　　　　　　　　网址：www.hxph.com.cn　　　　　　电话：（010）64618981
若发现本版图书有印装质量问题，请与我社联系调换。

易道，中华文化的灵魂

"红莲白藕青荷叶，三教原来是一家。"

如果把佛家比作"红莲"，道家比作"白藕"，儒家比作"青荷叶"的话，诗句中的"一"就代表易，这句话形象地体现了"易贯儒道禅"（禅特指中国化的佛教）。

如在人类轴心时代，只有一本书是由符号系统与文字系统共同构成的，那就是《周易》；在中华文化历史上，只有一本书是为儒家和道家共同尊奉的，那就是《周易》。

《周易》是华夏文明的总源头，是中华文化的聚焦点！

《周易》分为《易经》和《易传》。《易经》主要是一本占筮之书，成书于西周前期；《易传》主要是一本哲理之书，成书于战国后期。从"经"到"传"不仅反映了"易"的演进，更重要的是反映了从巫术向人文的质变，反映了中国古代文化发展的轨迹。

战国之后对《周易》的解释，被称为"易学"。"易学"既是《周易》"经""传"的解释之学，又是一门探求宇宙生命大规律的学问，是中国古代科学与哲学的代表。

《易经》《易传》和"易学"，是中国"易学文化"进程的三部曲，也是一部中华精神文化产生、发展的历史。"经""传""学"的思想内核和理论精髓，就是"易道"。"易"是广大悉备的，"易道"作为"易学文化"的核心，主要指"易"的本体观念、思维方式和价值理念。

在当今学术界，有一场关于"中华文化主干"的论争，主要有"儒家主干""道家主干""儒道互补"三派观点。我偏向于"儒道互补"说。我认为"儒道互补"的交集点，就在"易道"上，进而提出"易道主干"和"易家主干"说：历代儒家或道家大多是易家，大多是借易说理、借易明道，因此统贯儒、道二家的正是"易道"；历代解易、研易、借易说理的，就是"易家"。有意思的是，"易道"还影响了中国化佛教的产生，中国化佛教的代表是禅宗，因此"易道"可以统贯禅宗思想。综合起来看，正可谓"易贯儒道禅，道统天地人"。"易道"对中华文化各形态、各学科的影响是深层次的。无论是以易理为指导思想规范各学科的学术走向，还是以易符、易图为框架建构各学科的理论体系，都说明了这一点。

"易道"构成了中华文化最稳定、最本质的内核，代表了中华民族的深层心理结构，促成了中国人特有的生活方式、行为方式、价值取向、伦理道德、审美意识和风俗习惯。

将"易学"的研究置于中华文化研究的大环境之中，不仅能拓展易学研究的范围，获取易学研究的新方法、新视角，而且能促进中华文化的研究与发展。

人类已经进入21世纪，又步入了一个百年循环、千年循环期，"和平"与"发展"是全人类的期盼。在求和谐的进程中，"易道"所昭示的周期运动的大规律值得借鉴。

此外，"易道"以它统贯儒、道、禅的精神，以它"保合太和、含弘光大"的个性，或许能对建立当代中国人的信仰体系，构建中国人的精神家园，提供一种传统文化上的借鉴和选择。

确认以"易学"为代表的中华传统文化的现代价值，承续以"易道"为代表的中华民族传统精神，发挥"易文化"弥纶天人、贯通时空的品性，促进人与自然的和谐、科学与人文的互通、中西文化的融合，是历史交付给我们的光荣使命，更是"当代新易家"不可推却的职责！

第一章 《周易》：中华文化的源头活水 _001

第一节 《周易》的文化地位 _003

第二节 《周易》的构成 _005

第三节 《周易》的时代与作者 _006

第四节 "周易"的含义 _011

第五节 《周易》的性质 _014

第二章 《易经》：上古先民对宇宙生命的占问 _017

第一节 卦爻象：《易经》符号系统 _019

第二节 卦爻辞：《易经》文字系统 _062

第三节 卦爻象与卦爻辞 _067

第三章 《易传》：先秦哲人智慧的结晶 _071

第一节 "十翼"介绍 _073
第二节 解《经》的方法 _083
第三节 概念范畴与思想精华 _094
第四节 《易传》：儒道互补、百家会通的典范 _127

第四章 易学：中华文化的主旋律 _131

第一节 什么是"易学"？ _133
第二节 一花两瓣 _135
第三节 先秦易学 _158
第四节 两汉易学 _160
第五节 魏晋易学 _165
第六节 隋唐易学 _168
第七节 宋代易学 _170
第八节 明清易学 _179
第九节 现代易学 _189
第十节 国外易学 _197

第五章 易道：中华文化的精神主干 _205

第一节 从"道"的层面看"易" _209
第二节 易道本体观念 _236
第三节 易道思维方式 _246
第四节 易道价值观念 _259

目 录

  第五节 中华传统科学的实质 _261

  第六节 中华文化的理念特征与走向 _294

结语 _299

  中西文化：从大冲突到大融合——当代新易家的使命 _301

后记 _309

第一章

《周易》：中华文化的

源头活水

第一节 《周易》的文化地位

在中华文化的历史长河中，《周易》是源头的那一泓清泉，它是奔涌不息的生命之水，汇成了悠悠五千年的中华文明。

如果说《易经》《易传》、"易学"是中华文明进行曲的三个乐章，那么《周易》不仅仅是中华文化最古老、最重要的典籍，而且构成中华文明主旋律的基调。

在中国乃至世界文化史上，还没有哪一本书像《周易》这样引起人们如此长久、普遍的兴趣和针锋相对的争议；还没有哪一本书，像《周易》这样派生出如此众多的诠释和研究著作。

纵观世界文化史和中国文化史，我们可以看到：

《周易》是人类"轴心时代"唯一一本由符号系统和文字系统共同构成的书。

在轴心时代[1]，古希腊诞生了《荷马史诗》、柏拉图、亚里士多德等巨著和巨匠，两河流域诞生了希伯来文化元典——《圣经》，古印度诞生了婆罗门教经典《梵书》、史诗《摩诃婆罗多》、哲学经典《奥义书》、佛教经典，中国则诞生了《易》《诗》《书》《礼》《春秋》以及《论语》《老子》等诸子百家的经典。在这些文化经典中，只有《周易》是由系统的卦爻符号与阐释性文字构成的（见图1–1）。

---

[1] 雅斯贝尔斯《历史的起源与目标》一书将公元前500年左右，即公元前800年至前200年，称为世界历史的"轴心时代"（或译为"枢轴时期"）。

易道主干

天地泰

泰卦：小往大来，吉，亨。

泰彖曰：泰，小往大来，吉、亨，则是天地交而万物
　　　　通也，上下交而其志同也。内阳而外阴……

象曰：天地交，泰……

初九：拔茅茹以其汇，征吉。

象曰：拔茅征吉，志在外也……

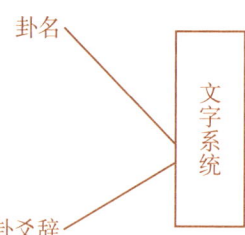

图1-1 《周易》的文字系统和符号系统

　　《周易》是中国文化史上唯一一本为儒家和道家共同尊奉的书。

　　在先秦典籍中，只有《周易》为儒、道两家所共尊——儒家尊为"六经之首"，道家尊为"三玄之一"。汉以后，儒家说理几乎没有不依据《周易》的，董仲舒依据《易》理建构了天人感应、阴阳五行的儒学系统，北宋五子的代表作几乎全是解《易》之作，南宋朱熹、陆九渊，以及明儒、清儒对《易》理均有发挥，可以说《四书》与《周易》是儒家的两大元典系统。汉代的道家著作如《淮南子》以及严君平的《老子指归》等都与《周易》有一定关系，而兼综儒道的扬雄，其《太玄》则是"易"与"道"融合的产物，至于道教，从《周易参同契》开始与《易》的关系更为密切。直到今天的中华文化主干问题大论争中，《周易》仍然是两派争抢的对象。"儒家主干"论者坚持《易》归于儒家的传统，"道家主干"论者找出《易》属于道家的理由。一本古书几乎被扯成两半。

　　《周易》是中国科学史上唯一一本对人文社会科学和自然科学、生命科学都产生重要影响的书。

　　对中国传统人文社会科学的影响，从《周易》为儒道所共尊中可见一斑，确实《周易》对汉代及以后的政治、伦理、宗教、文学、艺术乃至经济、军事等都有过重要影响。中国传统的天文学、数学、历法学、音律学、医学、农学、化学、物理学等也都受到《周易》象数思维方式的影响。

　　因此我们有理由说：《周易》是中华文化的"源头活水"，是"大道之

第一章 《周易》：中华文化的源头活水

源""生命之水"。

《周易》到底是本什么书？为什么它有如此强大、普遍而永恒的魅力？要回答这个问题，首先要搞清楚《周易》的结构、时代、作者等问题。

第二节 《周易》的构成

上古三代有三易，即夏代《连山易》、商代《归藏易》、周代《周易》。①因《连山易》《归藏易》早佚，故"易"一般都是指《周易》。

伏羲→八卦

神农→《连山易》→夏代

黄帝→《归藏易》→商代

周文王→《周易》→周代

图1-2 伏羲氏形图

图1-3 神农氏形图

---

① 《周礼·春官宗伯》："(太卜）又掌三易之法，一曰连山，二曰归藏，三曰周易。"《山海经》《易赞》《易论》均认为三易分别为三代之易。

005

易道主干

图 1-4 黄帝形象图

《周易》由两部分组成，一是经文部分，称为《易经》（狭义）；一是传文部分，称为《易传》。一般所称的《周易》是广义的，包括经文和传文，是对《周易》的尊称，这是因为《周易》是经典。本书所称的《周易》主要指狭义的经文。

一、经文

《周易》经文即狭义的《易经》，由六十四卦卦符（又称卦画）、卦名、六十四卦卦辞、三百八十六条爻辞组成。

二、传文

《周易》传文即《易传》，由《彖（tuàn）传》（上、下）《象传》（上、下）《文言传》《系辞传》（上、下），以及《说卦传》《序卦传》《杂卦传》等七种十篇构成，故又称"十翼"。

第三节 《周易》的时代与作者

传说上古之时，伏羲氏因风而生，草生月、雨降日。河汛时，龙马负图，"伏羲坐于方坛之上，听八风之气，乃画八卦"（《太平御览》天部卷九引王子年《拾遗记》）。神农氏（炎帝）作耒耜以兴农业，尝百草而为医药，并作《连山易》，所以神农氏又称"烈山氏""连山氏"。轩辕氏（黄帝）败炎帝，战蚩尤，命大桡作甲子、容成造历法、伶伦造律吕、隶首作算数，令羲和占日、常仪占月、鬼臾区占星，并作《归藏易》，所以又称黄帝为"归藏氏"。

中古之时，周文王居岐山之下，为诸侯所拥戴。殷纣王一怒之下将他囚禁在羑里，文王日思夜想，终于将八卦推演成六十四卦，并作成卦辞、爻辞。

下古之时，孔夫子周游列国，四处碰壁，五十岁时开始学《易》，下过"韦编三绝"的功夫，并以超人的才智写成"十翼"……

这就是关于《周易》的时代和作者的美妙传说，东汉班固《汉书·艺文志》将它概括为"人更三圣，世历三古"。"三圣""三古"的美妙传说固然无从考证，但至少说明卦爻符号早于卦爻辞。卦爻符号和卦爻辞形成的历史与中国文化形成的历史是同步的。让我们来看一看古代历史学家的记述和现代学者的分析。

一、八卦的作者与时代

关于八卦的作者与时代主要有两种观点。

1. 上古伏羲画八卦

《周易·系辞下》："古者包牺（伏羲）氏之王天下也……于是始作八卦。"司马迁《史记·太史公自序》："余闻之先人曰：伏羲至纯厚，作易八卦。"班固《汉书·律历志》："自伏戏（羲）画八卦。"古人多持此说。

2. 殷商卜者作八卦

近人据殷墟遗址甲骨、四盘磨甲骨、张家坡甲骨、沣镐遗址甲骨以及商、周金文、陶文考察，发现其上有数字卦的雏形。因而多数学者认为其创立时间为殷商或西周，其作者为众多的卜者、筮者，非一人一时所作，古代圣贤可能参与了八卦的制作、整理并起了重要作用。

当代学者很多人否定伏羲作八卦。我们认为对伏羲氏作八卦这一说法不要轻易否认。2006年5月从河南淮阳大朱村平粮台古城遗址采集到一处残缺的黑衣陶纺轮，上面有一个明显的刻画符号"☲"。李学勤先生认为这就是离卦。这件纺轮在距今4500年以前，虽然赶不上伏羲时代，但其时代早于夏代，这难道不令人惊讶和反思吗？

二、六十四卦的作者与时代

传统上主要有伏羲重卦、神农重卦、夏禹重卦、文王重卦等说法。《史记·周本纪》记述：文王囚羑（yǒu）里"盖益易之八卦为六十四卦"。《魏志·高贵乡公纪》说："包牺（伏羲）因燧皇之图而制八卦，神农演之为六十四。"《淮南子·要略训》说："然而伏羲为之六十四变。"

《周礼·春官·宗伯》记载夏、商、周三代太卜掌三易之法，"其经卦皆八，其别皆六十有四"。说明夏、商、周已用六十四卦符号，也就是说易卦符号至迟在夏代就已出现。不过《周礼》并没有进一步说出古三易六十四卦符号的具体形态。后人也只能从书名上对《连山易》和《归藏易》的首卦排列进行推测，那就是《连山易》可能是以"艮"卦为首（艮为山），[1]《归藏易》可能是以"坤"为首（坤为地，主藏）。[2] 现仅存的"三易"之一的《周易》，所记载的六十四卦符号，已经十分完备，这种卦爻符号是否就是《连山易》《归藏易》卦爻符号的原貌，已难以考证。近代一般认为是殷商或西周卜筮者所作。今人依据一些出土文物认为六十四卦直接由数字演化而成，六十四卦比八卦更早或两者同时出现在周初（约公元前11世纪）以前。[3] 20世纪50年代、70年代在沣镐、周原遗址上发现了

---

[1] 郑玄《周礼注》："名曰《连山》，似山出内气也。"贾公彦疏："此《连山易》，其卦以纯艮为首。"
[2]《礼记·礼运》："孔子曰：我欲观殷道，是故之宋，而不足徵也，吾得《坤乾》焉。"郑玄注："得殷阴阳之书也。其书存者有《归藏》"。孔颖达疏引熊氏云："殷易以坤为首，故先坤后乾也。"贾公彦疏："此归藏易，以纯坤为首。"
[3] 张政烺：《试释周初青铜器铭文中的易卦》，《考古学报》1980年第4期。

契刻于卜骨、卜甲、骨镞、陶器等器物上的"奇字",经对新石器时代晚期的陶器、商周甲骨和铜器、战国楚简等所作统计,这种"奇字"有一百多例(见图1-5),张政烺先生等人指出这种"奇字"即契数,就是原始的易卦,或者说原始易卦是一种数字卦。① 由此可知在《周易》六十四卦符以前或同时还有另一种卦符。但这种"数字卦"是否就是《连山易》《归藏易》的卦符,也同样无法认。

图 1-5　四盘磨甲骨

三、卦爻辞的作者与时代

司马迁、班固等历史学家认为,卦爻辞是周文王所作。

这种观点古代就有人反对。五四运动以后,学术界普遍认为《易经》非文王、周公所作。证据是卦爻辞中讲到的历史人物和历史事件有的出于文王、周公之后。不少学者认为《易经》是西周初叶掌卜筮之官所作。陈梦家认为是殷之遗民所作,郭沫若认为是楚人馯臂子弓所作,日本人本田成之亦认为是楚人所作,李镜池认为是周王室太卜、筮人所作。

关于《易经》的时代,顾颉刚认为是西周初期或前期;李镜池始认为是西周初期,后认为是西周晚期;陈梦家认为是西周;郭沫若认为是战国初期;本田成之认为是战国晚期。

近代大多数学者认为,《易经》卦爻辞的基本素材是西周初期或前期的产物,因所提到的历史人物和事件,均不晚于西周初期,故而成书当不晚于西周前期。② 持春秋说、战国说者均未将经文与传文分开考察。卦爻辞亦不是出于一人之手,是卜筮者长期探索积累的结果。

---

① 李学勤:《周易经传溯源》,长春出版社,1992年。
② 顾颉刚在《周易卦爻辞中的故事》一文中指出,晋卦卦辞中的"康侯"即卫康叔,乃周武王之弟,其事迹在武王之后,从而认为卦辞非文王所作,《周易》成书于西周初叶。

四、《易传》的作者与时代

图 1-6　孔子像

传统上认为《易传》是孔子（见图 1-6）所作。

《史记·孔子世家》说："孔子晚而喜《易》，序《彖》《系》《象》《说卦》《文言》。读《易》，韦编三绝。曰：'假我数年，若是，我于易则彬彬矣。'"《汉书·儒林传》：孔子"晚而好《易》，读之韦编三绝，而为之传"。《汉书·艺文志》："孔子为之《彖》《象》《系辞》《文言》《序卦》之属十篇。"均以为《易传》是孔子所作。

宋代欧阳修《易童子问》始疑《系辞》非孔子作，清代崔述认为《彖》《象》也非孔子所作。今人多认为"十翼"均非孔子所作，但也有人坚持认为《易传》确为孔子所作。[①]

对《易传》各篇的时代、作者，至今尚有争议。郭沫若认为《说卦》《序卦》《杂卦》是秦以前的作品；《彖》《系辞》《文言》是秦代荀子的门徒所作，《象》又在《彖》之后（《周易之制作时代》）。今人大致有两种意见：一是战国前期说，一是战国后期说。朱伯崑主张，《易传》为战国后期的著述，并认为依形成先后次序为：彖、象、系辞、文言、说卦、序卦、杂卦。[②] 朱先生的观点较符合历史事实。

《易传》成书时是独立的，未附于经文之后。西汉田何将"十翼"与经文各自为篇。费直开始把乾卦的《彖》《象》《文言》符合于经，以《彖》《象》《系辞》等传解经。东汉郑玄又以坤卦的《文言》和各卦的《象》《彖》诸传附于经后。

《周易》流传下来最早的本子是魏晋时期王弼、韩康伯注本，唐代孔颖达《周易正义》为之作疏。南宋朱熹《周易本义》曾依程颐意见，对系辞

[①] 金景芳：《周易讲座》，吉林大学出版社，1987 年。
[②] 朱伯崑：《易学哲学史》第一卷，华夏出版社，1994 年。

中个别章节做了调整。今通行本将《彖》《象》《文言》附于各卦经文后，其余各篇附于全部经文之后。

第四节 "周易"的含义

一、"周"有四种解释

一说，周为周代，是朝代名。

郑玄《易赞》："夏曰《连山》，殷曰《归藏》，周曰《周易》。"唐代孔颖达《周易正义》："又文王作《易》之时，正在羑里，周德未兴，犹是殷世也，故题周别于殷，以此文王所演，故谓之周易。其犹周书、周礼，题周以别余代。"朱熹《周易本义》："周，代名也。"

二说，周为周地，是地名。

《周易要义》："连山、归藏并是代号。"则周易称周取岐阳地名。《毛诗》云："'周原朊朊'是也。""周"地即岐阳（今陕西省岐山县）。

三说，周为周普。

郑玄《易论》："周易者，言易道周普，无所不备。"唐人陆德明《经典释文》释周："代名也，周至也，遍也，备也，今名书，义取周普。"清人姚配中《周易姚氏学》以郑说为是，并举《系辞》"易与天地准，故能弥纶天地之道""知周乎万物""周流六虚"等语句为佐证。

四说，周为周期、周环。

我认为，从上古三易的名称看，"连山"和"归藏"二名中都没有出现朝代名称，而是以内容特征来命名的。① 由此可推知"周"也不是朝代名或地名，"周"当为周环、周旋、周期之义。"周易"就是周而复始的变易规

---

① "连山"首为艮卦，象山出内气，山连山；"归藏"首为坤卦，为地藏万物，万物归于地。

律。从《周易》卦爻象与卦爻辞中可以得到证明。六十四卦从乾、坤开始到既济、未济，是一个运动周期（"既济"为本次周期的完结，"未济"为下次周期的开始）。卦爻辞中如"复"卦说"反复其道，七日来复"。循环、周期是《周易》揭示的宇宙生命的最根本规律。

二、"易"有七种解释

1. 易为变易、易简、不易

《易纬·乾凿度》、郑玄《易赞》《易论》说："易一名而含三义，易简一也，变易二也，不易三也。"三义联系起来理解：变易，体现宇宙万物永恒的运动本质；不易，说明事物运动可感知、可认识的相对静止状态以及宇宙发展规律的相对稳定性；易简，说明易卦阴阳变化规律本质的非神秘性和简明性。

2. 易为日月

《易纬·乾凿度》："易名有四义，本日月相衔。"郑玄《易论》："易者，日月也。"东汉魏伯阳《周易参同契》："日月为易，刚柔相当。"从字形上看，"易"字是"日"和"月"的相合（见图1-7）。"悬象著明莫大乎日月""日月之道，贞明者也"（《周易·系辞传》）。日是阳气最精者，月是阴气最精者，"易"象征阴阳的推移变化，带有抽象的哲学意味。

3. 易为生生不息

《周易·系辞传》："生生之谓易。"明代喻国人认为："先儒解易为变易，为交易，总不如《系辞》'生生之谓易'五字为最确。"易言宇宙万物生生不息，变动不居，易为生命哲学。

图1-7 易为日月

4. 易为逆数

《周易·说卦传》："《易》逆数也。"对此理解不一。三国虞翻注："易谓乾，故逆数。"《易纬·乾凿度》云："易气从下生。"郑玄注："易本无形，自微及著。气从生，以下爻为始也。"晋韩康伯注："作易以逆睹来事，以前民用。"朱熹《周易本义》引邵雍语："自乾至坤，皆得未生之卦，若逆推四时之比也。"李道平《周易集解纂疏》："乾坤初索震巽，再索坎离，三索艮兑，是逆数也。"从《易经》卦爻看，每卦六爻为六阶段，是从下往上发展的，这是"逆数"，同时卦爻是用来逆推万物过去和未来的，这也是"逆数"。

5. 易为卜筮

《管子·山权》："易者，所以守成败吉凶者也。"《贾子·道德说》："《易》者，察人之精，德之理，而与弗循，而占其吉凶。"《周礼·春官·太卜》郑玄注："易者，揲蓍变易之数可占也。"

6. 易为蜥蜴

据东汉许慎《说文解字》："易，蜥易（蜴）、蝘蜓、守宫也。象形。"易即是"蜴"的本字，像蜥蜴之形。蜥蜴即四脚蛇一类小动物，善变，故被古人视为测知刚柔消长、阴阳屈伸的神物（见图1-8）。

7. 易影射蚕和太阳

这是今人黎子耀《周易释名及其经纬》中的观点。我认为"易"字的本义就是"变易"。"易"从字形上看是蜥蜴，因蜥蜴善变，故引申为"变易"，此后"易"就专指"变易"。郑玄的三义说、毛奇龄的五义说（变易、交易、反易、对易、移易，载《仲氏易》）均是对"变易"的引申、发挥，是对变易形式的概括。

三、"周易"的含义

"周易"两字合起来说，则有三种含义：

图1-8　易为蜥蜴

易道主干

周代或周地的占筮；

周代或周地的变化；

周环或周期变化。

我认为"周易"表层含义是"周代或周地的占筮"，深层含义是"周环或周期变化"。

第五节 《周易》的性质

《周易》是本什么性质的书？围绕这一问题，古往今来，仁者智者，争议未决。

一、《周易》是卜筮书

宋代朱熹说："易本卜筮之书。"现当代一些学者认为《周易》不过是占卜算命、远古巫术的资料汇编。郭沫若《中国古代社会研究》、高亨《周易古经今注》等均持此观点。

李镜池说："《周易》是一部占筮书却是无容置疑的。"（《周易探源》）

刘大钧说："……因为归根到底，《周易》是一部筮书。"（《周易概论》）

二、《周易》是哲学书

庄子认为，"《易》以道阴阳"。阴阳问题又是中国哲学的基本问题，据此，《周易》成了中国哲学著作。

现代易学家李景春《周易哲学及其辩证法因素》、黄寿祺等《周易译注》持此观点。

李景春说:"《周易》不仅是中国古代一部最早的有系统的哲学著作,而且也是在世界上最早的有系统的哲学著作之一。"

黄寿祺说:"冠居群经之首的《周易》,是我国古代现存最早的一部奇特的哲学专著。"

三、《周易》是历史书

近代学者章太炎先生认为,《易经》讲人类文化、发展的历史。并以此观点解释了前十二卦。

近代史学家胡朴安先生系统论证了《周易》是史书,并著《周易古史观》一书。认为:"《乾》《坤》两卦是绪论,《既济》《未济》两卦是余论。自《屯》卦至《离》卦,为蒙昧时代至殷末之史。自《咸》卦至《小过》一卦,为周初文、武、成时代之史。"

今人李平心提出:"《周易》基本上是用谐隐文体和卜筮外形写成的一部特殊史书。"

黎子耀提出:"《周易》是一部奴婢起义史。"

四、《周易》是科学书

当代学者冯友兰先生在1984年写给"中国周易学术讨论会"的贺信中提出:《周易》是一部宇宙代数学。《周易》是一种模式或框子,什么内容都可以往里套。冯先生说的"宇宙代数"其实是"宇宙哲学"的含义,而当代"科学易"派则据之认为《周易》是一部科学书,并引证国外一些科学家的说法,如莱布尼茨说"中国的伏羲大帝已经发现了二进制"(事实上是莱布尼茨看出"伏羲六十四卦方位图、次序图"与他早就发现的二进制理论吻合),玻尔说太极图的对立原理即量子力学的互补原理,李约瑟、卡普拉等科学家均对《周易》有赞美之词。当代科学易派用现代科学的方法进一步发掘《周易》的科学内涵。

五、《周易》是百科全书

以《易大传》为代表的古代多数易著认为，《周易》是一部神圣的、内容无所不包的万世经典，为群经之首。

今有人进一步认为《周易》是一部包罗万象的百科全书，中国乃至世界各门学科都可以从中找到源头、找到知识。

除此之外，还有不少观点：

《周易》是智能逻辑（尹奈）；

《周易》是中国最古老的一部辞书（刘长允）；

《周易》是敌情之报告（徐世大）；

《周易》是上一次人类活动保存下来的精神文明（王锡玉）；

《周易》是科学著作（"科学易"派）……

以上种种观点，虽各执一端，各据其理，但都犯了一个错误，即将《周易》"经"和"传"不加区分地混为一谈，其实"经"和"传"是不同时代的产物，其性质完全不同，应该分开来论述。分而言之，《易经》（狭义）是一部占筮书，以占筮成分为主；《易传》是一部哲学书，以哲学成分为主。汉代将"经""传"合为一体，称为《周易》，尊为《易经》（广义），使《周易》具有占筮（巫术）、哲学、史学、科学等多层面性质和成分，从而使《周易》的性质复杂化。对此只有采用历史的态度和分析的方法，才能把握《周易》"经""传"的性质。

如果说《易经》是中华文化的源头（一切人文文化皆源于巫术文化），那么《易传》就是中华文化的活水。

《易经》从表面上看是占卜书，从本质上看是通过占卜来探索宇宙变化规律的书；《易传》则明确指出"易"是"天人之学"，是"开物成务，冒天下之道""与天地准，故能弥纶天地之道""广大悉备，有天道焉，有人道焉，有地道焉"的论"道"之学。也就是说，《易经》是带有哲学色彩的占卜书，《易传》是带有占卜色彩的哲学书。

第二章

《易经》：上古先民对宇宙生命的占问

《易经》(《周易》经文)由卦爻象的符号系统和卦辞的文字系统共同构成,是周代卜筮之书,是上古先民对宇宙生命的占问。

第一节　卦爻象：《易经》符号系统

卦爻象不仅是《易经》的符号系统，而且也是中华文化的"基因"。

所谓"基因"，本指生物遗传信息的负担者，是DNA片段。生物遗传过程是通过染色体上的"基因"进行的。那么一个民族的文化要流传和发展也必然要由"文化基因"来决定。

什么是"文化基因"？有学者认为，那些对民族的文化和历史发展产生过深远影响的心理结构和思维方式，就是该民族的文化基因。[①] 我认为，这个定义是从"形而上"的抽象层面给出的，"基因"既然存在于细胞核的DNA之中，是染色体上定点部位的信息载体，那么它就是一种物质形态，就是一种"形而下"的东西，从这个意义上说，"文化基因"也应体现为一定形式的物质形态，我认为"卦爻"符号无论是"形而上"意义还是"形而下"结构，都称得上是中华民族的"文化基因"。

从某种意义上说，中华文化源于卦爻符号，因为卦爻符号体现了中华民族初民的原始观念，中华文化可以说就是通过对卦爻的逐层解读形成与发展的。不管从"形而下"层面还是从"形而上"层面看，以"卦爻"作为中华文化基因都是合适的。

从"形而下"层面看，卦爻是有形的符号；从"形而上"层面看，卦爻以及对卦爻的解读体现了中华民族传统思维方式和心理底层结构。

一、神秘的卦爻符号

《周易》是神秘的，《周易》的符号更加神秘！

如果说《易经》《易传》"易学"是中华文明进行曲的三个乐章，那么

---

① 刘长林：《中国系统思维》，中国社会科学出版社，1990年。

《易经》符号就是构成这三个乐章的基本音符。

有人说，埃及金字塔、巴比伦空中花园只不过是有形的物质之谜，而《易经》符号则是无形的精神之谜。从古至今，从中国到西方，多少能人贤士都在试图破译这个诱人的"谜"。

德国杰出数学家莱布尼茨（G.W.Leibniz）发现六十四卦符号竟然与二进制原理完全吻合。

丹麦著名物理学家玻尔（N.H.D.Bohr）发现太极图（"阴阳符号"）竟是量子力学互补性原理、并协原理的形象说明，并最终选定太极图作为他的族徽图案。

英国著名科学家李约瑟（J.Needham）终生研究中国科技史，对易经符号用于炼丹术倾注极大兴趣。

美国当代物理学家卡普拉（F.Capra）认为，卦象符号具有通过变化产生动态模式的观念，与现代物理中的S矩阵理论最为接近……

在国外学者不温不火地破译易符号时，中国人坐不住了，中国文化的奥秘岂能让位给外国人去破译？于是乎不管是研究哲学的，还是研究科学的，多少人纷纷把精力投向这些符号，各种"破译"的"谜底"随即纷至沓来——

> 卦爻是男女生殖器的符示；
>
> 卦爻是太阳、月亮的象征；
>
> 卦爻是我国最早的文字；
>
> 六十四卦就是六十四种遗传密码；
>
> 六十四卦蕴含二进制之理，是电子计算机之母；
>
> 八卦排列规律就是化学元素周期律；
>
> 八卦可以预测太阳系第十颗行星……

每种"破译"一出，就有轰动一时的新闻效应，或称为"前所未有"的"重大发现"，或称为"终于解开中国文化史的千古之谜"。

是耶？非耶？

我想，如果不从这些符号形成与发展的历史上、不从中国思想文化特定背景上进行考察，那么就没有资格对易符号说三道四，当然也没有资格

第二章 《易经》：上古先民对宇宙生命的占问

对以上种种"破译"进行客观公正的评价。

卦爻符号作为"不确定域"的"文本"，为儒、道两家，象数、义理两派，不断地解读和重构。或以《易》为先导和工具，借《易》阐释各自的思想理念，以建立各自的理论体系；或以《易》为理论归宿，将各种新知新见导入易学，使易学的外延不断扩展，以至于形成"无所不包"的奇异文化现象。

儒家立足于"乾"卦，既突出乾阳刚健、自强不息的精神，又借以阐发乾尊坤卑的伦理等级观念（见图2-1）。不关注《易》的占卜之术，而关注《易》的治世之用。将《易》看成改过迁善的大智慧，是弥纶天地人三才的大"道"。儒家之理可以"乾、坤"二卦总其大要。

道家立足于"坤"卦，强调阴柔的归藏、包容功能，以贵柔尊阴、自然无为、致虚守静为"道"，以"易"为出世之用（见图2-2），或许正是《归藏易》思想的继承者。道教立足于"坎离"二卦，以坎离为铅汞，借易卦以论作丹之理，又可用以说明"负阴抱阳"之天道。

易学符号又是象数派和义理派共同依据的本体。"易学"的一大特点正是："象数"是体，"义理"是用；体用一源，显微无间。两派的区别只在于：象数派偏向于对卦爻符号作阴阳吉凶、修道养生、宇宙人文的解读，多赋予卦爻符号以宇宙科学、自然科学、生命科学的意义；义理派偏向

图2-1　儒家思想核心

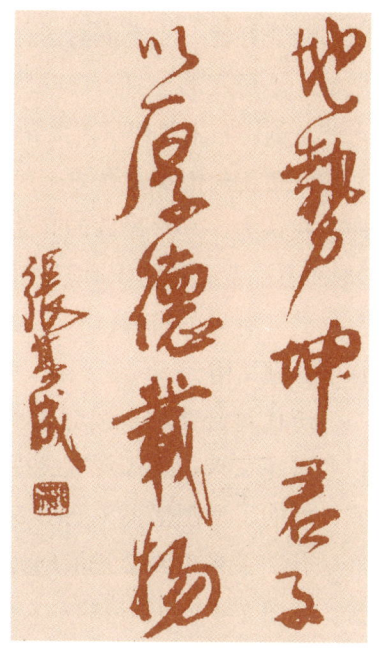

图2-2　道家思想核心

021

于对卦爻符号作阴阳刚柔、性命道德、人事伦理的解读，多赋予卦爻符号以伦理学、管理学的意义。

而以邵雍、周敦颐、朱熹为代表的综合派，则将易学象数符号重建为既用来探求宇宙万物本原和生成变化规律，又用来阐发道德性命之理、纲常伦理之本——天道与人道共通的理论模式。

这本书通过对易学卦爻符号的历史来源、流传演变进行梳理，得出以下结论：

易学符号——卦爻既不是来源于某种单一的物象，也不是用来表征某种单一的物象。这就是说，现代人对易学符号的有关"破译"基本上都是不正确的，至少是不全面的！

易学符号来源于对宇宙万事万物的"仰观俯察"、抽象综合与逻辑归纳，又被用来模拟、说明万事万物——宇宙生命的本源、生成、变化、结构以及人的道德伦理、自我修炼……易学符号揭示的是宇宙万物总体的、普遍的、同一的结构运动规律。

卦爻是中国人建构宇宙生命动态结构、运动变化统一规律的（符号模型）。这也正是为什么现代的一些发明、发现都可用卦爻进行比附的根本原因。卦爻好比一个空的套子，它不仅可以填入特定的内涵，而且有着可伸展的、不稳定的外延。这就使它具备了无与伦比的可解读性。事实上中国人就是利用它来建构宇宙世界与人文世界的。

卦爻还是中华民族的"文化基因"，它决定了中华文化的面貌和发展方向。我认为，一个民族的文化基因除了具备"形而上"意义外，还是一种"形而下"意义的物质形态，而卦爻正好具备了这两个条件：它是中华民族最早的、有形的符号，它以及对它的解读体现了中华民族传统思维方式和深层心理结构。

历代对卦爻的解读分为象数派与义理派，象数派以象数为最高范畴，以象数论义理；义理派以义理为最高范畴，以义理论象数。就象数学派而言，发明了河图洛书（见图2-3）、太极图等解易图式。这些易图与易符到底是什么关系？卦爻是依据河图洛书而发明的，还是河图洛书是为了配八卦（见图2-4）而创造的？八卦是由太极图演变而来，还是太极图是为了解读八卦而制作的？

第二章 《易经》：上古先民对宇宙生命的占问

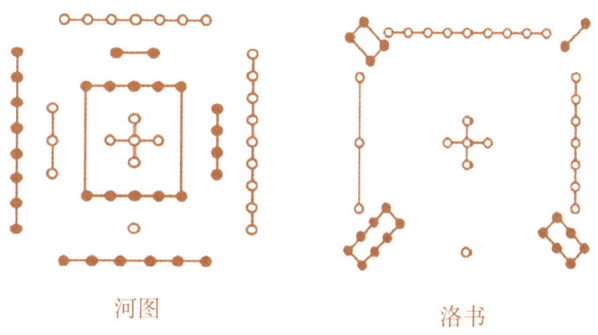

图 2-3　河图、洛书

图 2-4　文王八卦原图

本书对以上种种"破译"作了冷静的、客观的分析。首先是从历史材料包括文献记载及出土文物入手，从大量的历史材料中梳理出易符发展流变的脉络，还原易符真实的本来面貌。然后从逻辑结构、文化功能上对易符进行分析，提出自己的观点，力求公允、公正。

我坚持认为，易符作为"易道"的载体与图示，从一个特定的层面展示了中国文化的本体意识、思维方式、价值取向、认知方法和人文精神。从某种意义上说，易学符号和图式就是中国的传统哲学、传统自然科学与生命科学的代表或基础。中国传统科学与西方传统科学有不同的特点，西方科学以"公理论"为特征，中国科学以"模型论"为特征，这种"模型"就是以易符与易图为代表的"模型"。

我相信，在中国文化主干——"易道"的整合与升华中，易符与易图将为打通古老文明与现代科学的通道、为探索宇宙生命的理论模式——统一"方程式"或"连续场"，提供一种方法论的启迪，进而为实现中西文化的大融合、为人类未来的文明做出重要贡献。

二、卦爻的来源

1.爻

《周易》符号体系由八卦、六十四卦组成。而卦的基本组成因素是"爻"。

爻——《周易》最基本的符号，卦的最小构成单位。

爻分阳爻、阴爻。

阳爻符号为"━"，阴爻符号为"━ ━"。

爻的图像是仿效天下万物变化运动而产生的。《周易·系辞传下》："爻也者，效天下之动者也。""爻象动乎内，吉凶见乎外。"《周易·系辞传上》："爻者言乎变者也。"三国虞翻注："动，发也，谓三才为六画，则发挥刚柔而生爻也。"唐代孔颖达疏："谓每卦六爻，皆仿效天下之物而发动也。""言爻者，效此物之变动也。"

爻的本质特征在于"效"和"动"。

爻与卦的关系是"体"与"用"的关系，卦是物之体，爻是物之用。卦自静态的角度观察，重在反映阴阳之物，反映物之象，物之形；爻自动态角度观察，重在反映阴阳之动，反映物之变，物之化。关于爻的起源学说主要有七种。

（1）结绳图画说

上古时代，人类找到了有效的传输和储存信息的手段，即结绳、图画、刻画。以此记事，将各种需要的信息跨越时间和空间进行传播和保存。结绳记事就是在绳子上挽出大小不等、形状不同的结或不同间距的结来记忆、传达信息。

结绳记事开始于什么时代?

《庄子·胠箧》说:"昔者容成氏、大庭氏、伯皇氏、中央氏、栗陆氏、骊畜氏、轩辕氏、赫胥氏、尊卢氏、祝融氏、伏戏(羲)氏、神农氏,当是时也,民结绳而用之。"《系辞传》称伏羲氏"作结绳"。传说女娲之后的有巢氏、燧人氏、伏羲氏时代,人类就发明了结绳记事。原始母系社会早已会用绳子记事了。

《周易·系辞传下》称伏羲氏"作结绳而为网罟,以佃以渔,盖取诸离""上古结绳而治,后世圣人易之以书契,百官以治,万民以察,盖取诸夬"。

东汉郑玄猜想上古之时记大事打一大结,小事打一小结。近代认为阳爻━和阴爻--是古代结绳没有打结和打结的反映。有人以为"━"为一大结,"--"为两小结。"☰"为三大结,"☷"为六小结。具体方法尚有另说。李镜池《周易探源》、范文澜《易经概论》、陈道生《八卦的起源》持此观点。

(2) 男女生殖器说

古代有生殖器崇拜的习惯。阴爻、阳爻是古代生殖器崇拜的孑遗。阳爻━代表男根,阴爻--象征女阴。原始氏族社会的人全身长着长毛,还不懂得穿衣,没有羞耻观念。为表示男女差别,选用生殖器形象,以此抽象出符号。由此演出男女、父母、阴阳、刚柔、天地等观念。

章太炎《易论》、钱玄同《答顾颉刚先生书》、郭沫若《中国古代社会研究》等持此观点。

(3) 龟兆说

古代占卜,烧灼龟甲,察看烧开龟甲裂纹的程度,定出吉凶。商代为盛,除龟甲外还用兽骨占卜吉凶。以后又在甲骨上刻记所占事项及事后应验的卜辞。古代从烧灼或刻画的兆纹上受到启发,作阴、阳爻。

屈万里《易卦源于龟卜考》、余永梁《易卦爻辞的时代及其作者》、日本本田成之《作易年代考》等持此观点。

（4）竹节、蓍草说

高亨在《周易古经今注》一书里认为，阳爻━象征一节之竹，阴爻╍象征二节之竹。阳爻和阴爻是人们卜筮时所取竹节的象征。也有学者认为，阴阳爻源于蓍草的排列。整根蓍草为阳爻，中间开裂的蓍草为阴爻，后抽象出"━"和"╍"的符号。

（5）日月星象说

"━"阳爻渊源于日象，"╍"阴爻渊源于月象。《史记集解》引孟康曰："五星之精，散为六十四，变记不尽。"

原始氏族社会，人们观察到太阳呈圆形，将它画成⊙形，后写为"日"；月亮呈)形，后写为"月"。古人将⊙展开拉直，就构成阳爻"━"，将)的两画平列连画，构成阴爻"╍"。此说符合日月（阴阳）的属性（见图2-5），阳光照耀宇宙，万物则茁壮成长、勃勃生机，故阳有刚健、积极、进取的属性；月光照耀宇宙，大地则阴暗、缺乏生气，故阴有脆弱、消极、消退的属性。这就从一个侧面来证明阴阳爻源于日月星象。

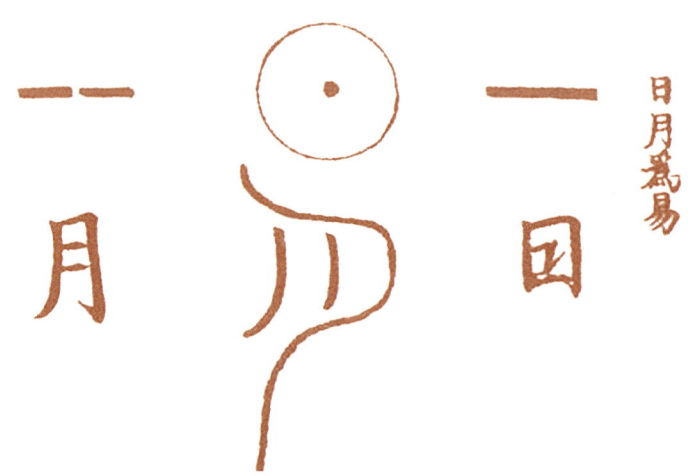

图 2-5　日月的阴阳属性

有人认为"卦"为用土圭测日影（晷影），爻是记述晷影变化的符号。阳爻即太阳光，阴爻即月光、星光。

（6）数字说

20世纪70年代以来，学者们从陆续出土的文献、文物中，发现阴爻、阳爻乃至八卦、六十四卦是由数字演变而来的。张政烺依据陕西周原的"奇字"，认定这就是早期卦符。

不少学者认为，阳爻"━"起源于奇数一，阴爻"╍"起源于偶数六。

陕西周原出土的西周初年卜骨、湖北江陵天星观出土的战国楚墓竹简、安徽阜阳双古堆一号汉墓竹简、湖南长沙马王堆汉墓帛书等文物上的数字图画符号主要有5个：-（一）、×（五）、∧（六）、+（七）、><（八）。-、×、+不同时出现，相对立的主要是 - 和 >< 。在一至九这9个数字中，用"-"表奇数最合适，而一至四这4个数字，古代皆以横画相重表示（━ ═ ≡ ≣），如用"≣"表示偶数容易混淆，这样剩下的偶数就只有六（∧）和八（><）了，在不同的文物资料中可见这两数皆用来表示偶数，∧或 >< 垂直断开，即为阴爻"╍"。

至于"━""╍"何时正式确立，有学者推测在汉初以后。

（7）算筹说

日本三上义夫《中国算学之特色》认为，爻是古人用的筹的形状，阳爻代表五，阴爻代表一，类似罗马数字，以五为基础加减而成。

还有人认为，阴阳爻来源于古代早期宫室建筑的横木、椽木，阳爻"━"是梁柱一类长而直的横木的象形写意，阴爻"╍"是两木交叉作为椽木的细而短的木棍的会意假借。

我认为，阴阳爻是古人综合考察宇宙万事万物而提炼、抽象出来的符号，经历了"仰观""俯察"的漫长过程，不是仅凭某一事物就创造出来的，当然亦非一人一时所作，更非凭空而造。"爻"的直接起源当与龟甲卜兆裂纹有关，兆纹虽有多种形状，但总体上说线条较直，一般没有曲线，从兆线的断连情况看，也只有断或连两种，易卦作者受此启发而发明阴阳爻。从先秦古籍，如《周礼》《左传》《国语》等记载看，卦爻符号早在夏商周或西周时代就已经形成了。近来随着出土文物的陆续发现，已证明阴阳卦爻至迟在战国中期就已经出现，据悉上海博物馆从香港购置的战国楚简上的《易经》卦爻符号还是彩色的。

2. 卦

卦，即"易卦"，是《易》的符号体系，由阳爻、阴爻组成。

易卦分为八卦、六十四卦两种。八卦由三根爻组成，六十四卦由六根爻组成。《周礼》称八卦为经卦，六十四卦为别卦。就《周易》经文而言，只有六十四卦，没有八卦。

《说文解字注》："卦，所以筮也，从卜，圭声。"

《周易正义》孔颖达引《易纬·乾凿度》说："卦者，挂也。言悬挂物象以示于人，故谓之卦。"

《周易·说卦传》："观变于阴阳而立卦。"近代有人认为，卦为土圭，即以泥筑成的土堆，作测日影之用。长一尺五寸，立八尺之表以致日影；画其影而测之，以定方向、地位、时间。因而主张卦画是根据土圭测影而来。

卦在《易经》中主要用于占卜，后用以象征自然现象和人事变化，成为描述宇宙万物的模式符号。

有关卦的起源，观点众多。

（1）取象说

《周易·系辞传下》："古者包牺（伏羲）氏之王天下也，仰则观象于天，俯则观法于地，观鸟兽之文与地之宜，近取诸身，远取诸物，于是始作八卦。""圣人设卦观象。"认为八卦是伏羲氏通过观察天象、地形、人身及万物之后经高度提炼而作成的。

（2）据数说

《周易·系辞传上》："极其数，遂定天下之象。"《周易·说卦传》："参天两地而倚数，观变于阴阳而立卦。"韩康伯解释参天两地为奇偶二数，取奇偶二数以定八卦之象，即阳爻"—"为奇，阴爻"- -"为偶，演为八卦之象。

（3）大衍之数说

《周易·系辞传上》载有"大衍之数"起卦法，将四十九根蓍草经过分

二、挂一、揲四、归奇等过程，最后得出 7、8、6、9 四值，而定出阴阳爻，三变而成一爻，十八变成一卦。

（4）乾坤生六子说

《周易·说卦传》认为，乾为父，坤为母，震为长男，巽为长女，坎为中男，离为中女，艮为少男，兑为少女。乾之一阳来交于坤之阴则成阳卦而得三男，坤之一阴来交于乾之阳则成阴卦而得三女，组成父母六子八卦。

（5）太极两仪说

《周易·系辞传》首先提出："是故《易》有太极，是生两仪，两仪生四象，四象生八卦，八卦定吉凶，吉凶生大业。"可用图 2-6 表示。认为八卦是从太极中逐层分立出来的。

"太极"，是阴阳未分时的一种原始状态，是混沌的、合一的。"太极"又是什么？有人解释为"气"，有人解释为"理"，也有人解释为"以太"。《易传》认为，"一阴一阳之谓道"，"一阴一阳"就是"太极生两仪"的"两仪"，"两仪"相合为"太极"，"太极"分化为"两仪"。可见太极即是"道"，既是物质的（"气"），又是精神的（"理"），是"物心一元"的。太极既是宇宙生成前的混沌形象（"⚊"），又是宇宙生成的规律"道"的图示。

先天八卦次序图

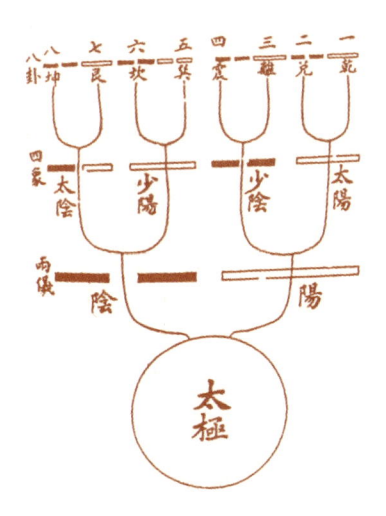

图 2-6　太极生两仪、四象、八卦

"两仪"，即阴和阳，在图示上为阴爻"⚋"和阳爻"⚊"。阴阳由"太极"分化而来。

"四象"即太阳、少阴、太阴、少阳。表明阴阳进一步分化，阳中又为阳、阴，于是在阳爻上加一阳爻或阴爻；阴中又分阴、阳，于是在阴爻上加一阳爻或阴爻。

"八卦"是由四象分化而来。太阳进一步分阴、阳，在太阳上方加一阳爻或阴爻；少阴进一步分阴、阳，在少阴上方加一阳爻或阴爻；少阳进一步分阴、阳，在少阳上方加一阳爻或阴爻；太阴进一步分阴、阳，在太阴上方加一阳爻或阴爻，于是就成为八卦。

六十四卦又是由八卦分化而来。从八卦至六十四卦还要经过三个过程。首先由八卦分阴、分阳，而生成四爻之卦，共得十六卦；其次，由十六个四爻卦分阴、分阳，而生成五爻之卦，共得三十二卦；最后，由三十二个五爻卦分阴、分阳，而生成六爻之卦，共得六十四卦。可用数学表示如下：

2^0（太极）$\to 2^1$（两仪）$\to 2^2$（四象）$\to 2^3$（八卦）$\to 2^4$（十六卦）$\to 2^5$（三十二卦）$\to 2^6$（六十四卦）……2^n（万事万物）

《易传》还有一种解释，就是六十四卦是由八卦相重得来的。《彖辞传》在解释卦象时，就把六十四卦还原为上下两个八卦。如依据八卦相重的观点，那么"太极生两仪"这段的数学表示法为：

2^3（八卦）$\to 2^{3\times 2}$（六十四卦）

（6）河图洛书说

此说源于《周易·系辞传》："河出图，洛出书，圣人则之。"认为圣人取法于河图、洛书而作八卦。汉代孔安国伪《尚书孔氏传》："河图八卦，伏牺（羲）氏王天下，龙马出河，遂则其文以画八卦。""天与禹洛出书，谓神龟负文而出，列于背。""有数至于九，禹遂因而第之，以成九类。"据今所见，西汉时扬雄《太玄经》始有十数图、九数图图式。到北宋时，象数派易学家始认为，河图是十数图，洛书是九数图。

河图说者认为，河图的天地之数内包含着八卦，如一、六居北，北方为水，则为坎卦方位；二、七居南，南方为火，则为离卦方位；三、七居东，东方属木，则为震卦、巽卦方位；四、九居西，西方属金，则为乾卦、兑卦方位；五、十居中，中央为土，则为坤卦、艮卦之交。河图的八卦方位配置表示五行的流转和运动。

洛书说者认为，洛书四奇数（1、3、9、7）的方位（即"四正"）取象于天道，表示二至、二分，即北为冬至，南为夏至，东为春分，西为秋分。四偶数（2、4、8、6）的方位（即"四偶"或"四维"）取象于地道，表示四立，即东北为立春，东南为立夏，西南为立秋，西北为立冬。中央（5）是参两之合（3+2），取象于人道。

洛书通过四正（四奇数）、四维（四偶数）可推演出四象和八卦，从而确定宇宙万物发生的门户。就四正言，即南方9为日，为离卦；北方1为月，为坎卦；东方3为雷，为震卦；西方7为泽，为兑卦。就四维言，西北6为天门，为乾卦；西南2为人门，为坤卦；东南4为地门，为风门，为巽卦；东北8为鬼门，为艮卦（见图2-7）。

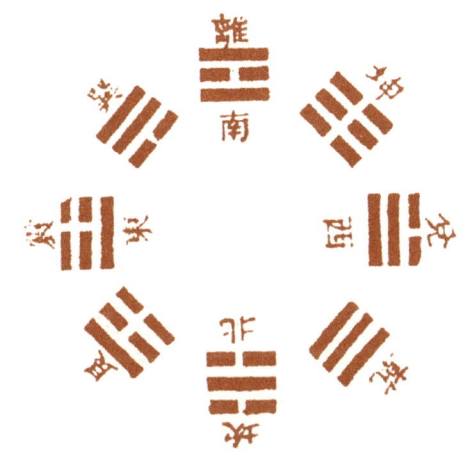

图2-7 文王八卦方位图

后世注家多不取此说。

北宋张载有另解："作书契纹法，犹地出图书。"认为《易》有卦画，如同地有地图。

（7）文字说

《易纬·乾凿度》认为，八卦起源于象形文字："古文八卦 ☰古天字……☷古地字……☴古风字……☶古山字……☵古坎字……☲古火字……☳古雷字……☱古泽字。"杨万里《诚斋易传》："卦者，其名画者，非卦，乃伏羲初制之字。"现代学者郭沫若《周易之制作年代》、范文澜《易经概论》等以为八卦由文字或图画文字引导出来。近人胡怀琛以为八卦代表上古数目字，他依据《汉书·律历志》"自伏羲画八卦，由数起"，认为☰代表一，☱代表二，☲代表三，☳代表四，☴代表五，☵代表六，☶代表七，☷代表八。

（8）日月星象说

《史记集解》引孟康云："五星之精，散为六十四，变记不尽。"现代科学易派多以阳爻"—"渊源于日象，阴爻"--"渊源于月象。日、月、五星、二十八宿等星象以及由此而来的古代历法是八卦的起源，其依据有马融、荀爽、郑玄、王弼、干宝等注释。

（9）数卜说

现代汪宁生《八卦起源》等认为，我国少数民族流行投掷、刻画等以数占卜之俗，如彝族的"雷夫孜"、纳西族的"巴卜"等，研究表明阳爻代表奇数，阴爻代表偶数，八卦即由数卜时奇偶数的不同排列而形成。

（10）筮数、奇字说

一些现代学者依据出土的商、周代文物认为，八卦符号是由筮数符号演变而来。即先有数符号，后有八卦符号。这一点已有前文提到。卦是由蓍（筮）决定的，蓍是用数的奇偶变化法则创造出来的模拟物，其过程是：蓍（筮）→数→卦。《系辞传》记载了古筮法：四次经营筮数为一变，三变之后，可得七、八、九、六共四数，分为阴阳老少。依此画爻，积六爻而成一卦。《左传》言："筮数也。"（《僖公十五年》）《周易·系辞上》言："极数知来之谓占。"说明易卦确实是由运数而得。数经过一个外形与内涵的双向符号化过程，最终导致了后来《周易》卦爻画的出现。所谓数字外形的符号化，即由一定的数字化为奇偶，再由奇偶化为"—""--"两种基本符号。所谓内涵的符号化，即一定的数字及"—""--"符号，不再仅仅具有纯粹的数量意义，而且有了表示吉凶的内涵，甚至含有表征两种相反势力变化之意。

在考古文物中，两座西汉时的古墓——阜阳双古堆竹简《易》和长沙马王堆帛书《易》保存了较早的、成系统的卦画，这两种《易》的卦画都带有明显的数字痕迹，如临卦，阜阳竹简作䷒，马王堆帛书作䷒。①

最早考释出甲骨、金文"奇字"是"九""六"等数字符号的应该是

---

① 张政烺：《帛书六十四卦跋》，《文物》1984 年第 3 期；于豪亮《帛书周易》，《文物》1984 年第 3 期。

李学勤先生。[1]张政烺先生在1978年底长春召开的古文字学术会上第一次系统地、具体地解释了周原新出土甲骨上的记数符号就是八卦符号。后撰文对甲骨、金文上的"奇字"进行考释，认为周原卜甲六个数字是重卦（六十四卦），铜器铭文中三个数字是单卦（八卦），少数六个数字是重卦。[2]张亚初、刘雨在1981年收集了这方面的大量材料。[3]在二十九件器物上，记有三十六条数字卦符号（见图2-8），这些符号广泛见于商和西周的甲骨、铜器、陶器上。这些符号有一个共同特点，都是数目字的组合，而且都是三个或六个数字构成的组合。从而认定它们就是占筮用的八卦、六十四卦数字符号，也是最早记录下的我国古代占筮的材料。

1—3 四盘磨甲骨，4、5、8、13、14 张家坡甲骨，6—7 沣镐遗址甲骨，9—12 凤雏遗址甲骨，15《殷墟文字外编》448，16 召卣，17 效父，18、19 中方鼎，20 堇伯，21 史孖父鼎，22 父戊卣，23 盘，24 铜鼎，25 召仲卣，26、27 铜颠，28 铜擎，29 铜卣，30 陶罐，31、32 陶范，33—35 殷墟陶篡，36 玺印图。

（11）其他说法

王锡玉在《宇宙元素周易经络图》一书中提出，八卦是上一次人类文明遗留下来的唯一的文物。

有人认为，八卦的神秘已超过金字塔，不是地球的人智力所能达到的，所以认为八卦是星外来客赠给地球的礼物。

有人认为，在高气功状态下，"天目"处会自然产生八卦以及与八卦有关的各种图像，有特异功能者会看到这种图像，所以主张八卦是从高功夫态、特异功能态中产生的。

这些说法充其量只是一种猜测，并没有有力的证据，因而难以令人信服。

其实《周易·系辞传》已说得很明白："古者包牺（伏羲）氏之王天下

---

[1] 李学勤：《谈安阳小屯以外出土的有字甲骨》，《文物参考资料》1956年第11期。认为："这种纪数的辞和殷代卜辞显然不同，而使我们想到《周易》的'九''六'。"
[2] 张政烺：《试释周初青铜器铭文中的易卦》，《考古学报》1980年第4期。
[3] 张亚初、刘雨：《从商周八卦数字符号谈筮法几个问题》，《考古》1981年第2期。

易道主干

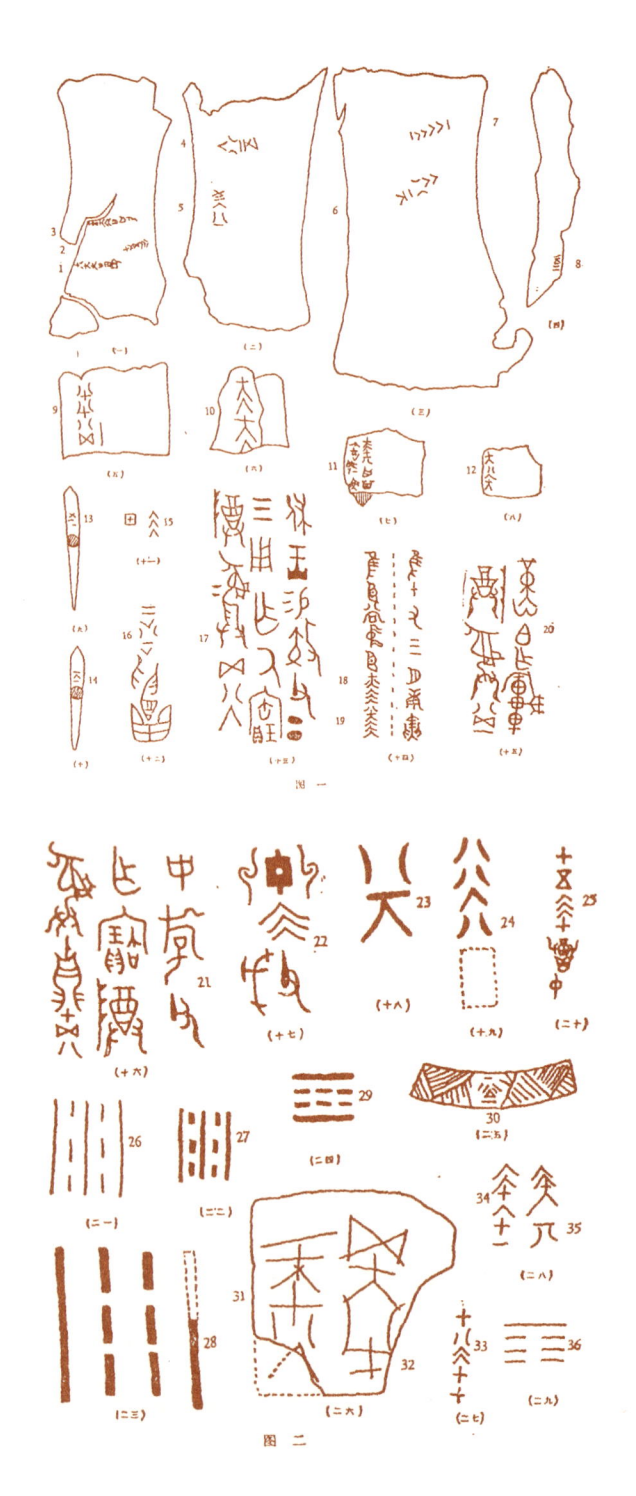

图 2-8 商周器物数字卦

也，仰则观象于天，俯则观法于地，观鸟兽之文与地之宜，近取诸身，远取诸物，于是始作八卦。"这就说明卦爻的制作不是依据某一事、某一物，而是通过对天地、鸟兽、人物，即宇宙万物的综合观测，然后概括、抽象、简化而来的。

从人类认识过程的演变中可以发现，人类思维总是从形象到抽象。八卦、六十四卦是高度抽象的产物。其本源离不开对天地、宇宙万物的观察、分析，找出其共同点，删除其繁杂处，逐渐简化，以至于无法再简化，于是造出"—""--"符号，并组成八卦、六十四卦。就其直接源头而言，应当是占卜龟兆，只是具体演进过程还没有更多的文物材料以供研究。

三、卦爻的组成

1. 八卦的组成

八卦亦称经卦、单卦、三爻卦、小成之卦。

八卦是《周易》的基本符号，是组成《易》的基本图像。

八卦由阳爻（—）、阴爻（--）由下而上叠合三次而成。按叠合排列公式为：$2^3=8$，可得出以下八种符号：

☰（乾）、☷（坤）、☳（震）、☴（巽）、☵（坎）、☲（离）、☶（艮）、☱（兑）。

朱熹《周易本义》有"八卦取象歌"："乾三连，坤六断，震仰盂，艮覆碗，离中虚，坎中满，兑上缺，巽下断。"（见图2-9）

八卦为何取三爻？《周易·说卦传》认为："立天之道，曰阴与阳；立地之道，曰柔与刚；立人之道，曰仁与义。"宇宙由天、地、人三才构成。易之道包括天道、地道、人道。（见图2-10）

清代学者阮元说："圣人初画八卦，设刚柔两画，象二气也；布以三位，象三才也。"可见八卦之上爻为天，下爻为地，中爻为人。一卦蕴含天、地、人"三才"之道。

八卦取象歌

乾三連　坤六斷　震仰盂　艮覆盌
乾為天　坤為地　震為雷　艮為山

坎中滿　離中虛　兌上缺　巽下斷
坎為水　離為火　兌為澤　巽為風

图 2-9　八卦取象歌

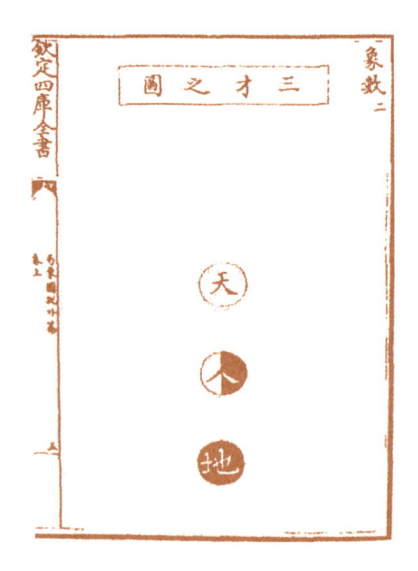

图 2-10　三才图

八卦三爻初爻代表地位、臣位、妻位……

中爻代表人位……

上爻代表天位、君位、夫位……

老子说："道生一，一生二，二生三，三生万物。"

"一"为太极，"二"为阴阳，"三"为一卦三爻，三爻八卦产生宇宙万物。

现代哲学认为，宇宙本体不外乎由时间、空间、物质三者组成。一卦三爻是时、空、物三位一体。

八卦为何用"八"，而不用"五"（五行）或"十"（天地数之最）？

从三爻组合上解释，阴阳二爻的三位组合为 $2^3=8$，只能是"8"。

从方位上解释，四正位（四正卦）加四隅位（四隅卦），也只能是"8"。

八卦表示卦象、卦位、卦序、卦时、卦数诸要素（见图 2-11）。

卦名	乾	坤	震	巽	坎	离	艮	兑
卦符	☰	☷	☳	☴	☵	☲	☶	☱
卦象	天	地	雷	风	水	火	山	泽
卦序	父	母	长男	长女	中男	中女	少男	少女
卦位 先天	南	北	东北	西南	西	东	西北	东南
卦位 后天	西北	西南	东	东南	北	南	东北	西
卦时 先天	夏至	冬至	立春	立秋	秋分	春分	立冬	立夏
卦时 后天	立冬	立秋	春分	立夏	冬至	夏至	立春	秋分
卦数 先天	一	八	四	五	六	三	七	二
卦数 后天	六	二	三	四	一	九	八	七

图 2-11　八卦要素图

2. 六十四卦的组成

六十四卦，亦称别卦、重卦、六爻卦、大成之卦。

六十四卦为《周易》的符号体系，由阴爻、阳爻自下而上叠六次而成。《周易·说卦传》："《易》六画而成卦……《易》六位而成章。"

《周易》六十四卦符号、名称见图 2-12。

易道主干

图 2-12 六十四卦卦符、名称图

一说六十四卦是由八卦"重卦"而得。

重卦——以某一经卦（三爻卦）为内卦，在其上再加一经卦为外卦的原则，结果见图 2-13。

图 2-13 重卦图

八卦不能直接用来占筮，只有六十四卦才可用以占筮。

四、卦爻的现代"破译"

古往今来，人们对卦爻的兴趣不仅表现在卦爻的来源上，而且表现在卦爻的用途、卦爻的意义上，"卦爻究竟是什么？""卦爻究竟有什么用？"今人作了各种有意思的探讨，提出了种种猜想、假说。

1. 卦爻是男女生殖器与生殖力的符示

近代钱玄同、范文澜、郭沫若等人认为，阳爻阴爻来源于男女生殖器，阳爻（—）代表男性生殖器，阴爻（--）代表女性生殖器。[①] 由此可推知，由阳爻组成的乾卦与由阴爻组成的坤卦自然也代表男女生殖器。"阴""阳"的哲学概念正是源于男女生殖器，由男根、女阴推演出男女、父母、天地、刚柔、阴阳……此后有人据此认定，六十四卦是男女生殖力的表述，乾坤代表男女、父母，其余六十二卦是男女、父母的交合与繁殖。《周易·序卦传》说："有天地然后有万物，有万物然后有男女，有男女然后有夫妇，有夫妇然后有父子……"

《周易·系辞传》说："天地氤氲，万物化醇；男女构精，万物化生。"《易经》六十四卦就是讲述男女构精、化生万物的过程。

有人考察了黑、白二色的文化底蕴，发现夏代崇尚黑色，殷商崇尚白色；纳西族、彝族、哈尼族崇尚黑色（黑色的母虎），普米族、白族、土家族、羌族崇尚白色（白色的公虎）。黑色崇拜与女性有密不可分的内在联系，纳西族至今还保留有较为完整的母系制度，彝族也认为创世之神阿赫西赫摩是一位崇尚黑色的女首领。白色崇拜则与男性有关，羌、白、普米、藏等族均崇拜一种表示男性生殖器的白石，用白石表示社神。

道家是阴性、黑色崇拜者。《老子》将"道"看成"玄之又玄，众妙之

[①] 钱玄同认为，八卦"是生殖崇拜时代底东西，'乾''坤'二卦即是两性底生殖器记号。"（《答顾颉刚先生书》，《古史辨》第一册，上海古籍出版社，1982 年重印本）郭沫若认为，钱说"与鄙见不期而同"。"八卦的根柢我们很鲜明地可以看出是生殖崇拜的孑遗，画一以象男根，分而为二以象女阴。"（《中国古代社会研究·周易时代的社会生活》，人民出版社，1954 年。）

门"（1章）"谷神不死，是谓玄牝，玄牝之门，是谓天地根"（6章）。"玄"为黑色，"众妙之门"本指女性（"妙"）生殖器，"玄牝之门"则直指黑色的女性生殖器。

《易经》卦爻辞中有大量的"吉"字。"吉"字是结合的"结"的初文，"吉"字从士口，"士"在甲骨文中为阳具的象征，由此引申为男子的代称。"口"字是女阴之象。"吉"字甲骨文表示男女交媾的意义。原始人有强烈的生殖崇拜观念，所以"吉"才引申为吉庆、吉祥的意义。①

阳爻代表白色，阴爻代表黑色。这一点清初学者毛奇龄早就说过："离，白黑白，即☲也；坎，黑白黑，即☵也。"阴阳鱼太极图则将阴阳卦爻化为黑白两色，交互纠缠，表示男女性交合之象，至于黑"鱼"中的一个白点，白"鱼"中的一个黑点，则是男女相抱交合时双方元气相互接通的表现。②

把卦爻诠释为男女生殖器的观点已为多数学者所否定，固然卦爻的产生与男根、女阴有一定关系（即所谓"近取诸身"），但卦爻绝不是单纯来源于男根女阴（还有"远取诸物"），因而卦爻不可能单纯代表男女生殖器。

2. 卦爻是我国最早的文字或数字

早在东汉时，《易纬·乾坤凿度》就认为八卦就是古文字，"☰古文天字，☷古文地字，☴古文风字，☶古文山字，☵古文水字，☲古文火字，☳古文雷字，☱古文泽字。"到了南宋，著名诗人杨万里（号诚斋）认为，卦爻"乃伏羲初制之字"（《诚斋易传》）。

近代学者郭沫若、范文澜虽没有将卦爻直接说成就是文字，但却认为八卦是由象形文字或图画文字引导而来。

近年来考古文物大量出土，陕西周原出土了西周初年的卜骨，湖北江陵天星观出土了战国楚墓竹简，安徽阜阳双古堆出土了汉墓竹简，湖南长沙马王堆出土了汉墓帛书等，这些文物的出土使学者们对20世纪末发现的甲骨文的考释尤其是对青铜器铭文的再考释，有着重要的借鉴作用。郭

---

① 傅道彬：《中国生殖崇拜文化论》。
② 普学旺：《论太极图起源于性交合崇拜》，《寻根》1996年第3期。

沫若、闻一多等人早就对甲骨文、金文中的"奇字"进行过考释，近年张政烺先生依据新出土的周原、张家坡、四盘磨等卜骨和殷周卣簋等材料，考释出"奇字"就是数字卦，证明西周初年已有六爻数字卦存在。于豪亮、张亚初等人对商周的数字卦、帛书卦符作了进一步考释，发现阴阳爻、六十四卦是由数字演变而来。在上述出土文物中，主要有5个数字符号：-、×、∧、+、><，分别为一、五、六、七、八，其中-、×、+、不同时出现，-和∧经常同时出现，有的文物中-与><经常同时出现，表明-（一）与∧（六）或><（八）相互对立，如临卦䷒在阜阳竹简和马王堆帛书上被写作䷒、䷒，据此认为阳爻"—"就是奇数一，阴爻"--"就是偶数六或八。

有人认为，八卦六十四卦就是最早的数字，如☷为一，☶为二，☵为三，☴为四，☳为五，☲为六，☱为七，☰为八。这种猜想显然缺乏文献依据，是毫无说服力的。

3. 六十四卦代表六十四种遗传密码

20世纪80年代，潘雨廷、萧景霖等人从现代生物学角度，对卦爻进行诠释。

其实最早注意到六十四卦与六十四种遗传密码有对应关系的是德国学者M.申伯格（M.Schönbergre），他在1973年出版了《生命的秘密钥匙：宇宙公式易经和遗传密码》。[1]首次阐明了64个生物遗传密码"词"与《易经》六十四卦之间的对应。其后，不少中国人和外国人对此产生兴趣。有人认为阳爻阴爻就是作为生命物质基础的原生质的主体——蛋白质与核酸，有人认为阴阳爻就是两种核酸——RNA（核糖核酸）与DNA（脱氧核糖核酸）。太极图就是DNA右旋主链（B-DNA）与左旋主链（Z-DNA）的双螺旋结构，四象就是四种核苷酸碱基，即A（腺嘌呤）、G（鸟嘌呤）、U（尿嘧啶）、C（胞嘧啶），但对四象如何对应四碱基看法却各有不同，有人主张老阳（⚌）、少阳（⚏）代表强型核苷酸碱基C和G，老阴（⚏）、少阴

---

[1] Verborgeners Sclüssel zum Leben: Welt formel I Ching in genetic code Munchen, Bern barth, 1973.

易道主干

(==)代表弱型碱基 A 和 U；有人主张老阳、少阳代表两种嘌呤 A 和 G，老阴、少阴代表两种嘧啶 C 和 T；有人主张老阳为 U，少阳为 A，老阴为 G，少阴为 C；还有其他不同配应法。表1根据董光璧先生的《易学科学史纲》整理，今特录于下见表2-1。

表 2-1　四碱基与四象对应表

	老阳 ☰	少阳 ☱	少阴 ☳	老阴 ☷
M. 申伯格	A	G	C	U
秦新华	G	A	U	C
萧景霖	G	U	A	C
徐宏达	U	A	C	G
顾明	C	U	A	G
潘雨廷	C	U	G	A
王奔胜	C	G	A	U

潘雨廷等人还从氢键数出发，制出遗传密码有六十四种（见表2-2）。

表 2-2　六十四种遗传密码表

氢键数	六十四种遗传密码	种数
九	GGG-CCC　GGC-CCG GCG-CGC　GCC-CGG	8
八	GGA-CCU　GGU-CCA GAG-CUC　GUG-CAC AGG-UCC　UGG-ACC GCA-CGU　GCU-CGA GAC-CUG　GUC-CAG ACG-UGC　UCG-AGC	24
七	GAA-CUU　GUU-CAA AGA-UCU　UGU-ACA AAG-UUC　UUG-AAC GAU-CUA　GUA-CAU AGU-UCA　UGA-ACU AUG-UAC　UAG-AUC	24
六	AUU-UAA　AUA-UAU AAU-UUA　AAA-UUU	8

第二章 《易经》：上古先民对宇宙生命的占问

他认为六十四卦已经揭示了生命的最本质规律，六十四卦就是六十四个遗传密码。至于哪一卦代表哪一种遗传密码，则又有不同的看法。仅举一种如下（见表2-3）。

表2-3 遗传易表

两仪	第一位碱基	第二位碱基				第三位碱基
		U ☵	C ☱	G ☳	A ☶	
阴仪	U ☷ 太阴	Phe [UUU 坤 甲子 / UUC 剥 乙丑] Leu [UUG 比 丙寅 / UUA 观 丁卯]	Ser [UCU 豫 戊辰 / UCC 晋 己巳 / UCG 萃 庚午 / UCA 否 辛未]	Cys [UGU 遯 壬申 / UGC 咸 癸酉] Trp [UGG 蹇 甲戌] 终止 [UGA 渐]	Tyr [UAU 小过 乙亥 / UAC 旅 丙子] 终止 [UAG 咸 / UAA 遯]	U ☵ C ☱ G ☳ A ☶
	C ☱ 少阴	Leu [CUU 师 丁丑 / CUC 蒙 戊寅 / CUG 坎 己卯 / CUA 涣 庚辰]	Pro [CCU 解 辛巳 / CCC 未济 壬午 / CCG 困 癸未 / CCA 讼 甲申]	Arg [CGU 升 乙酉 / CGC 蛊 丙戌 / CGG 井 丁亥 / CGA 巽 戊子]	His [CAU 恒 己丑 / CAC 鼎 庚寅] Gln [CAG 大过 辛卯 / CAA 姤 壬辰]	U ☵ C ☱ G ☳ A ☶
阳仪	G ☳ 少阳	Val [GUU 复 癸巳 / GUC 颐 甲午 / GUG 屯 乙未 / GUA 益 丙申]	Ala [GCU 震 丁酉 / GCC 噬嗑 戊戌 / GCG 随 己亥 / GCA 无妄 庚子]	Gly [GGU 明夷 辛丑 / GGC 贲 壬寅 / GGG 既济 癸卯 / GGA 家人 甲辰]	Asp [GAU 丰 乙巳 / GAC 离 丙午] Glu [GAG 革 丁未 / GAA 同人 戊申]	U ☵ C ☱ G ☳ A ☶
	A ☶ 太阳	Ile [AUU 临 己酉 / AUC 损 庚戌] Met [AUG 节 起始] Ile [AUA 中孚 辛亥]	Thr [ACU 归妹 壬子 / ACC 睽 癸丑 / ACG 兑 甲寅 / ACA 履 乙卯]	Ser [AGU 泰 丙辰 / AGC 大畜 丁巳] Arg [AGG 需 戊午 / AGA 小畜 己未]	Asn [AAU 大壮 庚申 / AAC 大有 辛酉] Lys [AAG 夬 壬戌 / AAA 乾 癸亥]	U ☵ C ☱ G ☳ A ☶

我认为将六十四卦比附六十四种遗传密码是十分牵强而且毫无意义的。而那些继续从八卦入手企图一举攻克癌症、艾滋病的"研究"，不仅荒唐可笑，也是危险的、可悲的。

生物遗传密码是美国学者尼伦伯格等人发现的，他们基于这样一种前提，就是如何使DAN上的四个碱基与20个氨基酸相对应，既不重叠又不重复。经过研究并通过实验，在1967年他们确定以核苷酸碱基三联体为基本的编码组，组成64个排列顺序的遗传密码（4^3=64），从而确定了20种基本氨基酸在DNA中的各个遗传密码，这是生命科学的重大突破。64个遗传密码与六十四卦只不过是数字上的巧合，充其量只是排列组合的结果相同而已（六十四卦是阴阳二爻的六次组合，即2^6=64；六十四种遗传密码是四个碱基的三次组合，即 4^3=64）。遗传密码学说是从生命科学的具体、微观实际出发，先从磷酸中分出两种核糖，再分为四种碱基，再分为六十四遗传密码；而六十四卦是站在哲学的高度，从宏观、整体上，探讨宇宙万物的总体规律，将混沌元气（太极）分为阴阳两仪，再分为四象（四象），再分为八卦（八种自然现象）。如果说两者有什么关系的话，那只能是它们在层层类分的思维方式上是一致的。或者说六十四卦符号模式可能给包括生命科学在内的一切自然科学、社会科学提供哲学思维、方法论上的启迪，但不能说一切科学必须而且只能沿用"一→二→四→八→六十四"这种思维模型，而事实上并没有资料表明尼伦伯格是在六十四卦模式指导下才发现六十四种遗传密码的。

4. 卦爻是二进制与电子计算机之母

目前在"科学易"研究中，有一种流传甚广的说法，即莱布尼茨（G.W.Leibniz, 1646-1716）是依据六十四卦发明二进制的，卦爻是二进制与电子计算机之母。

让我们先来看一看莱布尼茨发明二进制前后的一些情况。据英国 E.J. 爱顿的论文《莱布尼茨、中国与二进制》提供资料可知，1679 年 3 月 15 日莱布尼茨完成"论二进制"初稿；1679 年，他将一枚自己设计的二进制纪念章送给奥古斯特大公，并出版《中国近事》，二进制与中国人思想体系的联系在其中得以初步表达；1701 年 2 月 15 日，莱布尼茨致信给已在北京的传教士白晋，介绍自己的二进制原理，11 月 4 日，白晋给莱回信，告之他发现了六爻易卦与二进制的关系，并寄给他两张易图：伏羲六十四卦方位图与次序图（见图 2-14、图 2-15）；1703 年 4 月 1 日，莱收到白晋的信和图，4 月 7 日，莱将题为《关于仅用 0 与 1 两个记号的二进制算术的说明并附有其效用及关于据此解释古代中国伏羲图的探讨》的论文交给他的一位老师，以便在科学院《纪要》上发表，5 月 18 日，莱给白晋回信。①

---

① 董光璧：《易学科学史纲》，武汉出版社，1993 年；《国际易学研究》第二辑《莱布尼茨致白晋的一封信》以及席泽宗、孙小礼、董光璧的文章，华夏出版社，1996 年。

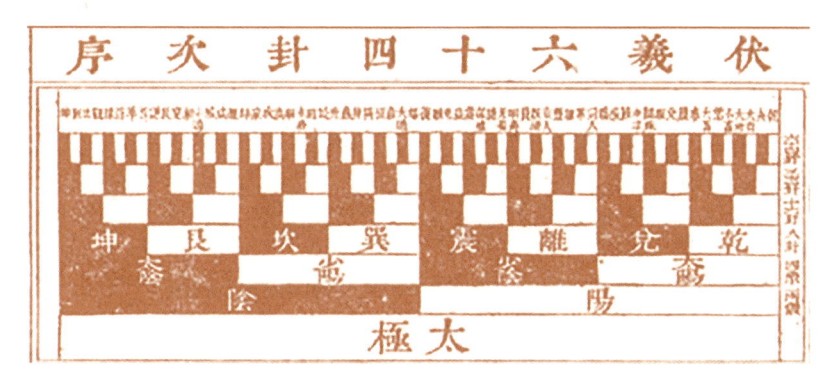

第二章 《易经》：上古先民对宇宙生命的占问

图 2-14　伏羲六十四卦次序图 w

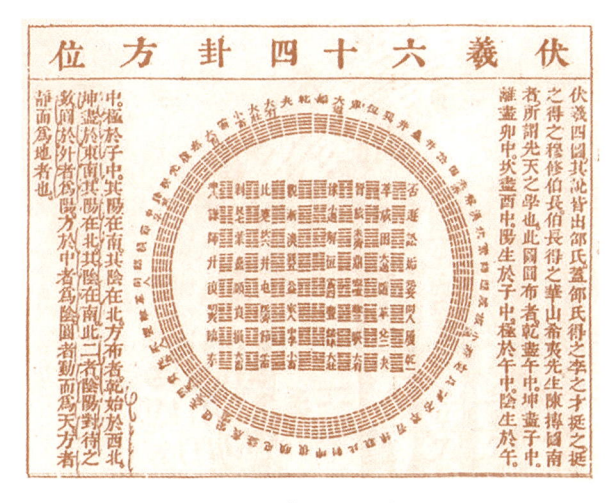

图 2-15　伏羲六十四卦方位图

由此可见，莱布尼茨早在看到两张易图的 24 年前就发明了二进制。正如他 1703 年 5 月 18 日给白晋的信所说："伏羲图……它与我的二元算术如此吻合……我向您承认，即使我自己，如果未曾建立我的二元算术的话，对伏羲图哪怕研读良久也未必能够理解。"看来这段公案可以了结了。虽然易图与二进制之间不存在谁发明于谁的问题，但是两者的吻合还是有一定意义的，用日本学者五来欣造的话说，那就是两者都是天才的闪烁，这东西方两大天才，借着数学的普遍的直觉的方法，互相接触、互相认识、互相携手，在这一点上莱布尼茨将东西方两大文明拉近了。

5. 八卦宇宙论——用八卦预测一颗新星球

刘子华先生在 1940 年用法文写成《八卦宇宙论与现代天文学》(1989 年四川科技出版社出版了中译本)，该年 11 月 18 日巴黎大学博士论文审查委员会通过了他的论文，并授予他法国国家博士学位。刘子华将八卦的逻辑结构用于分析太阳系，以八卦配星球，并预测出一颗新的星球——太阳系第十大行星：木王星。它的轨道速度为每秒 2 千米，密度为每立方厘米 0.424 克，其轨道至太阳的平均距离为 74 亿千米。他将八卦进行了改造，一是将八卦分为初期和后期，二是将卦的男女性赋予数字价值。

刘子华从明代来知德的文王八卦单双配偶图受到启发，把前期卦中的震、巽、兑、艮分别配以六爻卦复、姤、临、遁，后者作为前者的后裔，称后期卦，这样就有了前期八卦与后期四卦，共十二卦，以表示太阳系星球系统。又依宋代胡方平《易学启蒙通释》所载河图与八卦相配图，将八卦所对应的河图外圈之黑白点规定为男女性价值，于是有了乾（7）、坤（6）、兑（2）、离（8）、震（3）、巽（4）、坎（9）、艮（1），由此推演到数量的规律。

刘子华的研究就易学而言，采用十二卦（不是十二消息卦）而不用八卦、十六卦，这完全是个人的改造；就天文学而言，至今仍未被中国天文学界所肯定。按现代天文仪器的技术水平，检测出已给出平均轨道距离的"第十颗行星"应该是不成问题的，遗憾的是至今也没有检测出来。

6. 其他"破译"

此外还有以下几种观点。

其一，赵定理先生认为卦爻阴阳学说的时空就是古代天文历算的时空，并不是牛顿的绝对时空，而是爱因斯坦的相对时空，甚至在时间坐标上较之相对论更科学，卦爻阴阳时空的时间坐标与空间坐标是彼此对应的。

其二，朱灿生先生认为六十四卦代表日地月三体运动的六十四个特征点。朱先生对月亮运动近点周与会合周（即近点月与朔望月）出现的 413 天平均会合周期进行分析，揭示了一系列月地日运动规律：月亮在近地点和远地点之间作风箱式周期运动，每一近点月包含着 4 个特征点，即四象；每一特征点包含速度 V 和加速度 a 这两个变量的极值或 0，两个变量互为消长，呈嵌套结构，从而起着自调节作用；每相邻的 4 个特征点构成一组四象，一周 15 个近点月，四象经 15 次编码即为六十卦，16 近点月构成首尾相似的封闭周期，四象经 16 次编码即为六十四卦；四象是稳定的结构单位，八卦是四象的编码。

其三，赵庄愚先生认为卦爻阴阳代表物理之正负能元。二能元性质与阴阳特性完全相同。乾是物理的纯正能，使电子振动发生辐射，导致膨胀以至发散之能；坤是物理的纯负能，属于引力之能，使物体集聚光热以孕生万物。乾能与坤能相结合，即生成万物。

其四，20 世纪 80 年代之后，一些人将化学元素周期按八卦组合，发现元素周期律与伏羲八卦排列有惊人的一致。《八卦与原子》一书将八个元素按原子量由小到大（由 0 到 7）排列成一个外圈，八个元素构成一周期，每个周期阴阳对待的四组元素（即 0 与 7、1 与 6、2 与 5、3 与 4）其原子量之和几乎相等，处于四正位（0、7、2、5）元素的原子量之和与处于四隅位（1、6、3、4）元素的原子量之和相近，四正、四隅元素的原子量相加的和数与各组对待元素的原子量之和的比值均为 4。叶永在绘制元素周期太极表、八卦图时，借用八卦的阳爻表示已填满电子的量子轨道（ns^2、np^6、nd^{10}、nf^{14}），用阴爻表示未填满电子的量子轨道（ns^1、np^{1-5}、nd^{1-9}、nf^{1-13}），用阴爻与阳爻及爻数反映元素核外电子数、量子轨道和核外电子空间运动的状态，表达轨道特征和轨道电子特征的四个量子数，排列结果元素周期的主副族各八族与八卦八个方位相对应。郑军则用太极太玄结构表达化学元素周期变化的三维图像。

以上研究有的是用科学上的新发现去附会易卦，有的是借助卦爻原理去从事科学发现，不用说前者是没什么科学价值的，而后者对科学的发展、发现是有启迪、促进作用的。在上述工作中，朱灿生先生的成果无疑是最大的。他站在现代开放系统自组织理论的高度，结合中国古代的易卦——太极理论，分析了日地月这一开放系统的整体运动规律，揭示了现代人所未能知晓的三体运动的奥秘。由该研究可知，四象是开放的动力学系统的稳定结构单位，与传统对于动力学系统的线性分析（最为典型的莫过于牛顿力学的简谐运动）相对应，这种具有四个特征点（四象）的简谐运动只相当于这种开放新系统中的一级系统，而经 16 个近点月编码的四个特征点（四象），成为六十四个特征点（六十四卦），则揭示了月亮运动为四级系统，阐明了开放的动力学系统的非线性性质。这个成果的意义并不仅限于动力学系统研究或天体力学研究，它对于系统论、控制论、量子力学、场论、广义相对论和非惯性参考系的重新确认以及人工智能、中医学和生命科学等多科学领域同样具有一定的影响意义。它所揭示的 a、V 变量相互消长的嵌套结构，以四类（四象）共六十四个特征点（六十四卦）的时空结构，又与中国传统自然观、宇宙观和科学方法论惊人的一致，并且是导源于天文学的实测资料和严格的数学分析和推导，因而对于未来中西文化、科学的汇通、融合与创新都是有意义的。

当然也应当看到，这种研究已经大大超越了对卦爻本身的历史探讨，而进入到现代科学领域，如果不了解现代科学知识是无论如何也难以从卦爻中直接得出有关自然科学的任何原理、公式的。卦爻在这种研究中只是作为一种参照系，只是一种方法论上的指导。就科学研究而言，卦爻原理、卦爻方法论、卦爻模型是一种重要的指导或参考因素，但千万不要机械地套用，既不要热衷于易卦与现代科学成果的比附（比附是没有出路的），更不要受它的束缚而否定本门科学的新发现、新成果。

就易学研究而言，借助科学的方法和科学成果只是一种途径，千万不要将易卦完全等同于现代科学发现和科学成果，千万不要以为易卦中早已包含了现代科学甚至未来科学的一切原理和一切成就，否则将会给易学、科学研究带来混乱，带来无穷后患。

五、卦爻的内涵

要探索卦爻的意义，即卦爻表示的真实内涵，不能离开当时的历史背景。通过对卦爻来源的分析，我们知道卦爻直接来源于龟甲、兽骨上的占卜裂纹，因此卦爻最初是上古先民用来占卜的工具。从《周礼·春官宗伯》的记载中可以看出，古三易（夏代的《连山易》、商代的《归藏易》、周代的《周易》）是由太卜掌管的，太卜是主管占卜的官。可见古三易的八卦、

第二章 《易经》：上古先民对宇宙生命的占问

六十四卦符号（"其经卦皆八，其别皆六十有四"）是用来占卜的。从 20 世纪 50 年代、70 年代在沣镐、周原遗址上发现的契刻于卜骨、卜甲、骨镞、陶器等器物上的"数字卦"也可以看出，"数字卦"也是用来占卜的。由此可见，卦爻在古三代主要是用来占筮的符号工具。

然而从毫无规则的龟兆骨纹到井然有序的六十四卦，其中经过了一个十分漫长的过程，是上古的智者、贤者（可能是伏羲、神农、黄帝等）通过仰观天文、俯察地理、中观鸟兽、近取诸身、远取诸物才发明的，六十四卦符号排列组合的逻辑次序（包括阴阳二爻六次重合排列成六十四卦、六十四卦从乾坤到既济未济的排列次序）无疑体现了高度的智慧与文明，体现了特定的哲理。六十四卦的内涵随着后人的不断解读而逐渐深化。

对六十四卦所作的第一次系统解读应该说就是《易经》的卦名、爻名、卦辞、爻辞。卦爻名、卦爻辞是西周初叶所作，明显晚于卦爻符号，是占筮者对卦爻符号所作的解读。卦名是对易卦符号意义的最精要的概括。有人认为卦爻辞是借卦爻符号对占筮进行说解或记录，实际上这就是在对卦爻符号进行解读，只是在解读中赋予卦爻符号以占筮意义罢了。

对六十四卦所作的第二次系统解读是《易传》，《易传》从形上之"道"的层面赋予六十四卦符号以丰富的哲理，将六十四卦看成天地人"三才"合一的体系，六十四卦的上两爻表示天道，中两爻表示人道，下两爻表示地道。六十四卦的"道"被《易传》归结为"一阴一阳"的变易化生之"道"，六十四卦由阴阳两仪逐层化生而来，这就是《周易·系辞传上》所说的"易有太极，是生两仪，两仪生四象，四象生八卦"。这种化生过程与《易经》六十四卦的排列次序被《易传》解读为宇宙万物生成的过程以及万事万物运动变化的规律。

通过《易传》以及后世易家的不断解读，卦爻成为对宇宙自然与生命的综合抽象和简明概括的符号。卦爻来自宇宙万物，又反过来观照、模拟宇宙万物。因此笔者认为卦爻是中国古代探求宇宙生命现象、描述宇宙生命规律的符号模型。

六十四卦好比一个自足的全息结构模型。设六十四卦为最高层次（第一级）全息元，八卦则为次高层次（第二级）全息元，乾坤二卦为再次层次（第三级）全息元，每一卦为更低层次（第四级）全息元，每一爻为最低层次（第五级）全息元；如依“太极生两仪”模式，则太极为最低层次（第四级）全息元，两仪为次低层次（第三级）全息元，四象为次高层次（第二级）全息元，八卦为最高层次（第一级）全息元。全息元的级越高（n 越小），全息元与整体的全息相关度就越大；全息元的级越低（n 越大），全息元与整体的全息相关度就越小。八卦、六十四卦是宇宙—天地人的全息缩影，也是中国社会文化的全息缩影，它贮藏着六千年中华文明进化史的特定信息，蕴含着宇宙生命的对应信息。

对宇宙生命之“道”的探求是中国哲学的传统，和西方人关注宇宙万物本原的传统不同，中国人更关注宇宙万物的关系（“天人之际”）和规律（“天道”“地道”“人道”），从这一点说，《周易》卦爻符号是孕育中国哲学传统的母体。

六、六十四卦的次序

通行本《易经》六十四卦的排列次序分上下经，上经三十卦，下经三十四卦，从“乾”“坤”开始，到“既济”“未济”结束。南宋朱熹《周易本义》作“上下经卦名序歌”（见图 2-16）。

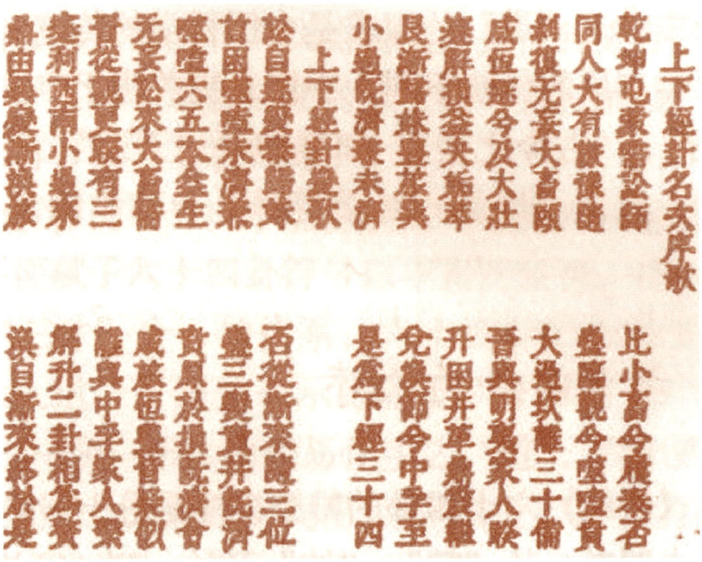
上下經卦名次序歌
乾坤屯蒙需訟師 比小畜兮履泰否
同人大有謙豫隨 蠱臨觀兮噬嗑賁
剝復无妄大畜頤 大過坎離三十備
咸恆遯兮及大壯 晉與明夷家人睽
蹇解損益夬姤萃 升困井革鼎震繼
艮漸歸妹豐旅巽 兌渙節兮中孚至
小過既濟兼未濟 是為下經三十四
上下經卦變歌
訟自遯變泰歸妹 否從漸來隨三位
首困噬嗑未濟兼 蠱三變賁井既濟
噬嗑六五本益生 賁原於損既濟會
无妄訟來大畜需 咸旅恆豐皆疑似
晉從觀更睽有三 離與中孚家人繫
蹇利西南小過來 解升二卦相為贅
鼎由巽變漸渙旅 渙自漸來終於是

图 2-16　上下经卦名序歌

第二章 《易经》：上古先民对宇宙生命的占问

1. 对卦序的解释

唐代孔颖达提出了《周易》六十四卦排列次序的法则为"二二相耦，非覆即变"。他在《周易正义·序卦传·疏》中说："今验六十四卦，二二相耦，非覆即变。覆者，表里视之，遂成两卦，屯、蒙、需、讼、师、比之类是也。变者，反覆唯成一卦，则变以对之，乾坤、坎离、大过、颐、中孚、小过之类是也。"二二相耦，即两两一组；六十四卦共为三十二组，每组两两构成相反或相对关系。其中五十六卦（二十八组）为"覆"，即后一卦是前一卦的反覆颠倒以后的卦。如屯䷂与蒙䷃。八卦（四组）为"变"，即后一卦是前一卦的对卦，因该卦反覆后仍是本卦，故发生变化（阳爻变阴爻，阴爻变阳爻）。如乾反覆后仍为乾䷀，变化后为坤䷁。

这反映了对立事物向其反面转化的思想，也反映了六十四卦的"流行"意识。以顺事物自然发展为次序。一般认为《序卦传》反映的思想不能等同于《易经》六十四卦思想，但也不可概斥为"非《易》之蕴"而不予重视，应看到其与经文的联系与区别。

今人金景芳、吕绍纲认为六十四卦卦序体现深刻的义理：首乾次坤反映了从"殷道亲亲"到"周道尊尊"的深刻变化，反映了乾尊坤卑的社会伦理现象，[1] 对中国整个思想文化的发展有着深远影响。乾坤居六十四卦之首，意味着乾坤在六十四卦中、天地在宇宙万物中的决定意义，也反映了乾与坤的矛盾运动是构成易生生不息的根本原因，体现对世界万物矛盾双方的高度抽象概括，下经咸恒开端反映了人类进化历史，说明人类是万物发展变化的结果。既济、未济居后，既反映万事万物本周期发展过程的终结，又意味着新过程的开始。

今人黄元炳《易钥》归纳卦序之理为：

（1）赞天地化育

《序卦传》论上经之首乾坤："有天地，然后万物生焉。"论下经之首咸恒："有天地然后有万物，有万物然后有男女。"说明上经重自然现象，下经重人文现象。

---

[1] 金景芳、吕绍纲：《周易全解》，吉林大学出版社，1989年。

（2）明天人之道

上经三十卦依伏羲八卦方位图四正卦，取天地定位之乾坤为经，水火不相射为纬，其余二十六卦都包括在这天地水火之内，明天道以示人理。下经明人道，立人极，依乾父坤母生六子及山泽通气和雷风相薄说，以少男（艮）少女（兑）无心之感的咸为开端，取长男（震）、长女（巽）同心小结的恒次之，直序到既济、未济共为三十四卦。虽着重于人文，仍取法于自然。

（3）象进化之序

上经关键为泰否，下经关键为损益。卦序从屯蒙进化到泰为一阶段，泰后继之以否，泰极则否，势所必然。从否进化到随为一个阶段，随卦各爻自有其本位，象征各守其分，各尽其责，进入太平盛世。随卦后继之以蛊，到蛊又起变化，直到剥复，更转变为一阶段。下经由咸进化到损益为一阶段，其后又为一阶段，与上经分析类同（尚有其他分析）。历史演变，不出卦序象数之外。

（4）度阴阳之数

象生数，数亦生象，象数是分不开的。六十四卦中除八正卦（乾、坤、坎、离、颐、大过、小过、中孚）无覆卦外，其余五十六卦，反覆一卦成两卦，两卦合为一卦，实只二十八卦，全易卦爻总数，阴阳两爻，各得一百零八，与易数十有八变成卦理同。从乾至蛊，计十八卦，爻亦一百零八，已备阴阳之数。明代来知德："上经阳爻八十六，阴爻九十四，阴多于阳者凡八；下经阳爻一百有六，阴爻九十有八，阳多于阴者亦八……是卦爻之阴阳均平也。若以综卦两卦作一卦论之，上经十八卦，成三十卦，阳爻五十二，阴爻五十六，阴多于阳者凡四；下经十八卦，成三十四卦，阳爻五十六，阴爻五十二，阳多于阴者亦四……是综卦之阴阳亦均平也。"（《周易集注》）万澍辰："上经坎离前为颐、大过，颐、震一阳始、艮一阳终，大过、巽一阴始、兑一阴终，为天运一周之象。下经既济、未济前为中孚、小过，中孚、兑一阴终、巽一阴始，小过、艮一阳终、震一阳始，为天运周而复始之象。上经坎、离。为昼夜之象；下经既济，月上日下，为望时日月；未济，日上月下，为合朔时日月。既济后未济，亦周而复始之象。上经言天运之自始而终，故阳先阴后。以颐先大过、以坎先离。下经言天运之终而复始。故阴先阳后，以中孚先小过、以既济先未济。"

（5）察消长之理

上经乾、坤两卦起，于小畜、履凡十卦，阴阳爻各三十，而继之泰、否，为乾、坤变。下经咸、恒，至蹇、解亦十卦，阴阳爻各三十，而继之以损、益。咸、恒是乾在坤中，损、益是坤在乾中，否泰往来、损益盈虚，其所以转移变化之枢纽，都是三爻人位。与天地道无关，而与人道有关。历史上一治一乱，一盛一衰，循环往复，皆不出阴阳消长之理，圣人修齐治平之道，自可化否致泰，亦可转损为益。日与时消息变否为同人，由同人而进于大有，实现大同。

另有人认为，上经三十卦，始乾坤而终坎离，为先天之四正卦。开头十卦，乾为夏至，坤为冬至，屯蒙为南北升降之始，继之以需、讼、师、比诸卦，皆含有坎象，盖天行南而北，所以至小畜、履而终。自噬嗑至离十卦，噬嗑、贲为日月交浊之象，故继之以阴阳剥复，而成之以无妄大畜；颐为地轴，为日过中天之象，故为日道；大象皆为坎离，故以坎离终结。下经三十四卦，除震、巽、艮、兑四纯卦外，其余三十卦，始咸恒为先天四隅卦；从咸至益十二卦，从剥到归妹三十二卦，皆演月道。自丰至未济十卦，以丰至小过演日月蚀，既济未济亦如上经坎离之象，为下经终结。此仅为一家之言。

笔者曾尝试用耗散结构理论对《周易》卦序进行分析，发现《周易》六十四卦序描述的是人类社会在消耗负熵流的前提下，通过对其内部的自组织作用，从无序的"穷"的状态向有序的"通"的状态不断变化的过程。

2. 卦序的耗散结构现象

（1）涨落现象

耗散结构理论认为，系统由无序向有序演变，要通过随机的涨落来实现。所谓涨落，是指系统的宏观状态参量在其平衡值附近所做的微小随机变动。当系统处于稳定状态时这种涨落会被克服，很快衰减；而当系统处于远离平衡的临界附近时，某个涨落会被放大，形成巨涨落，促使系统由不稳定状态跃迁到一个新的稳定有序状态。

在自然界和人类社会中普遍存在着天地、日月、四时、昼夜、寒暑、男女、吉凶、祸福、大小、远近、内外、出入、进退、往来、上下、得丧、存亡、生死、泰否、损益等对立面的交替，这是一种现象的涨落，《周易》认为这是事物的内部阴阳、刚柔、动静的势力相推相摩的结果。所谓"刚柔相推而生变化"，反映在六十四卦上便是"二二相耦，非覆即变"的卦象排列规律。《序卦传》则更从中得出了"相反相成，物极必反"的辩证认识，用以解释自然界和人类社会的发展。这种思想与耗散结构理论所认为的"涨落是事物变化的内部根据"的观点是平行的。

每个卦象系列都伴随"涨落"现象，如在由鼎到涣的转变系列中，从鼎的去故取新开始，继之以震而讲新生物有发展前途，继之以艮而讲有进必有止，进止相因，继之以渐而渐进，继之以归妹而讲渐进必定有一归宿，继之以丰而讲这个归宿必然丰大可观，继之以旅而讲大极则发生变化，主变客失去应有的地位，继之以巽而寻求新的结合，继之以兑而讲结合即大有作为，继之以涣而讲结合又必然有离散。至此计十卦，其核心思想就是强调社会的发展不是单轨式的，事物的对立面总是在相互换位，处在不停的运动变化中，变化的原因在于事物内部阴阳的相互作用。由于这种变化并没有改变系统的性质，故相当于耗散结构中的微涨落，是一种破坏社会结构稳定有序的干扰。

普里高津认为，在耗散结构中，功能—结构—涨落之间的相互作用，是理解社会结构及进化的基础。《周易》之理体现在卦爻、阴阳之中，《系辞传》说："极天下之赜者存乎卦，鼓天下之动者存乎辞。""道有变动，故曰爻。"圣人见天下极端杂乱的事物而"立象以尽意"，并在卦辞中提出人类行为的准则，所谓"乾坤成列，而《易》立乎其中矣"。又一卦是由六个爻位上的阴阳决定的，因而易理最终表现为阴阳的相互作用，所谓"一阴一阳之谓道"。可见，对易理、卦爻、阴阳之间关系的理解可以参照耗散结构中功能、结构、涨落之间的自洽图示（见图2-17）。

易理（功能） ⇄ 卦爻（结构）

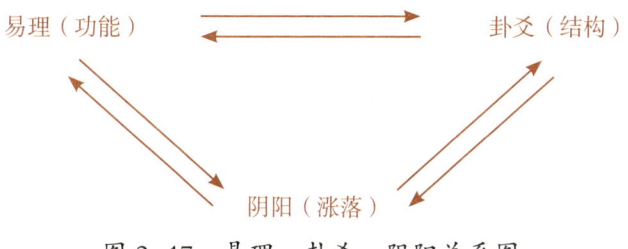

阴阳（涨落）

图 2-17　易理、卦爻、阴阳关系图

（2）突变现象

一个卦象系列是怎样向另一个卦象系列突变的？换句话说，社会是怎样冲破传统的束缚而走向更加高级的有序的？这是《周易》和耗散结构理论共同关心的问题。在《周易》中对该问题的回答要结合对爻位上阴阳变化的分析。

《周易·系辞传》说："《易》者，象也，象也者，像也。""爻也者，效天下之动者也。是故吉凶生而悔吝著也。"《易》以六爻的变化反映事物运动变化。由于六爻位上刚柔交错变化不定，便有了当不当位、相不相应、成不成比的关系，便产生了吉凶悔吝及失得忧虞之象。朱熹说："吉凶悔吝四者，正如刚柔变化相似。四者循环，周而复始，悔了便吉，吉了便吝，吝了便凶，凶了便悔。"刚柔的变迁决定了吉凶悔吝也是往复循环，互相移位，有进有退，不是固定不变的。可见，爻辞的吉凶程度亦有某种随机的"涨落"。如乾卦六爻由初至上有潜、见、惕、跃、飞、亢的变化，九五飞龙为吉，上九亢龙则有悔。

这种爻位上的涨落在卦象系列走向"穷"，将要突变时显得极为重要。

比如第一卦象系列由乾坤至泰否，否卦下坤上乾，反映着天上地下的截然对立而失去了统一性和联系。就自然界讲，天地互相不交合则万物不能化生，故言"天地不交而万物不通也"；就人类社会讲，上下尊卑不交则礼坏乐崩，阶级关系会出现一场大变动，"上下不交而天下无邦也"。这也就是耗散结构中系统处于高度对称、熵大无序的情况，因此必须有一种建立新秩序的革命。

否卦六爻爻辞描述了这种变革。初六"拔茅贞吉"，六二"大人否亨"，六三"包羞",这体现社会上下阴阳的绝对对立、系统之混沌无序的情况。否卦一进入上体就有了新的转机,九四"有命而志行"。项安世注曰:"命者,天之所令。"强调了外界负熵流的注入;九五"大人吉",指明了变革的主体,负熵流的输入对象;上九否终则倾,绝对对立的阴阳转向了统一与联系,否塞转为了泰通。这里的初至五爻都处于变革的准备阶段,相当于微涨落,到上九,这种微涨落被放大形成了巨涨落,社会开始向新的有序发展。

(3) 随机过程

"生生之谓易",《周易》认为人类社会是在变化发展的。"一阴一阳之谓道"说明了这种变化的必然性;而"阴阳不测之谓神"则说明了这种变化的偶然性。事物分阴分阳,阴阳交叠,是必然的,但在一定的情况下,阴阳究竟怎样交叠,阴阳孰先孰后、孰强孰弱,却带有偶然性,这种偶然性也是重要的。

普里高津(I.Prigogine,1917-2003,比利时,图2-18)认为,必然性和偶然性这两个方面对于描述远离平衡态的非线性系统同样具有基本的性质,随机的涨落在形成耗散结构中起着十分重要的作用。[①] 随机性是现实客观存在的真实规律,可逆性和决定论只适用于有限的简单的情况,不可逆性和概率论才是这个世界的规律。

《周易·序卦传》中主要有"必……故受之以……"和"不可不……故受之以……"两种句式,以说明事物发展的必然规律。但最后一个卦象系列由节卦至未济却有一些关于偶然性的阐述。节、中孚、小过三卦要求守中并对过"中"进行矫枉(微涨落的衰减),既济、未济二卦则指明如果节制不住"中",事物的发展就要倒向两极,一方面是成功的,另一方面就是失败的,即系统的有序化进程并没有限定,社会的进化包含着随机因素。《周

图2-18 普里高津

---

① 湛垦华等:《普里高津与耗散结构理论》,陕西科技出版社,1982年。

易·序卦传》终于未济还说明，事物不可能脱离阴阳的制导而停止发展，因而过程中由"阴阳不测"规律所决定的偶然性总有体现。

（4）环境选择过程

耗散结构理论认为，涨落不仅在系统内部有协同，而且还与环境相配合。环境选择能够与其负熵相匹配的新的熵产生结构，使得这种新型结构的涨落得以放大和发展，并最终控制整个系统。

《周易》阐述的社会发展也与环境因素相关，这个环境就是天道。如第三卦象系统由无妄到坎离，系统到坎卦已"穷"，在离卦就须向通久转变了。离卦中九三、九四、六五爻都具备向新秩序转化的条件，爻辞均以君父将死、新君即位取象。但九三之君"不鼓缶而歌"，九四"突如其来如"，君父未死就迫不及待地跳出来争权夺位，这都为天人所不容，故九三"何可久也"，九四"焚如，弃如，死如"。只有六五之君"出涕沱若，戚嗟若，吉"。项安世评论说："以继父为悲，以承业位为忧，不以得位为乐，凡天子诸侯之初嗣位，皆当如此。"（《周易玩辞》）这样的新君才符合天道，由他统领的新社会才能建立稳定秩序。

此外，从《周易》卦爻对"时"的强调上也可看出与耗散结构时间理论有一致性。后者认为时间是不可逆的（时间之矢），并隐含随机性。

《周易》是讲变化的书，讲变化就是讲"时"，六十四卦三百八十四爻其实是把客观世界做时间上的划分。正因为"时"是世界变化的客观形式，所谓"日中则昃，月盈则食，天地盈虚，与时消息，而况于人乎，况于鬼神乎。"（《丰卦·彖传》）所以在人的意识中便产生了"与时偕行"的观念，"时止则止，时行则行，动静不失其时，其道光明。"（《艮卦·彖传》）可见，"时"在《周易》里被当成了自然界和人类社会进化的内部度量。《周易》考虑社会在时空坐标中的变化发展，其中言"时"之处颇多，一卦可以表示一种"时"，一爻也可是一种"时"，"时"对爻起的作用往往比"位""中"还大。

这种"时"决定了发展的不可逆性。《序卦传》描述的社会进化程序是：天地→万物→男女→夫妇→父子→君臣→上下→礼义，这是不可逆反的。在这一系列进化中，凡后者都包含有前者的因素，要解释后者必须首先理解前者。《系辞传》说:"神以知来,知以藏往。"在知解力的一维时间坐标中,由卦的藏往才能知来,这与耗散结构中对"历史"概念的理解相似。

这种"时"还隐含着随机性。程颐指出:《易》之取义,变动随时。"通过前面的论述我们知道,由于"阴阳不测"规律的作用,现在对未来是不可限定的,事物的发展具有随机性,这种随机现象也体现在反映一事物发展过程的一卦六爻中,《系辞传》说:"其初难知,其上易知,本末也。初辞拟之,卒成之终。"初生事物的发展难以预料,因而初爻的爻辞也是一种曲笔。在表示事物成长壮大(二、三、四、五爻位)的进程中,《周易》只作了二多誉、三多凶、四多惧、五多功的大致判定,并且还以"其柔危其刚胜邪?"的疑问来强调过程的复杂性。上爻虽因代表事物的终了而易知,但"物极必反",旧物将转化为新物而又重复这种过程。

应当指出的是,《周易》虽然承认阴阳、矛盾、差异及"否极泰来"式的发展,但是,由于位、时、中的强束缚作用,矛盾又失去了多样性与复杂性的特点,其发展也是变不逾常,变多为一。这种特殊形态的矛盾发展观,具有既区别于一般形态的形而上学,又不等价于一般形态的辩证法的特征。我在这里借助耗散结构理论为参照系,进行审慎估价的目的,便是力求发掘出其中辩证的合理因素,以使《周易》中蕴含的丰富思维在世界文化重新走向融合的过程中发挥作用。

3. 六十四卦序列构成一个远离平衡态的开放系统

《周易》六十四卦所反映的世界是一个由天地合德而化育成的万物所构成的和谐的统一体,这个统一体与变化同在,整个变化过程可看作一部社会发展的历史。[1]正如《序卦传》说,人类社会经历了由天地→万物→男女→夫妇→君臣→礼仪的系列演变,而达到高度有序的状态。

如果用耗散结构理论来分析六十四卦系统,那么可以这样说:六十四卦是一个远离平衡态的开放系统。[2]在一定的控制条件下,由于系统内部

---

[1] 胡朴安:《周易古史观》,上海古籍出版社,1986年;黎子耀《周易导读》,巴蜀书社,1990年。
[2] 张其成:《周易与耗散结构理论》,《易学心知》,华夏出版社,1995年。

诸多的非线性相互作用，有可能通过涨落而形成稳定的有序结构。

《周易》将演变过程中的规律概括为"穷则变，变则通，通则久"。这可以用熵变方程来模拟。

一个开放系统的总熵变 ds 由两部分构成：

$$ds=des+dis$$

式中 dis 为系统内部的熵产生，其值恒为正；des 为外部向系统的熵输入，其值可为正、负或零。当 des 为负且绝对值大于 dis 时，总熵变 ds 小于零，意味着系统向有序发展。

《周易》对六十四卦、三百八十四爻都作了吉凶悔吝的判定。一卦有六个爻位，其中初、三、五位是阳位为贵，二、四、上位是阴位为贱，如果卦或爻"得中"（刚柔分别在居中的二五位上）"当位"（阳卦、阳爻居阳位，阴卦、阴爻居阴位）和刚柔相应（初与四爻，二与五爻，三与上爻刚柔相应）就吉，反之则不吉。

因此，如果引入熵的概念来描述一卦或一爻的吉凶悔吝，则可以这样定义：就一爻来说，倘若阴阳当位，得中，呈比应，就吉，熵小，反之熵就大。如临卦（䷒）九二爻，阳爻得中又得五位柔中以应故吉，为低熵有序；但如师卦（䷆）六三爻，柔爻居阳位又位于下卦坎体之极，且与上六不成比应，故凶，是一种高熵无序的状态。再就一卦说，内外卦交感则吉，反之则凶。如泰卦（䷊）地上天下，天地交感（这个卦象与耗散结构中的对称性破缺状态类似），天地往来交通，熵小而有序；反之，如否卦（䷋）天上地下，天地因为对称性极高而静止不动，内外卦否塞不交感，因而熵大而无序。

由此我们就可以用熵变方程来讨论六十四卦所反映的系统了。这里的熵产生项为社会内部诸多矛盾因素的产生、解决或激化，《周易》将之归为阴阳间的相互作用，具体为刚柔相推、刚柔相摩、八卦相荡等形式，而负熵流来源于圣人的"观象制器"及其某些时候的人格化。

八卦及六十四卦的形成是圣人"仰观天文，俯察地理，中通人事"的结果，由此圣人"以制器者观其象"。如《周易·系辞传》说："黄帝、尧、舜垂衣裳而天下治，盖取诸乾、坤；刳木为舟，剡木为楫，舟楫之利以济不通，致远以济天下，盖取诸涣。"这种观象制器的思想，实际上就是人类通过对自然现象及规律的观察，发明生产工具，以推动社会向低熵有序化发展。

易道主干

《周易》中"天"的概念除表示为自然之天外，有时也可以是有主宰意志的上帝。《周易·系辞传》说："天之所助者，顺也；人之所助者，信也。履信思乎顺，又以尚贤也，是以'自天佑之，吉无不利'也。"可见，人格化之天出现的目的是为了教化天下百姓顺天、守信、尚贤，以建立一个高度有序的社会。所以说，"观象制器"及主宰之天向社会贡献了负熵流，由引入的负熵流来抵消自身熵的产生，系统就有可能从混沌无序向新的有序状态发展。这也是《周易》所设想的"穷变通久"的社会变化规律。

《易传》中的"穷"指因阴阳、刚柔的卦爻位次颠倒而生的祸患，如困卦（䷮）；"穷"还指互不相容而无法相感相生，不得不改变原物之形状的形象，如革卦（䷰）。可见，"穷"相应于耗散结构理论中热力学分支（指平衡态和非平衡定态向耗散结构分支，即新的有序状态）转变的临界点。《周易》筮法以老阴老阳为占，不以少阴少阳为占，亦是因为老阴、老阳远离阴阳平衡态，正处于向对立面转化的前夜。

耗散结构有一个重要特点——自组织现象：系统的有序状态是自我形成和自我完善的，对称性破缺的序参量不是包含在外部环境中，而是根源于系统内部。《周易》中也有一种作用与其类似，这便是"中"。

在《周易》描述的"乾坤定位"的统一世界里，为了使维持构成一个整体的个体各得其宜，及由这些个体所组成的整体的和谐和均衡，需要"中"在其间调和。"中"首先兼容统一体内诸多的矛盾因素，如阴阳、刚柔、君臣、男女等，然后以易理分别制订阴阳、刚柔诸"宜"的模式或位相，使之呈现出尊卑、高下之序来。矛盾诸因素只有经过这样的定位化，才能呈现出个体之"宜"与整体之"和"，社会才有序。"中"的这种调和作用是十分巨大的，它是整个儒家中庸思想的核心。正因为如此，比利时科学家普里高津（I.Prigogine，1917~　）称中国古代哲学为"自发的、自组织的世界观"。

4. 帛书《周易》卦序

以上是对通行本《周易》六十四卦卦序的分析，值得注意的是，除了通行本《周易》六十四卦卦序外，还有一种更早的帛书《周易》六十四卦卦序，这就是长沙马王堆三号汉墓出土的帛书《周易》卦序。与通行本一样，帛书《周易》没有八卦卦序的记载，只有六十四卦卦序的记载。不过从六十四卦上下卦的排列组合中可以看出帛书《周易》与通行本《周易》不同，通行本《周易》上下卦的排列没有规律性，而帛书本《周易》则有严格的规律性。

上卦：乾（键）、艮（根）、坎（赣）、震（辰）、坤（川）、兑（夺）、离（罗）、巽（筭）。

下卦：乾（键）、坤（川）、艮（根）、兑（夺）、坎（赣）、离（罗）、震（辰）、巽（筭）。

上卦卦序体现前阳后阴思想，下卦卦序体现阴阳对立统一思想。上卦八卦和下卦八卦的排列次序两两组合而成六十四卦排列次序。今人据帛书《周易》六十四卦卦序绘制成图 2-19，与通行本卦序相比，帛书《周易》卦序有自己严格的排列原则及衍生规律。

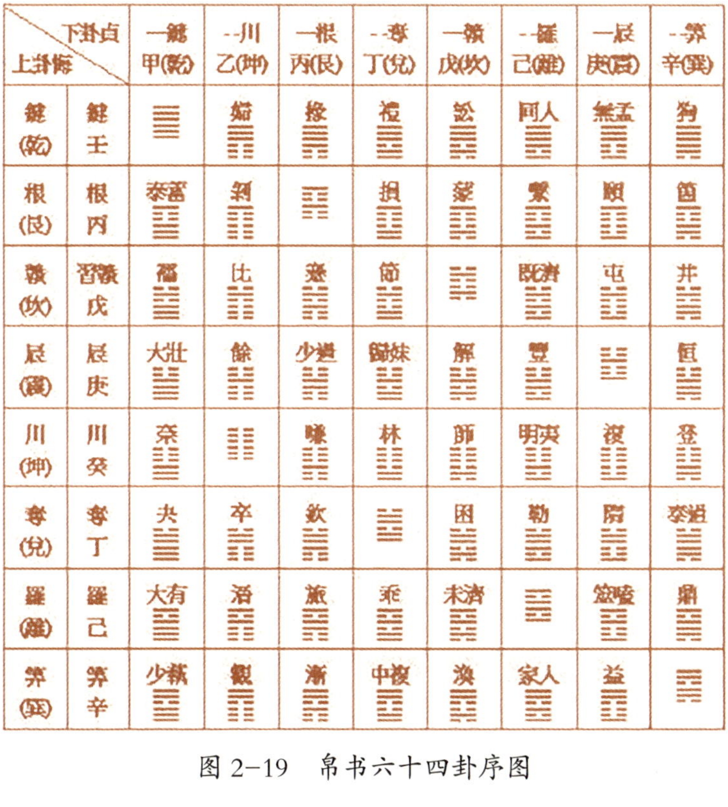

图 2-19　帛书六十四卦序图

上卦乾、艮、坎、震、坤、兑、离、巽与下卦乾、坤、艮、兑、坎、离、震、巽依次组合，反映先阳后阴、阴阳对立的思想。有人认为上卦卦序从右到左表示五行相生，即阳（乾）、阴（坤）二气生谷（巽）→火（离）→土（兑）→金（震）→水（坎）→木（艮）。下卦卦序从左到右表示五行相克（胜）：阳（乾）→阴（坤）→水（坎）→火（离）→木（艮）→土（兑）→金（震）→谷（巽）。① 今人刘大钧据此制作"帛书六十四卦图"，卦名从今本改见。图中乾与坤、艮与兑、坎与离、震与巽，以及否与泰、损与咸、既济与未济、恒与益均可以对角相连。对角相连的两卦，皆为五变关系，如乾与坤、恒与益、既济与未济等。在帛本卦序上都相差三十二卦，如乾为第一卦，坤为三十三卦；坎为第十七卦，离为第四十九卦等。②

此卦序与京房八宫卦序比较，可见京房本宫卦与三世卦相邻的两卦分别为帛易对角相连的前组八卦与后组八卦，即在帛易中相差三十二卦；其一世卦、五世卦、归魂卦相邻两卦在帛易中均相差三十一卦；其二世卦、四世卦、游魂卦相邻两卦在帛易中均相差三十三卦。京房八宫的特殊卦变方式或卦序排列，被认为是在帛本六十四卦次序排列的基础上演变而出，也证明帛本六十四卦在汉初并非无所承传的孤本。

第二节　卦爻辞：《易经》文字系统

《易经》（《周易》经文）的文字系统由卦名、卦辞、爻辞组成。共有卦名六十四个、卦辞六十四条、爻辞三百八十六条。

一、卦名

卦名即易卦的名称，是对卦爻辞的高度概括，是对卦符的初次解读，

---

① 邓球柏：《帛书周易校释》，湖南人民出版社，1987年。
② 刘大钧：《周易概论》，齐鲁书社，1986年。

体现特定的义理和思维方式。通行本《周易》八经卦的卦名为：乾、坤、震、巽、坎、离、艮、兑。六十四别卦的卦名为：乾、坤、屯、蒙、需、讼、师、比、小畜、履、泰、否、同人、大有、谦、豫、随、蛊、临、观、噬嗑、贲、剥、复、无妄、大畜、颐、大过、坎、离、咸、恒、遁、大壮、晋、明夷、家人、睽、蹇、解、损、益、夬、姤、萃、升、困、井、革、鼎、震、艮、渐、归妹、丰、旅、巽、兑、涣、节、中孚、小过、既济、未济。

有关卦名的来由，众说不一。

（1）取象说

认为易卦来源于对物象的观察，因而以某种物象之名命名。如乾卦之象为天，乾本义为天；坤卦之象为地，坤本义为地。故名。

（2）取义说

认为卦象代表事物之理，取其义理为卦名，如乾皆为阳爻，主刚健，乾即有刚健之义，故名。

（3）筮辞说

近人高亨认为先有六十四卦的爻辞，后从爻辞中取出某一字或两字，作为该卦之名。如乾卦，取名于九三爻辞中的"乾"字。

（4）占事说

认为卦名同所占问的事件即卦爻辞的内容有关。近人闻一多考证，"乾"本为"榦"，是北斗星的别名。龙象即龙星。龙星出没表示四时节气的变化。此卦为占问节气变化，筮得"☰"象，故取名为乾。

八卦之名为何称乾、坤、震、巽、坎、离、艮、兑，而不直接称天、地、雷、风、水、火、山、泽呢？

八卦卦符象征性极广、极强，只有用象征性广、概括性强、包容性大，而且字形较为复杂的词才能满足卦象的需要。

《说文》中对八卦卦符表述如下：

乾："上出也。从乙。乙，物之达也。𠃊声。"一说乾，从乾，从乙。"𠃊者，日始出光𠃊𠃊也。"段玉裁说："此乾字之本义也，自有文字以后，乃用作卦名。"

坤："地也，《易》之卦也，从土，从申，土位在申。"万物皆由土申出，申为方位，土在申方。

离："山神，兽也。从禽头，从厹，从中。""離，黄仓庚也。鸣则蚕生。从隹，离声。"离为火为丽，光明，依附。

坎："陷也。从土，欠声。"有下陷之性，又为险，为水。

震："劈历，振物者。从雨，辰声。"一说辰为方位，为万物发动之时。

艮："很也。从匕、目。匕目，犹目相匕，不相下也。"一说敢怒目而视，于事则受限而不成。

兑："说也。从儿，㕣声。"林义光《文源》："只非声。兑即悦之本字……从人、口、八。八，分也，人笑故口分开。"悦愉。

巽："具也。从丌，巳声。"入也，顺也。顺故善入。

传统认为，作卦的目的在于垂教百姓。

《周易·系辞传》说，伏羲氏作八卦，"以通神明之德，以类万物之情"。说明伏羲、圣人作卦的目的在垂教百姓，通神明，类万物。所以不采用天、地……这种字形简单、含义浅近的名称，而选用"乾、坤"这种概括性强、包容性大、象征性广的名称。

《六艺论》说："易者，阴阳之象，天地之所变化，政教之所生。自人皇初起，人皇即遂皇（即燧人氏）也，遂皇之后历六纪九十一代至伏羲始作十二言之教。"——乾、坤、震、巽、坎、离、艮、兑、消、息。

二、卦辞

卦辞即说明《周易》卦义的文辞。一般认为是卜筮者的记录，与甲骨文辞同类。共有六十四条卦辞，内容主要有：①自然现象变化；②历史人物事件；③人事行为得失；④吉凶断语。或分为象占之辞、叙事之辞、占兆之辞三类。[①]

[①] 李镜池：《周易筮辞续考》，《周易探源》，中华书局，1978年。

其通例为先举出暗示意义的形象，或举出用于譬喻的事例，然后写出吉凶的断语。具体可分为：先叙事而后断吉凶；单断吉凶而不叙事；或叙事、断吉凶，再叙事，再断吉凶等不同体例。

涉及狩猎、旅行、经商、婚姻、争讼、战争、饮食、享祀、孕育、疾病、农牧等内容，还记载西周以前的历史事件，如"高宗伐鬼方""帝乙归妹""康侯用锡马蕃庶"等故事。

三、爻名

《周易》六十四卦每一卦都有六个爻，每一爻都有一个名称。每一爻的名称都由两种数字组成，一种是表示位置的数，一种是表示性质的数。

六十四卦六爻的位置从下往上数，依次为初、二、三、四、五、上。六爻的性质只有两种，一是阳性，记为"九"；一是阴性，记为"六"。两者共同组成爻名。如乾卦六爻的名称分别为：初九、九二、九三、九四、九五、上九；坤卦六爻的名称分别为初六、六二、六三、六四、六五、上六。

为什么阳爻记为"九"，阴爻记为"六"？

有人认为，取法于"大衍之数"揲蓍法，大衍之数揲扐结果为六、七、八、九，"九"为老阳（太阳）、"六"为老阴（太阴）。

有人认为，九为河图中5个生数中3个奇数之和，六为2个偶数之和。朱熹说："其九者，一、三、五之积也。""其六者，生数二、四之积也。"

有人认为，阳之体（☰）为三画，阴之体（☷）为六画。阳可兼阴，故阳爻记为"九"；阴不可兼阳，故阴爻记为"六"。

我们认为，"九""六"本源于大衍揲蓍法之七、九、八、六四营之数。此四营之数分别对应四时之春、夏、秋、冬，对应四象之少阳、老阳、少阴、老阴。"七"为春、为少阳，过渡到九为夏、为老阳，阴阳性质未变，为不变之数；"九"为夏、为老阳，过渡到八为秋、为少阴，阴阳性质发生了变化，为可变之数；"八"为秋、为少阴过渡到六为冬、为老阴，阴阳性质未发生变化，为不变之数；"六"为冬、为老阴，过渡到七为春，为少阳，阴阳性质发生了变化，为可变之数。《易》讲变易，故取"九""六"两个可变之数代表阳爻、阴爻。

四、爻辞

爻辞即说明爻义的文辞。《周易》六十四别卦，每卦六爻，共三百八十四爻，加上乾、坤两卦各有一用爻，总为三百八十六爻，故有三百八十六爻辞。

每爻先列爻题，后为爻辞。爻题皆为两字，一个表示爻的性质，阳爻记为"九"，阴爻记为"六"；另一个表爻的次序、位置，自下而上，分别记为初、二、三、四、五、上。

爻辞是组成各卦内容的主要部分。其体例内容、取材范围与卦辞相类。

从卦爻辞内容看，《易经》是部占筮书，是周人占筮的典籍。卦辞、爻辞分别是对卦象、象的解说。据《左传》记载，春秋时期的人占筮时，筮得某一卦，便查阅《周易》中该卦的卦爻辞，按其所讲的事情，推测所问之事的吉凶。卦象和卦爻辞是《周易》的基本素材。这些素材非出于一时一人之手，其中有不少重复之处。

周人发明占筮时，最初只有八卦，以八种不同的形象判断所占之事的吉凶。判断占问某事和吉凶的词句，称为筮辞，是占问某事时的原始记录。《周易》六十四卦卦辞和三百八十四爻爻辞，皆来源于筮辞。筮辞并非某一人的创造，而是长期积累的结果。

掌卜筮之人将多次占卜结果（包括所得兆象和占断词句）记录下来，然后加以整理、统计，将应验的兆象、词句挑选出来，进行重新加工、编排。有的卦词句经反复修改、安排如同一首诗歌，并能体现一个中心思想，如渐卦、剥卦、复卦、临卦、明夷卦等。编纂加工的目的，仍是为了占筮系统性的需要。不过，大多数卦辞、爻辞仍属于筮辞的堆砌，卦爻辞之间并没有必然的联系。

第三节　卦爻象与卦爻辞

一、《易经》四要素与二要素

《周易·系辞传》说："易有圣人之道四焉：以言者尚其辞，以动者尚其变，以制器者尚其象，以卜筮者尚其占。"认为《易经》由"辞""变""象""占"四道组成。后世有人认为《易经》由"象""数""理""占"四要素组成，也有人认为《易经》由"象""数""辞""义"或"象""数""辞""占"四要素组成，虽然所指不一，但都认为《易经》有四大要素。

我认为《易经》主要有两大要素，一是"象"，一是"辞"。"数"可以归入"象"，因为《易经》的"数"特指爻数，而爻数就是爻象，如"九四"就是指第四爻是阳爻，"六三"就是指第三爻是阴爻。"义"可归入"辞"，因为《易经》的"义"是通过卦爻辞表现出来的。至于"占"和"变"，则是就《易经》的用途而言的，与"象""辞"不在同一个层面上。因而从构成内容的层面看，《易经》的两大要素是"象"和"辞"，具体来说就是卦爻象与卦爻辞。

二、卦爻象与卦爻辞的关系

传统的看法认为，卦爻象和卦爻辞之间有着必然的联系，有着对应的逻辑关系。从春秋至清末至民国，大多数易学家都致力于寻找这种逻辑关系，或通过对卦象的解释，或通过对卦爻辞的注释，将二者统一起来，以证明《周易》是神圣的典籍，是圣人之书，由此产生不同的解易流派，体现了各自的学术思想。

近代有人认为卦象和卦爻辞之间没有必然的联系，理由是占筮时筮得的卦象与卜问的事件、结果，完全是偶然的。如果认为每一卦的卦爻辞同其卦爻象都存在着逻辑的联系，则无法说明爻辞的重复问题，也无法解释其中的矛盾现象。

我们认为，卦象和卦爻辞之间最初的结合只是出于占筮的需要，但经过长期的整理、修正、加工，可看出编纂者有将两者逻辑化、条件化的企图。其中有的卦两者的必然性、相关性强一些，有的卦相对弱一些。完全否定两者的关系，或完全肯定以至于神化两者关系，这两种倾向都是不可取的。

三、卦爻象与卦爻辞的意义

《易经》经过加工、编纂，体现了一定的意义和思想。

《易经》卦象和卦爻的符号系统是在长期的原始卜筮过程中，逐渐把数和象整齐化、有序化、抽象化的结果，具有稳定性、规范性。通过对立面的排列、组合，反映人的理性思维、逻辑思维。就八卦来说，分别由奇（—）偶（--）对立两画，构成四个对立面。就六十四卦来说，又分别由八种对立的卦象构成，组成三十二个对立面。就卦序说，六十四卦又是"二二相偶"，成为对立的卦象相配合的系列。这种思维是承认卦象存在着对立面，并由对立面构成，其变化表现在其中的基本要素——两画的配合上，体现了以对立面的相互关系说明事物变化的思想萌芽，对后世哲学的发展产生了深刻影响。

《易经》卦爻辞的文字系统，涉及宗教迷信、人生态度、伦理观念、宇宙认识等各方面，反映了殷周之际奴隶制时代的社会生活、人们的精神风貌，以及当时所具备的历史、科学、政治、伦理学知识，体现了初民以卜问形式、卦爻结构解释客观事物变易规律的企图和寻找宇宙因果联系的努力。

《易经》继承了原始的巫术文化传统，反映了殷周之际宗教思想的变革，将当时以德配天的天命神学观念与卜筮相结合，构成了一个以天人整体观为理论基础的巫术操作系统，其迷信成分有所增加，但扬弃了原始筮占那种单纯根据蓍草排列以定吉凶的低层次思维模式，在蓍与卦的外壳下蕴藏着一定哲理。

《易经》具有朴素的辩证法观点——承认事物的对立面、承认事物发展到极点就会转向其反面……

《易经》反映了编纂者的世界观——天道和人事具有一致性，人的生活遭遇可以转化，人事的吉凶在一定程度上取决于个人的行为……

由上述分析可知，《易经》虽是一部占筮书，是巫术文化的产物，但并不是一般的迷信书，不像龟卜那样只简单地告知吉凶结果，而是增加了人为因素，增加了趋吉避凶的价值选择因素。《易经》在言占筮中，还具有帮助人们安身立命、稳定情绪、抚慰心灵的作用，因而带有一定的人文色彩。

《易经》中的生活经验、人生智慧、忧患意识、理性思维因素，成为中国哲学和中华人文文化的源头。

第三章

《易传》：先秦哲人智慧的结晶

《易传》是战国以来解释《易经》（经文）的论文汇编。

《易传》的最大贡献就是将《易经》从巫术转变为哲学，从迷信转变为理性。

作为一部解经之作，它不能破坏卦爻符号、卦爻辞的神圣，不能不从象数、义理两方面来阐发其意蕴；作为一部哲学著作，它又必须突破其巫术迷信因素，建立起自己的思想体系。因此，可以将《易传》称为穿着卜筮外衣的哲学。

《易传》又称"十翼"。"翼"就是羽翼，意为辅助，说明《易传》十篇七种，是对《易经》的辅佐、解释。

第一节 "十翼"介绍

一、《彖传》

《彖传》又称《彖辞》《彖辞传》。《彖传》是解释卦义的,不涉及爻义。解释卦义包括解释卦名、卦象、卦辞,主要采用以下几种方法和体例。

1. 以义理、德行释卦义

将六十四卦(别卦)还原为两个经卦,以经卦的德行、义理解释该别卦。如屯卦,为上坎下震,《彖传》说:"动乎险中,大亨贞。雷雨之动满盈。天造草昧,宜建侯而不宁。"所谓"动"是就震卦德行而言,"险"是就坎卦德行而言。从"动"性上又引出"造",从"险"上引申出"昧",说明屯卦阴阳交而雷雨作,杂乱晦暝,故为屯难。

《彖传》解释卦名,多用声训、义训。如《比·彖》:"比,辅也。""比"为辅弼义,此为采用《说文》"比,密也。二人为从,反从为比"说。《师·彖》:"师,众也。"师为军队,军队必有众多兵卒。《咸·彖》:"咸,感也。"从声韵上看,"感"从"咸"得声,古声韵均同,采用声训法。《需·彖》:"需,须也。"需与须古声韵皆同,意为等待。

《彖传》解释卦名,还采用义界法、引申法。如《颐·彖》:"颐,贞吉。养正则吉也。观颐,观其所养也。自求口实,观其自养也。天地养万物,圣人养贤以及万民。颐之时大矣哉。"从"颐"的"养"义出发,引申出"养正""所养""自养""养万物""养贤及万民"。《咸·彖》在训"咸"为"感"的基础上,进一步界说:"柔上而刚下,二气感应以相与。""感"是指刚柔二气的感应。

《彖传》解释卦辞,综合采用上述各种方法。如《临·彖》:"临,刚浸而长,说而顺,刚中而应,大亨以正,天之道也。至于八月有凶,消不久也。"其中"刚浸而长",以卦体释卦名,说明临卦下二爻为刚爻,刚性渐长,又行正道,故"元亨利贞";以阳长而预示不久即阳消,解释"至于八月,有凶"。

2. 以爻位释卦义

《彖传》采用"中""刚中""正""正位""当位""中正""应""乘"等术语,从爻的位次关系上解卦义。如:

《讼·彖》:"利见大人,尚中正也。"
《临·彖》:"说而顺,刚中而应。"
《观·彖》:"大观在上,顺而巽,中正以观天下,观。"
《夬·彖》:"柔乘五刚也。"

3. 以形象释卦义

六十四卦中有少量卦符的形象与卦义有关,《彖传》对此做了分析。如:

《噬嗑·彖》:"颐中有物,曰噬嗑。"
《鼎·彖》:"鼎,象也。以木巽火,亨(烹)饪也。"

噬嗑卦的形象为☲☳,为颐卦☲☶口腮之中含有一物(第四爻),《彖传》以口腮含有食物解释噬嗑卦。

鼎卦形象为☲☴,像"鼎"的形状,下爻像鼎的两足,第五爻像鼎的两耳,上爻像鼎杠,中间三阳爻像鼎腹。鼎的作用是烹饪,《彖传》从鼎的形象上解释鼎的卦义(见图3-1)。

《彖传》在解释卦义时,十分重视"时""位"。所谓"时",指时机,即一卦所处的环境、背景和特定条件。《彖传》多次赞叹"时大矣哉"。所谓

"位"即一卦中每爻所处的位次。"爻位"与"卦时"密不可分,"爻位"从属于"卦时","爻位"又可反过来改变"卦时"。一般来说,"卦时"是决定卦的吉凶悔吝的最重要因素,各卦以其所居之"位"而适"时"变化。"时"是六爻变化的前提,是六爻变化的决定因素。

《象传》在世界观、自然观、人生观、生命观方面都有丰富的思想。

图 3-1 鼎的形象

二、《象传》

《象传》又称《象辞》《象辞传》。《象传》是解释卦象、爻象的。解释卦象的为《大象传》,解释爻象的为《小象传》。

《大象传》共有六十四条,每条分两句。前一句通过分析卦象解释卦名,后一句讲"君子"等观象而得到的启示。如:

> 《乾·象》:"天行健,君子以自强不息。"
> 《坤·象》:"地势坤,君子以厚德载物。"
> 《屯·象》:"云雷屯;君子以经纶。"
> 《蒙·象》:"山下出泉,蒙。君子以果行育德。"
> 《无妄·象》:"天下雷行,物与无妄。先王以茂对时育万物。"
> 《家人·象》:"风自火出,家人。君子以言物而行有恒。"

《大象传》对卦象的解释,是从经卦的取象入手的。六十四别卦由八经卦重合而成,其中乾、坤、震、巽、坎、离、艮、兑自身重合为八纯卦,其余五十六卦为不同的八经卦的重合。

《大象传》对八纯卦的解释是立足于经卦的取象,如以"天行""地势"解释乾、坤,乾取象为天,坤取象为地。对其余五十六卦的解释亦是立足于上下两经卦的取象，如"屯"卦由上坎下震组成，坎取象为水，为云，震取象为雷，故说"云雷屯"。后一句则以"君子以"开头（少数用"先王以""后以"开头），要求从卦象中受到政治、道德、行为规范的启发，后者是从卦象中合理引申出来的，因此也可看成对卦名、卦象的补充和发挥。《大象传》的前句往往讲天道，后句往往讲人道。人道从天道而来，天道与人道有同一性，这种由天道而明人道的思维方式受到先秦道家的影响。

《小象传》共有三百八十六条。与《大象传》在解释方法上并不相同。《大象传》主要采用取象法，而《小象传》主要采用爻位法和取义法，以解释爻象。如《小象传》对乾卦六爻的解释，从下爻到上爻依次为："阳在下也""德施普也""反复道也""进无咎也""大人造也""盈不可久也"，对九爻的解释为："天德不可为首也。"其中"阳在下也"，是从爻位上解说，初九爻居最下位，故谓"潜龙勿用"，其他则从义理入手进行解释。

对六爻之位，《小象传》总体看法是：初爻为始、下、卑，三、四爻为犹豫、疑惑、反复，二、五爻居中，得中、中道，上爻为终、上、亢、盈、穷。与《彖传》一样，《小象传》亦用中、正、应、乘、承等术语进行解释，只是《彖传》用以解释卦辞，《小象传》用以解释爻辞。

三、《文言传》

《文言传》又称《文言》，是对乾坤二卦的解释，其他六十二卦则没有《文言传》。因为乾、坤二卦为纯阳、纯阴卦，为易之门户，故特意加以文饰——"文饰乾、坤两卦之言。"

《文言传》在对乾、坤二卦的卦爻辞进行逐字、逐句或重点词语解释的基础上，注重发挥卦爻辞的大义。

《文言传》虽没有对卦体的分析，但对卦象、爻位、卦德均做了说解。如《乾·文言传》解释初九爻辞"潜龙勿用"为："下也""阳气潜藏""龙德而隐者也。不易乎世，不成乎名，遁世无闷，不见是而无闷。乐则行之，忧则违之。确乎其不可拔，潜龙也。""潜之为言也，隐而未见，行而未成，是以君子弗用也。"其中"下""潜""隐"是就爻位而言，初爻为最下位。

"阳气""龙德"是就卦象、卦德而言，乾取象为天、为龙、为阳气，德行为刚健中正，初九爻德行为遁世、隐藏。从中引申出"不易乎世，不成乎名"的退隐思想，但隐藏是为了进取，故乾卦的总体思想是"刚健中正，纯粹精也"。

对坤卦的解释，也采用了对爻位、卦象、卦德进行分析的方法。

四、《系辞传》

《系辞传》又称《系辞》，分为上、下篇，是对《易经》的通论，不仅总论占筮大义，而且诠释卦爻辞的观念，阐发《易经》的基本原理。将《易经》由一部占筮著作提升为哲学著作，是《易传》哲理思想的代表。

《系辞传》对《易经》占筮原则作了阐发。通行本《系辞上传》记载了"大衍之数"的揲蓍求卦的具体操作过程（1973年马王堆帛书《易传》本没有此段记载）：

> 大衍之数五十，其用四十有九。分而为二以象两，挂一以象三，揲之以四以象四时，归奇于扐以象闰，五岁再闰，故再扐而后挂。……是故四营而成易，十有八变以成卦，八卦而小成。

此为"大衍筮法"，即以五十根蓍草抽出一根，表示太极，以其余四十九根，经过分两（任意分为两份，左右手各一份）、挂一（从左右手任意一份蓍草中抽出一根，挂于无名指与小指间）、揲四（将分成两份的四十八根蓍草四根四根地数，每一份都有一个余数，或为一，或为二，或为三，或为四，两份余数之和或为四，或为八）、归扐（把每次揲数后的余数放在一处，"再扐"即将两份揲蓍余数一并放在一处）四个过程，即"四营"。"四营"的过程称为"一变"，经过三变而定出一爻，经十八变而定出六爻，即一卦。具体的方法如下。

第一变（即以49根蓍草为基数的第一次四营）之后，剩下的策数不是44即是40（即49策减去"挂一"的一和"归扐"的四或八）；第二变（即以40或44蓍为基数的第二次四营）之后，剩下的策数或为40，或为36，或为32；第三变（即以40或36或32蓍为基数的第三次四营）之后，剩下的策数或为 36，或为 32，或为 28，或为 24。三变之后的这四个数，用 4 除，分别得出 9、8、7、6。9 为老阳，7 为少阳，8 为少阴，6 为老阴。凡得出 9、7，则定为阳爻；凡得出 6、8，则定为阴爻。三变定出一爻，由下往上画，经过 3×6=18 变而定出六爻以成一卦。

《系辞传》认为这种大衍之数的方法，不仅确定一卦之爻象，而且"遂定天下之象"。《系辞传》还以"太极—两仪—四象—八卦"序列说明揲蓍画卦的过程。

是故，易有太极，是生两仪，两仪生四象，四象生八卦。

《易》六十四卦的根源是"太极"，即大衍筮法中四十九根蓍草混而未分之状态（一说指大衍五十之数中抽出的"一"数）；"分而为二以象两"，即四十九根蓍草任意分为两份，则为"两仪"；"揲之以四以象四时"的四时——春、夏、秋、冬为"四象"；四象经"十有八变"而成八卦。八卦的目的是"定吉凶""生大业"。

《系辞传》对卦爻辞、卦爻象的占筮意义也做了一些论述，但没有逐卦解释，而是提出一些原则性问题，如认为爻位有贵贱之分——"列贵贱者存乎位"，上、五爻一般为贵，其他爻为贱，"三多凶，五多功""二多誉，四多惧"。居中之爻一般为吉。

《系辞传》的最大贡献是借占筮论哲理，认为《易经》一书不仅讲"占"，而且是讲圣人之"道"的经典。《系辞传》对《易》作了种种界说：

> 夫《易》广矣大矣，以言乎远则不御，以言乎迩则静而正，以言乎天地之间则备矣。
>
> 夫《易》圣人之所以极深而研几也。惟深也，故能通天下之志；惟几也，故能成天下之务；唯神也，故不疾而速，不行而至。
>
> 夫《易》圣人之所以崇德而广业也。
>
> 夫《易》开物成务，冒天下之道，如斯而已者也。
>
> 夫《易》彰往而察来，而微显阐幽，开而当名辨物，正言断辞，则备矣。

认为《易》不仅仅是彰明往事预察未来的占筮书，而且是圣人探讨天地变化规律、教化天下百姓、倡明道德修养、治理天下的典籍。

《易》是论"道"的，易之道"广矣大矣"，它涵括远近、大小、天地间的一切事理、物理。《易》是圣人穷极深奥的原理、探究极其精微的枢机的工具，所以能够通达天下人的思想，化成天下的具体事物。《易》是圣人用来提高自己德性、扩大自己业绩的依据。《易》的作用在于揭开事物的内在道理、判定事物的业绩。《易》概括了天下万物的规律，具体地说包括了天、地、人三极之道，又具有圣人之四"道"：辞、变、象、占。

经过《系辞传》的阐释，《易》已经远远超出了占卜吉凶的原始功能，而成为探讨宇宙万物变化规律、教化人们修养道德的著作，从而使《易》的性质发生根本性转变，将《易》由一本占筮书变成了哲学书，由迷信书变成了理性书。

五、《说卦传》

《说卦传》又称《说卦》，解说八卦的性质、功能、方位、取象特征及所取物象。

《说卦传》对八卦的性质功能作了归纳：

> 乾、健也；坤，顺也；震，动也；巽，入也；坎，陷也；离，丽也；艮，止也；兑，说也。

对八卦的性质，《象传》已有论及，唯"坎，陷也"是《说卦》首次总结。

《说卦传》还对八卦的各种取象作了分类总结，认为八卦的基本取象是：

> 乾为天，坤为地，震为雷，巽为风，坎为水，离为火，艮为山，兑为泽。

在此基础上，归纳出八卦所象征的动物之象：

> 乾为马，坤为牛，震为龙，巽为鸡，坎为豕，离为雉，艮为狗，

易道主干

兑为羊。

八卦所象征的人身之象：

乾为首，坤为腹，震为足，巽为股，坎为耳，离为目，艮为手，兑为口。

八卦所象征的人伦之象：

乾，天也，故称乎父；坤，地也，故称乎母；震一索而得男，故谓之长男；巽一索而得女，故谓之长女；坎再索而得男，故谓之中男；离再索而得女，故谓之中女；艮三索而得男，故谓之少男；兑三索而得女，故谓之少女。

以乾坤为父母，其他六卦为子女，建立起八卦之间的人伦关系。

此外，《说卦传》还归纳出乾卦14象、坤卦12象、震卦15象、巽卦16象、坎卦20象、离卦14象、艮卦11象、兑卦9象。

《说卦传》对八卦的时间序列、空间方位作了创造性的说明，认为万物的出生、生长、用事、成熟、交接、劳倦、成就的运行次序是：

震→巽→离→坤→兑→乾→坎→艮

它们又分别代表了八方，依次为：

东方→东南→南方→西南→西方→西北→北方→东北

《说卦传》赋予八卦时空统一因素，创立了万物生成模式，对后世影响重大。

《说卦传》还对《易》的性质、特征、功用做了说明，认为：

昔者圣人之作《易》也，幽赞于神明而生蓍，参天两地而倚数，观变于阴阳而立卦，发挥于刚柔而生爻，和顺于道德而理于义，穷理尽性以至于命。

《易》是由揲蓍而成，《易》卦爻的功用不仅是占断吉凶、逆推未来，而且还包涵了天、地、人三才之道，通过卦爻变化规则反映天、地、人统一的变化规律，其目的是提供一种人所必须遵循的道德行为规范，从而提高人的道德境界，找到安身立命的依据。

六、《序卦传》

《序卦传》亦称《序卦》，解说《易经》六十四卦的排列次序。以前后两卦为一组，用十分简约的语言指出各卦的大义。一般以卦名立说（除乾、坤、咸三卦外），采用取象或取义的方法。《序卦》分上、下二篇，上篇从乾坤开始，至坎、离止；下篇从咸、恒开始，止于既济、未济。如上篇前几句：

> 有天地，然后万物生焉。盈天地之间者唯万物，故受之以屯。屯者，盈也。屯者，物之始生也。物生必蒙，故受之以蒙。蒙者，蒙也，物之稚也……

此为解释乾（天）、坤（地）、屯、蒙四卦。以天地立论而没有点出乾坤。屯、蒙则以卦名立论，先进行简明解释，然后点出屯与蒙之间的因果联系：因屯为物开始生成，生成则必定蒙昧。

下篇前几句为：

> 有天地然后有万物，有万物然后有男女，有男女然后有夫妇，有夫妇然后有父子，有父子然后有君臣，有君臣然后有上下，有上下然后礼义有所错。夫妇之道不可以不久也，故受之以恒。恒者，久也。物不可以久居其所，故受之以遁……

开头七句没有直接从易卦上立论，但实则隐示了《易经》下篇三十四卦是论人道伦理次序的。指出这种人伦次序是从天地万物中演进而来，即：

> 天地→万物→男女→夫妇→父子→君臣→上下→礼义。

然后以"夫妇之道"点出咸卦，咸卦为上兑下艮，兑为少女，艮为少男，两相感应，以成夫妇；因咸卦夫妇之道必须长久，故继之以恒卦……

《序卦传》的目的是要寻找《易经》六十四卦排列的逻辑关联，进而以此说明自然、社会历史演变的过程以及人伦的等级次序，从中表现了作者穷极则反、对立面的互相转化、万事万物普遍关联的思想。

七、《杂卦传》

《杂卦传》又称《杂卦》，说明六十四卦之间的错杂关系。与《序卦传》相同的是也是两卦一组，一正一反；不同的是《序卦传》六十四卦的次序即《易经》次序，两卦关系相综相错，或非覆即变，而《杂卦传》六十四卦次序则与《易经》不同，其中前五十六卦尚符合错综、覆变规则，后八卦则不符合错综、覆变规则。

《杂卦传》的解说十分简练，基本上只用一两个字，如：

> 乾刚坤柔，比乐师忧。临、观之义，或与或求……

后八卦为：

> 大过，颠也；姤，遇也，柔遇刚也；渐女归待男行也；颐，养正也；既济，定也；归妹，女之终也；未济，男之穷也；夬，决也，刚决柔也，君子道长，小人道忧也。

这八个卦既不是相综、相错的关系，也不是相覆相变的关系，可能是错简造成的，后人有所改正。

《杂卦》对两卦的组合解说采取了"以同相类"或"以异相明"的方法，即将卦义相同或相近的两卦类合在一起以对举解释其义，或将相反、相对的两卦合在一起以显明对比其义。

第二节　解《经》的方法

一、爻位分析法

在《周易》经文中，只有六十四卦（六爻卦），而没有八卦（三爻卦）。

《周易》六十四卦，每卦有六爻，分别记为：初九、初六、九二、六二、九三、六三、九四、六四、九五、六五、上九、上六。如随卦䷐，六爻由下往上记为：初九、六二、六三、九四、九五、上六。这种标记既体现了各爻的性质（"九"为阳爻，"六"为阴爻），又体现了各爻的爻位。

爻位分析是《易传》解读六十四卦所采用的重要方法。爻位就是六十四卦各爻所处的位置，六爻分处六级高低不同的等次，象征事物发展过程中所处的或上或下、或贵或贱的地位、条件、身份等。

六爻爻位由下而上依次递进，名为：初、二、三、四、五、上，体现事物从低级向高级生长变化的发展规律。

其基本特征为：初位象征事物发端萌芽，主潜藏勿用；二位象征事物崭露头角，主适当进取；三位象征事物功业小成，主慎行防凶；四位象征事物新进高层，主警惕审时；五位象征事物圆满成功，主处盛戒盈；上位象征事物发展终尽，主穷极必反。

在具体卦爻中，又各有其复杂变化及含义。汉易多取人的社会地位譬喻爻位。历代依其不同属性，功用又做了各种分类。

《易大传》尤其是《彖传》《象传》以爻位解说《易经》。爻位的分析重在数。爻数其实就是爻位的另一表达方式。从爻位（爻数）的刚柔比应、承乘得失来理解《易经》，以爻象在全卦中所处地位说明一卦之吉凶。

六爻之中，初、三、五为阳位，二、四、上为阴位。

五、上爻为天位，三、四爻为人位，初、二爻为地位，称为"三才之位"。

五位为贵位（尊位），二位为贱位；或一、三、五为贵位，二、四、六为贱位。

《彖》继承春秋时期的取义说，又吸取战国时期的刚柔说，以刚柔区分乾坤两卦和奇（⚊）偶（⚋）两画（阴阳二爻），作为说明卦象和爻象的范畴，以此概括卦象和爻象的对立，使卦爻象的解释进一步抽象化。《彖》及《象》（主要是"小象"）以爻位组合关系、所处地位等解释卦爻辞，认为卦象、爻象同卦爻辞之间存在必然联系。

每一爻在卦象中所处地位及同各爻的关系主要有五种：

1. 当位与失位——正与不正

当位，又称"得位""得正"。失位，又称"不当位""失正"。《彖》认为一卦六爻，一、三、五是奇数，为阳位；二、四、六为偶数，是阴位。阳爻居一、三、五阳位，阴爻居二、四、六阴位，称为"当位"，如阳爻居阴位，阴爻居阳位，称为"失位"。

一般情况下，"当位"为吉，"不当位"为凶。如中孚卦，六三以阴爻居阳位，为不当位，故《象》曰："或鼓或罢，位不当也。"而九五以阳爻居阳位，为当位，故《象》曰："有孚挛如，位正当也。"

当位之爻，象征事物的发展遵循正道，符合规律；不当位之爻，象征背离正道，违背规律。

但当位、不当位并非判断吉凶利弊的绝对标准，还受各种因素影响，得正之爻有可能转向不正，不得正之爻有可能转化成正。虞翻创"之正"说，王弼创"无阴阳定位"说，均是对"当位"的阐释和补充。

2. 得中与失中——中与不中

"中"为中位，指六十四卦二、五爻的爻位。第二爻为下卦之"中"，第五爻为上卦之"中"。象征事物守持中道、行为不偏。

"中"德优于"正"德。《彖》《象》认为，一般情况下，虽不当位，如居中位，亦吉。《周易·系辞下》："二多誉"，"五多功"。如噬嗑䷔，六五爻并不当位，但居上卦之中，故《象》曰："柔得中而上行，虽不当位，利用狱也。"未济䷿，六爻皆不当位，《象》解释其卦辞："未济亨，柔得中也。"因六五爻居中位，故吉。《小象》解此卦九二爻辞："九二，贞吉，以中也。"中位是对当位的补充。与先秦儒家的中庸思想相合。

如阴爻居于二位，阳爻居于五位，二、五为中位，又分别为阴位和阳位，六二（阴爻居二位）、九五（阳爻居五位）则是既"中"且"正"，在《易》爻中尤为美善，称为"中正"。

3. 相应与无应——和与不和

六爻之间，有相互比应的关系。上下卦之间，初与四比应，二与五比应，三与上比应。阴爻与阳爻相比，谓之"有应""相应"，也称"和"。阴爻同阴爻、阳爻同阳爻相比，谓之"无应"，也称"不和"。

如既得位又相应，则为得位相应，如：初九同六四、六二同九五、九三同上六。反之则为失位相应，如：初六同九四，九二同六五，六三同上九。

一般情况下，有应为吉，无应为凶。此说是对当位说的补充，是对一些用当位说解释不了的卦爻辞的重新认识。如未济䷿六爻皆不当位，卦爻辞却说"亨"，《象》解释："虽不当位，刚柔应也。"大有䷍，六五爻辞："厥孚，交如，威如，吉。"此卦不当位，当为凶，反言吉，《象》解释："大有，柔得尊位，大中而上下应之。"五爻虽为阴爻，然与二爻阳爻相应，虽不当位，亦吉。

二五阴阳得位称为"中"，二五阴阳相应称为"和"，既当中位又相比应，即六二与九五，则谓之"中和"。这种"中和"状态为最佳局势。"中和"是儒家的传统思想。

4. 相承与不相承——顺与逆

"承"和"乘"表明了爻与爻的相邻关系。属于"比"的两种不同状态。上爻对下爻而言，为"乘"；下爻对上爻而言，为"承"。爻位互比关系，象征事物处在相邻环境时的作用与反作用，往往影响爻义的吉凶。

《彖传》《象传》认为阴承阳、阳乘阴，此关系为顺、为吉；阴乘阳，阳承阴，此关系为逆，为凶。

韩康伯："凡两爻相比，在下曰承，在上曰乘。阴承阳则顺，阳承阴则逆；阳得阴应，则吉。此常例也。"

承乘说是对中位说的补充。如小过䷽上卦爻象中六五乘九四，下卦爻象中六二承九三，故《象》说："不宜上宜下，大吉。上逆而下顺也。"

5. 上下往来

《易传》认为六十四卦各爻可以上下往来，所谓"往"即由下往上，所谓"来"即由上往下。往来说的目的是解释卦义与卦辞的吉凶。如泰和否两卦，卦辞分别为"小往大来""大往小来"，《彖辞传》分别解释为："君子消长，小人道消也"；"小人道长，君子道消也。"将大小往来与刚柔消长结合在一起。另如随卦䷐，震刚居下，兑柔居上，《彖》解释："刚来而下柔，动而说（悦）。"上卦阳爻居于下卦二阴之下，成为震卦，震为动，兑为悦。

《易传》还提出了爻位吉凶观念："二多誉""四多惧""三多凶""五多功"。认为二爻爻位属阴，又居中位，当位又得中，且离尊位的五爻远，不造成干扰，故多美誉。四爻离五爻尊位近，迫近至尊而不能自安，故多恐惧。三爻处阳位，居下卦的偏位，为卑贱，所以多凶险。五爻处阳位，居上卦中位，是六位中至尊至贵之位，所以多功绩。

二、取象分析法

《周易·系辞传》认为八卦是仰观天文之象、俯察地理之象、近取人身之象、远取事物之象而制作的。

卦象的创立，把纷乱的物象简约化、规范化，符合从具体到抽象的认识规律。同时易卦作为一种抽象符号模式，又能使人们进行从一般到个别、从简单到复杂的思维。

第三章 《易传》：先秦哲人智慧的结晶

占筮来的卦象，是抽象的，同现实生活本无关系，但人们可通过卦象进行类比思考，用自己的经验解释卦象。易卦能诱发人们的想象力，使之得以充分发挥。《象辞传》就是采用这种因象明理、启发类比的方法分析卦象的。

《易传》作者认为，卦爻符号与卦爻辞之间有内在逻辑联系，卦爻辞是根据卦爻符号确定的，这就是所谓的"圣人设卦观象，系辞焉而明吉凶"。在这一认识基础上，《易传》继承了春秋时期《左传》《国语》从"象"的角度解易的传统，通过取象的方法解读《易经》。

所谓取象的方法，即将卦爻所象征的各种事物之象寻找出来，然后用这种事象、物象解释卦爻辞，以此证明卦爻辞（文字）与卦爻象（符号）之间有必然的联系。

《象辞传》是专门从卦、爻的取象上解读《易经》的集中代表。其中"大象"是对六十四卦卦象的解释，将一个六爻卦分解为两个三爻卦，然后从这两个三爻卦的取象上进行解说；"小象"则是对每一爻的爻象进行解说。不过不一定完全是从物象、事象的角度进行解说，有时也从义理、爻位上进行解说。这一点"小象"更为明显。

集中归纳八卦取象的是《说卦传》。《说卦传》说：

> 天地定位，山泽通气，雷风相薄，水火不相射，八卦相错。

指出了八卦所取的大象，即根本之象，这也是"易"的基础。

八卦相错，重之为六十四卦，阴阳相交，变化以生，而象之变易，亦各因时位而异，但终不超越八卦大象，即：

> 乾☰象天，坤☷象地，艮☶象山，兑☱象泽，坎☵象水，离☲象火，震☳象雷，巽☴象风。

此外，《说卦传》还总结了八卦的物象、身象、事象等（见表3-1）。

《说卦传》归纳的这些"象"不仅是战国以前取象说的总结，而且是《易传》解《周易》的依据。

取象方法的实质是类比与象征。类比（比拟）、象征是形象思维同抽象思维的有机结合，经卦象类比，予认识活动以某种启示，由此得出新的结论。其思维过程，抛开事物间质的差异性，只考虑两个特殊对象在同一种关系的地位和功能、作用的相似点。这种思维方式对中国文化、科学技术影响重大，实际上促成了中国整体思维、联系思维的传统。

《周易·说卦传》首次对易卦取象做的系统整理，不仅归纳了八卦的大象、属性之象、物象、身象、家庭之象，而且收集了一百一十四种广象。汉代从《易经》等书中搜集了大量逸失的象（称为"逸象"），著名的有孟喜搜集了四百四十多种逸象，荀爽等九家搜集了三十多种逸象、虞翻搜集了三百一十多种逸象，这些逸象有的是汉人自觉地搜集起来的，有的则是清代人（如惠栋）从汉人的易注中整理出来的。

现重新整理归纳如下（除表 3-1 中所列之外）。

（1）乾之象

圜、玉、金、寒、大赤、良马、老马、瘠马、驳马、王、先王、明君、圣人、贤人、武人、行人、神、盈、中、施、嘉、好、利、衣、言、物、易、立、直、敬、威、严、坚刚、道、德、盛德、行、牲、精、信、善、扬善、积善、良、仁、爱、愤、生、祥、庆、天休、福、介福、禄、先、始、知、大、盈、茂、肥、清、治、大谋、高、扬、宗、族、甲、老、旧、古、大明、远、郊、野、门、道门、百、步、顶、朱、圭、著、瓜、龙。

（2）坤之象

布、釜、吝啬、均、子母牛、大舆、文、众、柄、黑、臣、顺臣、民、万民、小人、邑人、鬼、形、身、牝、躬、我、自、至、安、康、富、财、积、聚、萃、重、厚、致、用、包、寡、徐、营、下、容、裕、虚、书、近、疆、无疆、思、恶、理、体、礼、义、事、业、大业、庶政、俗、度、类、闭、藏、密、默、耻、欲、丑、积恶、迷、杀、乱、怒、害、遏恶、终、敝、死、丧、冥、晦、夕、暮夜、暑、乙、年、十年、户、义门、阖、户、闭关、盍、土、阶、田、邑、国、邦、方、鬼高、裳、绂、车、鲂、器、缶、囊、虎、黄牛、牝牛、拇、圃、苹、乱。

（3）震之象

玄黄、敷、大涂、决躁、苍筤竹、萑苇、马善鸣、马馵足、马作足、

表 3-1 《说卦传》八卦取象

卦名	乾☰	坤☷	震☳	巽☴	坎☵	离☲	艮☶	兑☱
大象	天	地	雷	风	水	火	山	泽
物象	马	牛	龙	鸡	豕	雉	狗	羊
身象	首	腹	足	股	耳	目	手	口
家象	父	母	长男	长女	中男	中女	少男	少女
其他象	圜、君、玉、金、寒、冰、大赤、良马、老马、瘠马、驳马、木果	布、釜、吝啬、均、子母牛、大舆、文、众、柄、黑	玄黄、敷、大涂、决躁、苍筤竹、萑苇、马善鸣、作足、的颡、稼反生	木、绳直、工、白、长、高、进退、不果、臭、人寡发、多白眼、近利市三倍、颡	沟渎、矫輮、隐伏、弓轮、人加忧、心病、耳痛、血卦、赤、马美脊、亟心、下首、薄蹄、曳、舆多眚、通、月、盗、木坚多心	日、电、甲胄、戈兵、人大腹、鳖、蟹、蠃、蚌、龟、木科上槁	径路、小石、门阙、果蓏、阍寺、指、狗、鼠、黔喙之属、木坚多节	巫、口舌、毁折、附决、刚卤
方位	西北	西南	东方	东南	北方	南方	东北	西方

马的颡、稼反生、稼蕃鲜、常、主、诸侯、士、兄、夫、元夬、趾、出、行、征、作、逐、惊走、警卫、定、事、言、讲议、问、语、告、响、声、音、鸣、夜、交、徽、反、后、后世、从、守、左、生、尝、缓、宽仁、乐、笑、喜笑、笑言、道、陵、祭、禾稼、百谷、草莽、鼓、筐、马、麋鹿、𨚗、鹄、鼓、玉。

（4）巽之象

绳直、工、白、长、高、进退、不果、臭、人、寡发、人广颡、人多白眼、近利市三信、躁、命、命令、号令、教令、诰、号、号眺、处女、妇、妻、商旅、随、处、入伏、利、齐、同、交、舞、谷、长木、苞、杨、果木、茅、白茅、兰、草木、草莽、杞、葛藟、薪、庸、床、绳、帛、腰带、娇、蛇、鱼、鲋、鹳、通。

（5）坎之象

沟渎、隐伏、矫輮、弓轮、人加忧、心病、耳痛、赤、马美脊、马亟心、马下首、马薄蹄、马曳、舆多眚、舆通、月、盗、木坚多心、圣、云、玄云、川、大川、河、心、志、思、虑、忧、谋、惕、疑、艰、塞、恤、悔、邀、忘、劳、濡、涕泗、眚、疾病、疑疾、灾、破、罪、悖、欲、淫、寇盗、暴、毒、读、孚、平、法、罚、狱、则、经、习、入、内、聚、脊、腰、臀、膏、阴夜、岁、三岁、尸、酒、丛木、丛棘、蒺藜、棘匕、穿木、校、弧、弓弹、木、车、宫、律、可、栋、桎梏。

（6）离之象

戈兵、人大腹、女子、妇、孕、恶人、见、飞、爵、明、先、甲、黄、戒、折首、刀、斧、资斧、矢、飞矢、黄矢、网、罟、瓮、鸟、飞鸟、鹤、准、鸿、牝牛、隼、夏。

（7）艮之象

门阙、阍寺、指、鼠、木坚多节、弟、小子、君子、贤人、童、童蒙、僮仆、官、友、阍、时、丰、星、沫、霆、果、慎、节、待、制、执、小、多、厚、取、舍、求、写实、道、穴、居、石、城、宫室、庐、牗、居、门庭、宗庙、社稷、鼻肱、背、腓、皮、肤、小木、硕果、豹、狼、小狐、尾、虎。

（8）兑之象

口舌、毁折、附决、刚卤、妹、妙、妻、朋、友、讲习、刑人、小、少、密、通、见、右、下、少知、契、常、辅颊、孔穴。

易卦的象还可以无限地取下去，从中可以找到一个规律，即只要动态、功能、属性相同就可以归为同一类"象"，八卦其实就是八个功能群。取象的功能、动态特点形成了中华文化重功能轻实体、重动态轻静态、重内涵轻形式的思维偏向，从而与西方文化重实体、重结构、重静态的思维偏向大异其趣。

《易传》在分析六十四卦卦象时，是将它分解为两个八卦（三爻卦），然后取这两个八卦之象来解说的。从某种意义上说《易》就是"象"，所以《系辞传》说："易者，象也；象也者，像也。"

汉代，取象的角度和方法有所创新。孟喜、京房从节气、物候角度创立了"卦气"说，京房又从干支、五行角度创立"纳甲"说、"世应游归"说、"互体"说，《易纬》、郑玄等从年月、时间角度创立"爻辰"说。汉以后各种学说进一步发展，其实都是在取象，只不过跟《周易》放射、不定向的取象不同，而是专门化、定向化，并且形成固定的程式。

三、取义分析法

《易传》在解释《易经》时，从卦的德行、功能、属性、意义出发，解说卦爻辞与卦爻象，这就是取义的方法。与取象方法不同，不是从具体的物象、事象出发，而是从抽象的德行、性能出发。这是对春秋战国取义说的发展和总结。

《左传》《国语》中已采用了取义的方法。如《国语·晋语》记载，重耳流亡时，占得屯和豫两卦，筮史以为不吉，但司空季子以为大吉，理由是：屯为厚，豫为乐；屯的下卦与豫的上卦为震，震为动；屯的上卦为坎，坎为劳；豫的下卦为坤，坤为顺。屯豫两卦表示顺路而行，泉水劳养，土地

易道主干

丰厚，结果终使人快乐，因而重耳一定会赢得晋国。这是从取义角度解卦。取义法往往与取象法并用。如司空季子对屯、豫两卦的解释还有：震为车、为雷，坎为水、为众，坤为土、为地；主震与车，尚水与众。

《易传》中的《说卦传》以取义的方法，将八卦的功能、属性做了总结：

> 乾，健也；坤，顺也；震，动也；巽，入也；坎，陷也；离，丽也；艮，上也；兑，说（悦）也。

"健""顺"等指称性情，是不可见的、无形无象的。

《易传》中逐句解《经》的《彖》《象》《文言》三篇，大量地运用取义的方法。上述八卦性情说是其主要依据，此外还引申出一些相关的义项。如乾、坤二卦，《彖》解释为：

> 大哉乾元，万物资始，乃统天。
> 大哉坤元，万物资生，乃顺承天。

乾主"始"，坤主"生"；乾为统领，地为顺承。这些都是从取义角度解释的。《象》解释为：

> 天行健，君子以自强不息。
> 地势坤，君子以厚德载物。

乾为"健"，坤为"顺"；乾主"自强不息"，坤主"厚德载物"。也是用了取义的方法，此是就解卦象而言。三篇在解卦爻辞时，也广泛采用取义方法。如对乾卦卦辞"元亨利贞"，《彖传》解释为：

> 乾道变化，各正性命，保合太和，乃利贞。

是说乾之道在于变化，万物各得变化的乾道而使性命得以端正，只有保持天地阴阳最高和谐的"太和"状态，才能有利正固，这就是"利贞"。从义理上发挥"利贞"的意义。《文言传》解释为：

> 元者，善之长也。亨者，嘉之会也。利者，义之和也。贞者，事

之干也。

这是将"元亨利贞"解释为"四德"。"元"为美善之首,"亨"为美嘉之会聚,"利"为义之相和,"贞"为事物之主干。《文言传》进一步将"元、亨、利、贞"与仁、礼、义、事(智)相联系,这是以义理解释乾卦卦辞的典型例子。

《文言传》解坤卦卦爻辞说:

坤至柔而动也刚,至静而德方……直其正也。方其义也。君子敬以直内,义以方外,敬义立而德不孤……

以柔静解释坤卦的本体,以动刚、德方解释"利牝马之贞",即坤卦的功用。以"正"释"直",以"义"释"方",说明坤卦为直内方外,论说人的道德修养应该内怀正直、处事有方而合于义。

《象传》在解释卦爻辞时也采用了取义明理的方法,如解释乾卦初九至上九爻辞"潜龙勿用""见龙在田""终日乾乾""或跃在渊""飞龙在天""亢龙有悔",分别为:"阳在下也""德施普也""反复道也""进无咎也""大人造也""盈不可久也",也是从义理上进行发挥。

《彖传》也以取义法解释卦爻辞,如对坤卦卦辞"元亨,利牝马之贞……"《彖》解释:"牝马地类,行地无疆。柔顺利贞,君子攸行。"将牝马解为"地"类,是运用取象法,而将"牝马"解为"柔顺",则是运用取义法。

《文言传》《彖传》《象传》在解释卦爻象与卦爻辞时往往是取义与取象、爻位分析等方法兼用的。

第三节 概念范畴与思想精华

一、位—卦位—爻位

"位"是《易传》重要的概念范畴,《易传》认为易卦六爻即是由"六位"构成。

《系辞传》说:"天地设位而《易》行乎其中矣。"《象传》说:"六位时成。"《说卦传》:"《易》六位而成章。"在《周易》传文中,有八卦排列方位以及六十四卦上下卦位置的分析,而没有六十四卦排列方位的分析。

1. 八卦卦位

《周易·说卦传》分析八卦的排列方位主要有两处,一是出乎震卦位,二是天地卦位。

（1）出乎震卦位

《周易·说卦传》:"万物出乎震,震,东方也。齐乎巽,巽,东南也……离也者,明也,万物皆相见,南方之卦也……坤也者,地也……兑,正秋也……乾,西北之卦也 ……坎者,水也,正北方之卦也 ……艮,东北之卦也。"此方位为:震东、巽东南、离南、坤西南、兑西、乾西北、坎北、艮东北（见图3-2）。

此方位应该说是《易传》的代表性方位,反映了至迟在战国时期就形成了这种离北、坎南、震东、兑西的方位布局。此方位与时序紧密相配,说明万物产生和发展时空合一的规律。震居正东,于时为正春,表万物胚胎萌发生机;巽居东南,于时为春末夏初,表示万物出于地上一片新鲜整齐;离居正南，于时为正夏，表示万物彼此见面，互相接触；坤居西南，于时为夏末秋初，表示万物得到养分而茁壮成长；兑居正西，于时为正秋，表示万物皆成熟而喜悦；乾居西北，于时为秋末冬初，表示万物由成熟而枯老，阴阳相搏；坎居正北，于时为正冬，表示万物极度疲劳衰竭；艮居东南，于时为冬末春初，表示万物旧生命停止，新生命开始。北宋邵雍据之以言文王八卦，认为此卦是人用之位，称为"后天八卦方位"。虽然"后天八卦方位"的名称是宋人起的，但这种特定的八卦方位，则早在《易传》中就有记载。为了免于混淆，不妨将这种方位称为"《易传》八卦方位"。

（2）天地卦位

《周易·说卦传》："天地定位，山泽通气，雷风相薄，水火不相射，八卦相错。"（见图3-3）

图 3-2　帝出乎震卦卦位图

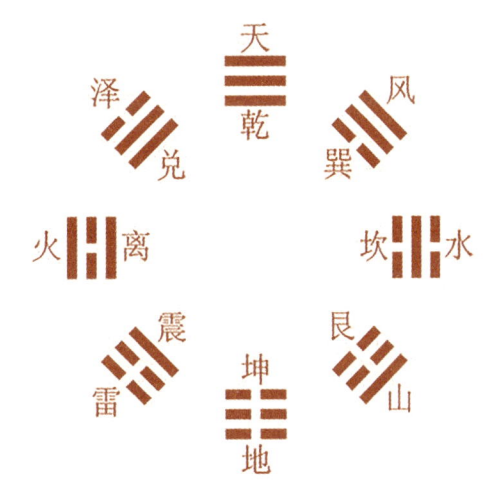

图 3-3　天地卦位图

从文字上看，这段话只阐述了八卦的对立性，并未明言八卦的方位。北宋邵雍将它引申为先天八卦方位，"天地定位"即乾南坤北，"山泽通气"即艮西北兑东南，"雷风相薄"即震东北巽西南，"水火不相射"（帛书本作"水火相射"）即离东坎西。这种卦位排列为：乾南、坤北、离东、坎西、震东北、兑东南、巽西南、艮西北。

095

2. 六十四卦方位

《易传》并没有论及六十四卦的方位排列，但在解释卦象时则论及上下两卦的方位以及关系。如《象辞传》解释每一卦的"大象"往往是先将六爻卦分成上下两个三爻卦，然后再从上下两卦的位置关系、象征事物上进行分析。由此可以看出六十四卦上下两经卦的方位关系为上下之位、内外之位、前后之位、平列之位、重复之位、同体之位等。

（1）上下之位

异卦相重的别卦中两单卦的上下位置。下卦为下位，上卦为上位。象征两种事物是上下关系。如蒙䷃，下卦坎☵居下位，上卦艮☶居上位。

（2）内外之位

异卦相重的别卦中两单卦的内外位置。下卦为内位，上卦为外位，象征两种事物是内外关系。如明夷䷣，下卦离☲居内位，上卦坤☷居外位。

（3）阴阳之位

异卦相重的别卦中两单卦的阴阳位置。阳卦为阳位，阴卦为阴位。象征两种事物是阴阳关系。如蛊䷑，上卦艮☶为阳位，下卦巽☴为阴位。

（4）刚柔之位

异卦相重的别卦中两单卦的刚柔位置。阴卦为柔位，阳卦为刚位。象征两种事物是刚柔关系。如履䷉，上卦乾☰为刚位，下卦兑☱为柔位。

（5）远近之位

异卦相重的别卦中两单卦的远近位置。下卦为近位，上卦为远位。象征两种事物的远近关系。如否䷋，上卦乾☰为远位，下卦坤☷为近位。

（6）前后之位

异卦相重的别卦中两单卦的前后位置。下卦为后位，上卦为前位。象征两种事物的前后关系。如需䷄，上卦坎☵为前卦，下卦乾☰为后卦。

（7）平列之位

异卦相重的别卦中两单卦为平行地位。象征两事物的平列关系。如屯《彖》："雷雨之动满盈。"《象》："云雷，屯☷"。坎☵与震☳无轻重、主次之分，卦象为雷行雨降、雷雨并动。

（8）重复之位

同卦相重的八纯卦中两单卦为重合地位。象征一种事物的重复关系。《易传》解释八纯卦重复之位有九条，其中《彖》释巽、坎、离；《象》释震、巽、坎、离、艮、兑。

（9）同位之位

同卦相重的八纯卦中两单卦不分其位，象征一种事物浑然一体，不含重复之义。《易传》解释八纯卦同体之位有六条，《彖》释乾、坤、震、艮、兑；《象》释乾、坤。

异卦相重之卦位反映两种事物之间的相互关系，同卦相重的卦位反映同一事物的组合关系。

3.爻位

《易传》将每一卦六爻从下到上的六个"位"，规定为阴位或阳位，其中一（初）、三、五位为阳位，二、四、六（上）位为阴位，并提出了一套"当位""应位""中位"以及"乘""承""比""应""上下往来"等体例，详见本章第二节《解经的方法·爻位法》。

二、时—卦时—趋时

卦时，指易卦所处的时位、时机，即每卦卦义的特定背景。六十四卦表示六十四"时"。每卦六爻的变化情状，均体现事物在特定的"时"中的变化、发展规律。《易传》极为重视"时"的功用，《彖传》多次称叹"时大矣哉"。

易道主干

1. "趋时"说

"趋时"又称为"顺时""适时",是《易传》解释《易经》卦爻辞吉凶的一种体例。《易传》认为卦爻之吉凶,往往取决于其所处的时位,是顺"时"还是失"时",顺时则吉,失时则凶。所谓"时"就是时机,就是六爻所处的条件和环境。所谓"趋时"就是顺时而行、适时而变,就是顺应事物发展变化过程中的时机和形势。《易传》多次强调:"应乎天而时行","与时偕行","与时行也","时止则止,时行则行,动静不失其时"。《系辞传》明确提出"趋时"的术语,说:"变通者,趣(趋)时者也。"

在《易传》看来,"时"比"位"更为重要。有时即使爻位得正,得中,但如"失时"也照样为凶。如即使是既处中位又当位的六二、九五爻也不一定吉,关键要看它是否适时。如节卦九二爻为"刚得中",但爻辞则说:"不出门庭,凶。"《象传》解释:"失时极也。"趋时是对爻位说的补充。

其实"时"的重要性早在卦爻辞本身既已说明,蒙卦䷃卦辞说:"初筮告,再三渎,渎则不告。"为什么第一次筮时可告,第二次、第三次就是亵渎,关键就是失时,因此,与其说是亵渎神灵,不如说是亵渎"时"。蒙卦的"亨……利贞",《彖传》解释是:"以亨行,时中也。""中"是指九二爻刚爻居中位,"时"是指全卦得其时机,所以"亨"。

2. "趋时"说对后世的影响

《易传》的"趋时""顺时"说对后世影响很大,如东汉荀爽即继承《彖》《象》而论述"趋时"。

魏王弼在《周易略例》中提出:"夫卦者,时也;爻者,适时之变者也。"[1]将"适时通变"作为《周易》体例之一,也是对他"一爻为主"体例的补充。

他在该书《明彖》篇中,主张"一爻为主"说,认为一卦的意义是由一个为主的爻决定的。一卦六爻的时位虽然不同,但实际有一个中心观念,

---

[1] 王弼:《周易略例·明卦适变通爻》。

第三章 《易传》：先秦哲人智慧的结晶

以此寻求一卦的统一性。然而这种体例难以解释所有的卦义，于是他又提出"适时通变"体例。

王弼认为爻的变动是没有固定形式、复杂多端的，爻的性质即在于变动。为什么这种变动难以揣度？其根本原因就是卦爻"适时"而变，不同的"时机"就会有不同的吉凶。爻的变动说到底就是"时"的变动。卦辞、爻辞都是因"时"而变的，适时则吉，失时则凶。

适时的情况是不同的，任何一卦一爻所处的"位"不同，所遇的"时"也不同。如阳居阴位或阴居阳位，即处不当位之时；刚居柔上或柔居刚上，即处乘承之时；刚柔各居初四、二五、三上之位，即处有应之时。还有居一卦之始终（初爻上爻）、居中位、居内外卦上下之体等，均各处不同的"时"。

王弼认为卦因"时"推移，爻随"时"变化，因而卦义、爻义变化无常，行为处事也应该随"时"应变，不可拘泥、定于一执。

可见王弼虽主张"忘象"，反对汉易象数之学，但实际上并没有舍弃卦爻，只是不寻求卦爻的"物象""实象"，而寻求卦爻的"时""位"所体现的义理，即"义象""虚象"。

北宋程颐提出"随时取义"说，继承王弼以义理解易的传统，但又有所区别，如在爻位说上，程推崇中位，"中"可统"正"，中德是判断吉凶的最高标准，与王初上不论位、中位、当位、应位并重有所不同；在卦变说上，程主张乾坤卦变说，而王偏于刚柔往来说。

程颐进而提出"随时取义"的体例，认为《周易》卦爻辞吉凶并没有一定的格式，不同的时位可进行不同的解释，这就是"易随时以取义""变动不居"。如泰、否两卦的初爻之辞都是"拔茅，茹以其汇"，但一是"征吉"，一是"贞吉亨"，其原因就是"时"不同。否卦的内卦三阴爻，《象辞传》认为是"小人"，程颐则认为有时指小人，有时指君子，要"随时取义"。又如明夷卦六五爻辞为"箕子之明夷，利贞"。一般认为五爻为君位，而这里却指"箕子"，箕子是商朝的旧臣，可见五爻并不是专指君位，有时也指臣位。

程颐的"随时取义"说是基于这样一种认识：《周易》是讲"变易"的，变易是没有固定模式的，六十四卦作为六十四种时态，其中每一爻都是一种不同的时位，因而卦爻辞的解释也是不固定的。程颐的目的与前代解读者一样也是为了解决卦爻象与卦爻辞的矛盾，这样一来使得对卦爻辞的解释有了相当大的灵活性，使得《周易》经传中不一致、矛盾的地方得到了合理解决。

"适时""随时"体例是义理派解易最重要的方法，它使得取义说可以充分、主动地发挥，从而赋予卦爻辞以新的含义。宋明时期，儒家解易基本上沿袭了这个传统。

趋时是《易传》解释《易经》卦爻辞吉凶的一种体例，认为卦爻之吉凶，往往取决于其处的时位，适时则吉，失时则凶。

3. "时"与耗散结构理论

从《易传》对"时"的强调上可看出其与耗散结构时间理论有一致性，后者认为时间是不可逆的（时间之矢），并隐含随机性。

《周易》是讲变化的书，讲变化就是讲"时"，六十四卦三百八十四爻其实是把客观世界做时间上的划分。正因为"时"是世界变化的客观形式，"日中则昃，月盈则食，天地盈虚，与时消息，而况人乎，况于鬼神乎"（《丰》）。所以在人的意识中便产生了"与时偕行"的观念，"时止则止，时行则行，动静不失其时，其道光明"（《艮》）。可见，"时"在《周易》里被当成自然界和人类社会进化的内部度量。《周易》考虑社会在时空坐标中的变化发展，其中言"时"之处颇多，一卦可以表示一种"时"，一爻也可是一种"时"，"时"对爻起的作用往往比"位""中"还大。

这种"时"决定了发展的不可逆性。《序卦传》描述的社会进化程序是天地→万物→男女→夫妇→父子→君臣→上下→礼义，这是不可逆转的。在这一系列进化中，凡后者都包含有前者的因素，要解释后者必须首先理解前者。《系辞传》说："神以知来，知以藏往。"在知解力的一维时间坐标中，由卦的藏往才能知来，这与耗散结构中对"历史"概念的理解相似。

这种"时"还隐含着随机性。程颐指出："《易》之取义，变动随时。"通过前面的论述我们知道，由于"阴阳不测"规律的作用，现在对未来是不可限定的，事物的发展具有随机性，这种随机现象也体现在反映一事物发展过程的一卦六爻中，《系辞传》说："其初难知，其上易知，本末也。初辞拟之，卒成之终。"初生事物的发展难以预料，因而初爻的爻辞也是一种曲笔。在表示事物成长壮大（二、三、四、五爻位）的进程中，《周易》只作了二多誉、三多凶、四多惧、五多功的大致判定，并且还以"其柔危其刚胜邪？"的疑问来强调过程的复杂性。上爻虽因代表事物的终了而易知，但"物极必反"，旧物将转化为新物而又重复这种过程。

应当指出的是，《周易》虽然承认阴阳、矛盾、差异及"否极泰来"式的发展，但是，由于位、时、中的强束缚作用，矛盾又失去了多样性与复杂性的特点，其发展也是变不逾常，变多为一。这种特殊形态的矛盾发展观，具有既区别于一般形态的形而上学，又不等价于一般形态的辩证法的特征。我在这里借助耗散结构理论为参照系，审慎地进行估价，便是力求发掘出其中辩证的合理因素，以使《周易》中蕴含的丰富思维在世界文化重新走向融合的过程中发挥作用。

三、序——卦序

1.《易传》八卦卦序

《易经》没有八卦的排列，如把六十四卦中八纯卦提出来，那么八纯卦的次序为：乾、坤、坎、离、震、艮、巽、兑。《易经》并没有对六十四卦以及八纯卦的次序进行解释，《易传》则做了解释。

（1）《易传》出乎震卦序为：震、巽、离、坤、兑、乾、坎、艮

依据《易传·说卦传》："帝出乎震，齐乎巽，相见乎离，致役乎坤，说言乎兑，战乎乾，劳乎坎，成言乎艮。"

亦有人依据该文"艮，东北之卦也，万物之所终，而所成始也，故曰成言乎艮"，认为其次序当以"艮"为首，即：艮、震、巽、离、坤、兑、乾、坎。唐代孔颖达《周易正义》认为，艮指"前岁之末，后岁之初。"郑玄解释"艮为立春"，"言万物，阴气终，阳气始，皆艮之用事"。（南宋朱震《汉上易传》卷九引）元代俞琰："盖止（艮）则生意绝矣。成终而复成始，则生意周流。"(《读易举要》)郑玄认为:"艮、震、巽、离、坤、兑、乾、坎,《连山》之序也。"(《玉海》卷三十五)说明此卦序为夏《连山易》的孑遗,反映夏代淡化天地,重视山居农耕的思想。

一般认为,《说卦》该段以八卦配四时、配八方,论述万物产生的时序空间条件,表明万物从春雷震动、万物萌发生机的震卦开始,于时为春;到巽卦万物长齐,于时为春末夏初;离卦彼此见面,互相接触,于时为正夏;坤卦日益繁茂,于时为夏末秋初;兑卦万物皆成熟而喜悦,于时为正秋;乾卦由成熟而步入枯老,生死搏斗,于时为秋末冬初;坎卦异常衰老疲惫,于时为正冬,进入冬藏阶段;直到艮卦万物新陈代谢终始相因,旧生命停止,新生命开始,于时为冬末春初,表示一年开始。

(2)《易传》天地定位卦序为:乾、坤、艮、兑、震、巽、坎、离

依据《易传·说卦传》:"天地定位,山泽通气,雷风相薄,水火不相射,八卦相错。"

长沙马王堆汉墓帛书《易传》作:"天地定立(位),[山泽通气]①,水火相射,雷风相薄。"据此天地定位卦序为:乾、坤、艮、兑、离、坎、震、巽。

两本皆以乾、坤为首,说明天、地的重要地位,反映对天地自然的重视,也反映对对立事物的认识,今有人认为体现了周部落氏族社会的宇宙认识观。

此卦序也可看成对六十四卦中八纯卦次序的解释,八纯卦相对之卦首乾次坤,先坎后离,先震、艮后巽、兑,反映出阳尊阴卑的思想。以乾坤为首,表明天地在宇宙万物中的决定作用——"天地定位"。乾、坤、坎、离居上经,说明以天、地为经,水、火为纬,论述天地自然之道。震、艮、巽、兑居下经,说明天、地、水、火渐次造就长男(震)、少男(艮)、长女(巽)、少女(兑),论述人之道。

(3)《易传》父母生六子卦序为:乾、坤、震、巽、坎、离、艮、兑

依据《易传·说卦传》:"乾,天也,故称乎父。坤,地也,故称乎母。

---

① "山泽通气"四字在帛书《易传》中缺佚。

震一索而得男，故谓之长男。
巽一索而得女，故谓之长女。
坎再索而得男，故谓之中男。
离再索而得女，故谓之中女。
艮三索而得男，故谓之少男。
兑三索而得女，故谓之少女。"

乾坤为父母，震、坎、艮、巽、离、兑为六子女，不仅反映自然天地关系，而且反映了社会家庭伦理关系。以家庭父母子女关系比拟八卦，说明乾坤为阴阳之根本，万物之祖宗，如同家庭之父母。今有人认为其体现了周后期重社会伦理的思想。北宋邵雍据此建立后天八卦次序说，认为乾坤父母生六子卦序为文王推演（见图3-4）。

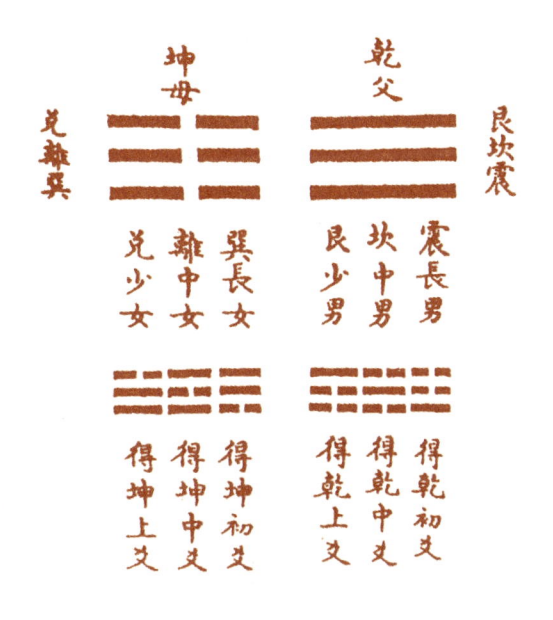

图 3-4 父母生六子卦序

2.《序卦传》对六十四卦卦序的分析

《周易·序卦传》第一次系统阐释了六十四卦前后排列次序的意义，将六十四卦分为上、下两段，上段解释上经（从乾到离）三十卦的次序，下段解释下经（从咸到未济）三十四卦的次序：

> 有天地，然后万物生焉。盈天地之间者唯万物，故受之以屯。屯者，盈也，屯者，物之始生也。物生必蒙，故受之以蒙……坎者，陷也。陷必有所丽，故受之以离。离者，丽也。
>
> 有天地然后有万物，有万物然后有男女，有男女然后有夫妇，有夫妇然后有父子，有父子然后有君臣，有君臣然后有上下，有上下然后礼义有所错。夫妇之道不可以不久也，故受之以恒……有过物者必济，故受之以既济。物不可穷也，故受之以未济终焉。

易道主干

《序卦传》将六十四卦解读为自然、社会历史发展过程，先有天地（乾坤）万物，后有家庭、人类社会。《序卦传》借助已有的经传文字，或取卦象，或取卦理卦义，按照对立统一的思想将六十四卦建立在内在的因果连续关系基础上。

《序卦传》在《易传》的篇次中成书较晚，当在战国末期或秦汉之际，作者借助已有的经传文字或取卦象，或取卦理卦义，用以偏概全的方式引申附会，按照对立统一的思想试图将六十四卦建立起因果连续的链条，后人则由此推测出社会发展的轨迹。这是一种整体论的尝试。中国自古强调的是关系，注意研究整体的协调。因此，《序卦传》的作者也许意识到了单凭一个卦象中六爻按单向的因果方式起作用的图景来解释世界是不够的，于是便将六十四卦看作一个有相互作用的过程，以研究其中各单元的关系。

《序卦传》包含以下因果系列：

①乾、坤、屯、蒙、需、讼、师、比、小畜、履、泰、否，计十二卦。

②同人、大有、谦、豫、随、蛊、临、观、噬嗑、贲、剥、复，计十二卦。

③无妄、大畜、颐、大过、坎、离，计六卦。

④咸、恒、遁、大壮、晋、明夷，计六卦。

⑤家人、睽、蹇、解、损、益、夬，计七卦。

⑥姤、萃、升、困、井、革，计六卦。

⑦鼎、震、艮、渐、归妹、丰、旅、巽、兑、涣，计十卦。

⑧节、中孚、小过、既济、未济，计五卦。

每一个因果系列都代表了人类社会一个"穷变通久"的发展阶段，各个阶段矛盾的侧重点不同，所要表示的思想主题也不同。

3.《杂卦传》对卦序的分析

《周易·杂卦传》六十四卦次序打乱编排，其言卦序为乾坤、比师、临观、屯蒙、震艮、损益、大畜无妄、萃升、谦豫、噬嗑贲、兑巽、随蛊、剥复、晋明夷、井困、咸恒、涣节、解蹇、睽家人、否泰、大壮遁、大有同人、革鼎、小过中孚、丰旅、离坎、小畜履、需讼、大过姤、渐颐、既济归妹、未济夬。

"大过"卦以下宋儒疑为错简。

晋代韩康伯："杂卦者，杂糅众卦，错综其义，或以同相类，或以异相明也。"(《周易》系辞注) 明清之际的王夫之："杂者，相同之谓也。一彼一此，一往一复，阴阳互见，而道义之门启焉。"(《周易内传》)《杂卦》将六十四卦错杂编排成两卦一对，一正一反，用一两个字解说卦义，与《序卦》互相补充印证，同样体现了对立统一思想，尤其强调对立一面，言六十四卦之对待。

四、中—中正—时中

1. 中

《易传》本以"中"为中位，指六十四卦二、五爻的爻位。第二爻为下卦之"中"，第五爻为上卦之"中"，象征事物守持中道、行为不偏，进而将"中"视为人的伦常美德。"中"德优于"正"德。《彖》《象》认为，一般情况下，虽不当位，如居中位，亦吉。《周易·系辞下》"二多誉""五多功"，如噬嗑䷔六五爻并不当位，但居上卦之中，故《象》曰："柔得中而上行，虽不当位，利用狱也。"未济卦䷿，六爻皆不当位，《彖》解释其卦辞："未济，亨，柔得中也。"因六五爻居中位，故吉。《象传》解此卦九二爻辞："九二贞吉，中以行正也。"中位是对当位的补充。与先秦儒家的中庸思想相合。

2. 中正

《易传》把阴爻居于二位（六二），阳爻居于五位（九五），称为"中正"，认为这种是既"中"且"正"的美德，在《易》中最为美善，比"正"或"中"更符合儒家伦常。"中正"既是事物和谐稳定的合理状态，又是为人处事高明理想的境界。

3. 时中

《彖辞传》解释蒙卦："蒙亨，以亨行，时中也。"提出"时中"概念。所谓"时中"指时机适中。从空间位置的适中到时间机遇的适中，是对中位说的发展。有人认为《易传》的"时中"说可能出于《孟子》《中庸》之后。孟子赞扬孔子为"圣之时者也"（《孟子·万章下》），又说"孔子岂不欲中道哉？"（《孟子·尽心下》），《中庸》明确提出"君子而时中"，《易传》是对孔子正名说与中道说、孟子时中说的发展，使《易》与儒家思想的关系更加密切。① 实际上，"时中"的思想又为孔孟儒家和老庄道家所共有，并对后世各学术流派产生深刻影响。

五、太极—太和

1. 太极

"太极"一词是《系辞传》提出来的，在先秦古籍中仅见于《庄子·大宗师》"在太极之先而不为高，在六极之下而不为深"，"太极"范畴在中国哲学史上意义十分重大。《系辞传》说："是故《易》有太极，是生两仪，两仪生四象，四象生八卦。八卦定吉凶，吉凶生大业。"这里的"太极"原本是指卦象的源头，是奇偶两画或大衍之数未分的状态。但在这个序列中，太极是两仪、四象、八卦的源头，八卦又是指称万事万物的，因此太极又可看成万事万物的源头，后世正是在本体论意义上运用"太极"范畴的。

后世对"太极"有各种解释，如汉代刘歆《三统历》说："太极元气，函三为一。"唐代孔颖达《周易正义》说："太极谓天地未分之前，元气混

---

① 陈来：《易传的范畴和命题》，《周易知识通览》，齐鲁书社，1993年。

而为一。"太极是宇宙最初浑然一体的元气，是阴阳二气混合未分的状态（见图3-5）。

2. 太和

《象传》在解释乾卦时说："乾道变化，各正性命，保合太和，乃利贞。"

"乾道"在筮法上指刚爻变化的法则，在哲理上指天道，即天地万物运动变化的法则。《易传》认为"乾道"

图 3-5　标准的太极图

在于使万物的性与命都得以端正，协调并保持阴阳的太和状态，只有这样，才能"利贞"，即有利于正固。可见"太和"是"利贞"的必要而充分的条件。就乾卦而言，乾卦六爻皆为阳，最为纯正，没有刚柔相杂的不和谐状况，因此是"太和"。后世对"太和"有各种解释，如北宋张载将"太和"解释为气的最高和谐状态，并提出"太和所谓道"的命题，认为气化过程中的阴阳二气的高度和谐就是天地万物的本体和法则。

"太和"原作"大和"，指一种最和谐的状态，是中国历代各家所共同追求的最高价值境界。

六、气

"气"在《易经》中并没有被提及，在《易传》中提到6次。

> 同声相应，同气相求。（《乾卦·文言传》）
> 潜龙勿用，阳气潜藏。（《乾卦·文言传》）
> 柔上而刚下，二气感应以相与。（《咸卦·象传》）
> 精气为物，游魂为变。（《系辞传》）

易道主干

> 天地定位，山泽通气。(《说卦传》)
>
> 山泽通气，然后能变化，既成万物也。(《说卦传》)

"气"是《易传》的重要范畴，虽然从文字上看，《易传》提到"气"字并不多，但实际上《易传》所论述的"阴阳"就是所谓的"二气"，刚柔二爻（两仪）可看成阴阳二气，六十四卦、三百八十四爻都可以看成"气"的符号。

"气"甚至可视为阴阳未分时的状态，也就是"太极"；"气"的分化就是阴阳，就是"两仪"。"气"是宇宙万物变化的本原，换言之，宇宙生命的运动变化可归结为"气"的变化。

七、阴阳

1."阴阳"的源流

"阴阳"观念的产生可上溯到上古三代。《易经》实际上反映了"阴阳"观念的产生，只是没有明确提出"阴阳"的概念。据近人梁启超考证，《易经》六十四卦卦爻辞中只有中孚卦的九二爻辞提到了"阴"字："鸣鹤在阴，其子和之。"但此处的"阴"借为"荫"，并不是"阴阳"的"阴"的意义。此外，梁启超还考证出《仪礼》全书无"阴""阳"二字；《尚书》言"阴""阳"者各三处；《诗经》中言"阴"者八处，言"阳"者十四处，言"阴阳"者一处。梁氏认为这些典籍提到的"所谓阴阳者，不过自然界中一种粗浅微末之现象，绝不含何等深邃之意义"[①]。这种评价是基本符合史实的。但六十四卦的符号是以阴爻和阳爻作为基础的，卦名中也出现了"乾"—"坤""泰"—"否""剥"—"复""损"—"益"等对立、对待的概念范畴。《易经》以广泛的对立、矛盾现象和实际经验为认识源泉，以吉凶祸福的矛盾转化为研究对象，认识到万事万物存在着对立、对待的普遍现象，反映了当时人们生产实践、社会实践的认识水平。当时人们在农

[①] 梁启超：《阴阳五行说之来历》，《古史辨》第五册，上海古籍出版社，1982年重印本。

业生产实践中，认识到向阳者丰收、背阴者减产，总结出"相其阴阳"的经验；在社会生活中出现君臣、主奴、贵贱、贫富、治乱、兴衰的矛盾；在自然现象中更是体认到天地、日月、昼夜、寒暑、阴晴、水火、男女等对立、对待现象。这一切在《易经》中均有反映。《易经》两仪符号，对立卦名以及爻词用语，说明《易经》已经有"阴阳"的观念，距离"阴阳"哲学概念的提出只有一步之遥了。

"阴""阳"二字在殷墟甲骨文中已经出现。"阴阳"哲学概念则在西周末年正式出现，《国语·周语上》有记载。当时"阴阳"被用来解释一些奇异现象和事物运动变化的原因。到了春秋末期，道家创始人老子对前代的阴阳思想作了发展，老庄学派和黄老学派都以"阴阳"说明万物的性质及变化规律。

2.《易传》阴阳说

《易传》第一次系统地以阴阳解《易》，将"阴阳"提升为说明宇宙万物变化运动和自然界普遍联系的基本范畴。正如《庄子·天下》所言"《易》以道阴阳"。

《易传》将"阴阳"上升为"范围天地""曲成万物"的最高范畴，甚至整部《易经》都被解读为"阴阳"二字。《易传》第一次明确提出了"一阴一阳之谓道"的命题，把"阴阳"看成"易道"。认为天地万物存在着既吸引又排斥、既对立又统一、既矛盾又和谐的关系，事物的对立面可以相互转换，一切事物的复杂性和变动性都受到这种"阴阳"规律的制约。

"阴阳"思想是《易传》哲理体系的基本内核，是《易传》的总原则，"阴阳"是《易传》阐释卦爻象、说明万事万物属性规律的基本范畴。

在《易传》七篇中，《系辞传》阴阳解卦爻是最全面、最系统的，可将《系辞传》看成对《彖传》《象传》《文言传》阴阳说的总结、提升。《彖传》只在泰、否两卦中以阴阳解卦，《小象》《文言传》只在乾、坤两卦中以阴阳解卦（《小象》解乾初九、坤初六爻辞，《文言传》解乾初九、坤上六爻辞），《大象传》则未以阴阳解卦。

《系辞传》首次系统地以"阴阳"解读卦爻，将八卦区分为阳卦、阴卦，"阳卦多阴，阴卦多阳"，"阳卦奇，阴卦偶"，按阳爻、阴爻数量的多少确定本卦的阴阳性质，又以此比拟人类社会政治生活，"阳一君而二民，君子之道也；阴二君而一民，小人之道也"。

"阴阳"就是《系辞传》所说的"两仪"，"两仪"既指阴爻、阳爻两类符号，又指阴阳两类相对的事物和阴阳两类相对的属性，也就是说"两仪"与"阴阳"一样成为一个哲学范畴。

"阴阳"的另一同义范畴是"乾坤"，"乾坤"被《易传》视为二"元"，即"乾元"与"坤元"。《彖辞传》说："大哉乾元，万物资始，乃统天。""至哉坤元，万物资生，乃顺承天。"将"乾元""坤元"看成万物的开始和生成的本原。虽然对"元"字有不同的解释，但从后世发展看，"元"主要被视为宇宙万物的本原，成为一个本体论范畴。

在六十四卦中，只有乾、坤二卦是纯阳卦、纯阴卦，所以被《易传》当成阳、阴的象征，被看成"《易》之门"，《易传》认为"阴阳合德而刚柔有体，以体天地之撰，以通神明之德"。乾坤还是"《易》之蕴"，"乾坤成列，而《易》立乎其中矣"，可以说没有乾坤阴阳就没有《易》。就乾坤阴阳性质而言，"乾道成男，坤道成女。乾知太始，坤作成物。乾以易知，坤以简能。"乾性质为男，坤性质为女；乾主管万事万物的开始，坤标识万事万物的完成；乾以平易为智，坤以简单为能。"夫乾，天下之至健也""夫坤，天下之至顺也"，乾的德行是"恒易以知险"，坤的德行是"恒简以知阻"。《系辞传》还将乾坤的性能与天地、四时、万物的生化相类比，从而将乾坤阴阳提升到"形而上"的高度。

《易传》以阴阳解读卦爻，使六十四卦、三百八十四爻由筮法巫术转变为理性哲学，是一次革命性的大转变、大飞跃，从此使《易》学成为阐释宇宙生命规律的科学哲学。

3. 阴阳的分类与结构

按卦爻模型，宇宙万物被分为阳与阴两大类。虽然在《易经》卦爻辞中并没有提出"阴阳"概括，但爻分为两类，八卦分两类（四卦为阳卦、四卦为阴卦），六十四卦也分两类（三十二卦为阳卦、三十二卦为阴卦），

第三章 《易传》：先秦哲人智慧的结晶

这种二分的方式奠定了《易传》宇宙分类学的基础。《易传》明确指出"一阴一阳之谓道"。从某种意义上说，阴阳的分类结构就是易之"道"。

按《周易·系辞传》"《易》有太极，是生两仪"，可知阴阳两仪是从太极中产生的。如果说太极是宇宙的本原，那么阴阳就是宇宙的最基本构成。宇宙一切事物可以分为阴阳，每一事物也可分为阴阳。"阴阳"是从功能和属性上对万物所作的分类。"阳"代表光明、正向、运动、白色、刚强、外在、奇数、正数、俯下、实际、左边、德生、开放等一系列含义；"阴"代表阴暗、反向、安静、黑色、柔和、内在、偶数、负数、仰上、空虚、右边、刑杀、关闭等一系列含义。

"阴阳"是从万事万物的普遍对待——矛盾中概括出来的，是以广泛的对待、矛盾现象和实际经验为认识源泉的。阴阳爻符号是上古初民对宇宙万物阴阳属性的最抽象概括，六十四卦尤其是乾坤、泰否、剥复、损益、既济、未济等相互对待的卦象，为阴阳分类提供了重要资料，《易传》阴阳二分构成是对阴阳学说的进一步发展。

当然"阴阳"分类是有前提的，这就是必须是有关联的事物或者是同一事物。有关联的事物如日和月，都是天体星球，日为阳，月为阴。而日和人、月与鸟就没有什么内在关联性，因而无法分阴分阳。此外，任何一个事物都可以分为阴阳两面，如人可分为男人（阳）、女人（阴）；人有刚强、向上、光明的一面（阳），又有软弱、退却、阴暗的一面（阴）；人分前胸（阴）与后背（阳）、上肢（阳）与下肢（阴）、体表（阳）与内脏（阴）、五脏（阴）与六腑（阳）……

中医认为，人体结构中任何脏腑、组织都可分阴分阳。就脏腑为言，脏为阴，腑为阳；就脏而言，心肝为阳，肾、肺为阴；就每一脏而言，又有心阴、心阳，肾阴、肾阳等。五脏六腑所作的五行分类，实质上是阴阳分类加上中间关系。[①]

二分是宇宙生命结构分类学的基础，在此基础上还可进一步分为四、八、十六、三十二、六十四……这就是《周易·系辞传》所说的："《易》有太极，是生两仪，两仪生四象，四象生八卦。"这种层层二分——一分为二的规律用数学式表示则为：

---

① 张其成：《医易研究元问题及其方法论意义》，《周易研究》1996年第2期。

易道主干

$2^0 \to 2^1 \to 2^2 \to 2^3 \to 2^4 \to 2^5 \to 2^6 \cdots\cdots 2^n$
↓   ↓   ↓   ↓   ↓   ↓   ↓   ↓
太极 两仪 四象 八卦 十六卦 三十二卦 六十四卦……万事万物

两两相对、一分为二是宇宙生命的结构规律。

4. 阴阳相推，变动不居

阴阳相推、变动不居是《易传》揭示的宇宙生命运动变化的根本原因。所谓"一阴一阳之谓道"也是针对阴阳的"范围天地""曲成万物"而言的。阴阳二爻的错综变化即阴阳二气的运动变化，可以"效天下之动""通神明之德""类万物之情"。

《系辞传》一方面强调"分阴分阳，迭用柔刚"，重视差别、对立、对待在错综变化中的作用，表明阴阳的差别、对立是错综变化的基础；另一方面又强调"阴阳合德而刚柔有体"，重视统一、综合、互补在物体形成中的作用，表明阴阳的综合、统一形成了物体的运动变化。对立与统一、对待与互补，体现了阴阳学说与矛盾学说的相关性与差异性。《易传》认为万事万物的运动变化原因就是阴阳的"分"与"合"，表现为阴阳两种势力的相推、相摩、相荡，这就是所谓的"刚柔相推而生变化"。

《易传》对阴阳相推变化的解释是从筮法角度出发的，与爻位说一致，以爻象在六位中的上下往来解释卦爻辞的吉凶悔吝，认为卦爻象变化的根本原因就在于爻的刚柔推移。这就是《系辞传》说的："八卦成列，象在其中矣。因而重之，爻在其中矣。刚柔相推，变在其中矣。系辞焉而命之，动在其中矣。吉凶悔吝者，生乎动者也。"

《系辞传》进而以阴阳的推摩解说宇宙万物的变化，"六爻之动，三极之道也"，阴阳爻的相互推移不仅是昼夜、失得的原因，而且是天地人三极、三才的变化规律，是宇宙的普遍法则。"是故刚柔相摩，八卦相荡。鼓之以雷霆，润之以风雨。日月运行，一寒一暑。"风雨、雷霆、日月、寒暑等宇宙一切自然现象都是由阴阳对立面的摩荡、消长造成的。

六十四卦被解说为宇宙自然万物消长、推摩、运动变化的一个大过程、大周期。"天地盈虚，与时消息，而况于人乎？况于鬼神乎？"这种盈虚、消息是一个循环往复的过程，"复，其见天地之心乎。"反复之道，是天地的本性。"一阖一辟谓之变，往来不穷谓之通"，六十四卦代表了阴阳的阖辟、往来的大规律，每一卦六爻的上下往来、"相攻"和"相取"、相互排斥和相互融合（"氤氲"）代表了具体事物发生、发展、变化的法则。

5. 阴阳的互根与转化——对待互补律

阴阳的盛衰、消长、转化，在《周易》六十四卦次序中得以反映，阴阳爻的上下往来构成了六十四卦"非覆即变"的关系，显示了"天地盈虚，与时消息"（《丰卦·彖传》）的规律。六十四卦无一不在论述阴阳消息之理、刚柔变化之道。"乾者阳，生为息；坤者阴，死为消也。"（《史记·历书》张守节正义引皇侃注）。汉以后的卦变说，则系统地、自觉地反映了阴阳变易思想。阴阳交易思想可用来观察、描述日月、潮水、草木、人体、社会、历史、时空等万事万物必然发展和新生衰亡的总体规律。

卦爻所揭示的"一分为二"原理，表明宇宙生命既可层层两分以至于无穷，又表明宇宙生命起源于"一"，这个"一"就是"气"。"一分为二"与"合二为一"是"对立"与"统一"的另一表述，是事物运动变化的动力。

《周易》阴阳、动静、刚柔、进退、吉凶之间的对待统一又表现为分合、辟阖、往来等运动形式，这是宇宙生命"生生不息"的根本原因。

阴阳是互相依存的，各自以对方为生存条件。早在《老子》中已有表述。《老子》四十二章说："万物负阴而抱阳，冲气以为和。"阴阳是相互抱合的，孤阴和独阳都不能生长，也不可能存在。"阴根于阳，阳根于阴，阴阳相合，万象乃生"（张介宾《类经图翼》），"阳中之阴，阴中之阳，互藏其根之意"（朱熹《朱子语类》卷七十七），说明阴阳的互根互存、交替变化之意。

阴阳的变化体现为阴阳双方的盛衰消长。阴阳双方在正常情况下是相对平衡的，即一方对另一方起到正常的制约作用。若一方对另一方的制约力量太过，此方就表现为亢盛，另一方就表现为衰弱；若一方对另一方的制约力量不及，此方就表现为衰弱，另一方就表现为亢盛。这就是阳盛则阴衰，阴盛则阳衰；阳衰则阴盛，阴衰则阳盛。阳盛阴衰则阳长阴消，阴盛阳衰则阴长阳消，反之亦然。中医以此说明人体生命的生理与病理变化。

在一定条件下，事物阴阳两方面还可以互相转化，阴可以转化为阳，阳可以转化为阴。

6. 阴阳的全息协调——同一整合律

卦爻模型不仅表明宇宙万物具有同一的、全息的结构，而且表明宇宙生命运动也具有同一性与全息性。

"太极生两仪、两仪生四象、四象生八卦"的生成序列即是宇宙生命发生、变化的全息图景。"生生之谓易"，宇宙与生命、时间与空间都符合"生生不息"的基本规律。

宇宙万物运动规律的同一性、全息性，《周易》称为"易简"，"易简而天下之理得矣"。虽然万事万物的运动变化各有特性，但在大规律上是一致的，"天下同归而殊途，一致而百虑"（《系辞传》），"天下之动必归于一"（王弼注）。《系辞传》阐述了"日往月来""寒往暑来""屈往伸来"的不同变化现象，变化现象虽成千上万，变化规律则"同归""一致"。只要抓住规律，即可执一御万，正如王弼注云："苟识其要，不在博求，一以贯之，不虑而尽矣。"

宇宙万物的运动变化最终都归结为阴阳二气的"氤氲"与"化生"。《系辞传》说："天地氤氲，万物化醇。男女构精，万物化生。""氤氲"就是"太和"，就是整合，北宋张载在《正蒙·太和》中说："太和所谓道，中涵浮沉、升降、动静，相感之性，是生氤氲、相荡、胜负、屈伸之始。"明末清初王夫之为此作注："氤氲太和，合于一气，而阴阳之体具于中矣。""氤氲，太和未分之本然；相荡，其必然之理势；胜负，因其分数之多寡，乘乎时位，一盈一虚也。胜则伸，负则屈，胜负屈伸，衰王死生之成象，其始则动之几也。"（《张子正蒙注》）

阴阳二气的"氤氲"是天地未生之前就存在的特殊的状态，是阴阳二气和合化生的动因，而不仅仅指庄子的"生物以息相吹"。这一点王夫之已有深入的分析："升降飞扬，乃二气和合之动几，虽阴阳未形，而已全具殊质矣。生物以息相吹之说非也。此乃太虚之流动洋溢，非仅生物之息也。""氤氲"强调的是宇宙万物阴阳二气的"流动洋溢"，是阴阳二气的和合协调。与西方强调矛盾的斗争性不同，中国更强调阴阳（并不等同于"矛盾"）的和合性。

六十四卦好比一个自足的全息结构模型。一种模式分为五级结构，设六十四卦为最高层次（第一级）全息元，八卦则为次高层次（第二级）全息元，乾坤二卦为再次层次（第三级）全息元，每一卦为更低层次（第四级）全息元，每一爻为最低层次（第五级）全息元；如依"太极生两仪"模式，可分为四级结构，则太极为最低层次（第四级）全息元，两仪为次低层次（第三级）全息元，四象为次高层次（第二级）全息元，八卦为最高层次（第一级）全息元。全息元的层级越高（n 越小），全息元与整体的全息相关度就越大；全息元的层级越低（n 越大），全息元与整体的全息相关度就越小。八卦、六十四卦是宇宙——天地人的全息缩影，也是中国社会文化的全息缩影，它贮藏着六千年中华文明进化史的特定信息，蕴含着宇宙生命的结构规律。

八、五行

五行——木、火、土、金、水，是中国先哲用以描述宇宙生命属性规律的另一组符号系统。"五行"分别是五种物质—能量—信息的符号，"五行"之间的各种关系（生、克、乘、侮、藏……）反映了宇宙生命各种物质、结构、能量之间的相互联系、运动和变化（见图 3-6）。

"五行"的观念起源很早。据《尚书》记载，至迟在上古三代就已经形成。"五行"一词最早出现在《尚书》的《夏书·甘誓》和《周

图 3-6 五行关系图

书·洪范》两篇中,《虞书·大禹谟》只提到五行的名目,没有提到"五行"一词。

不过这几篇文献的形成时间却值得怀疑。《尚书·甘誓》,今学者普遍认为其真正成文时间不在夏启时代,是出于后人的假托,可能晚于《尚书·洪范》。《尚书·洪范》成文时间同样不在周武王时代,可能是战国时人假托。

在通行本《易传》中并没有"五行"的记载,因此学者一般都认为《易传》只讲"阴阳"不讲"五行"。诚然通行本《周易》是未提及"五行",然而帛书本《周易》却提及"五行"。而帛书本是早于通行本的另一版本,因此不能只以通行本就断然认定《易传》是不讲"五行"的。

1973年湖南长沙马王堆三号汉墓出土了《易经》和《易传》。《易传》有六篇即《二三子》《系辞》《易之义》《要》《缪和》《昭力》,其中提到"五行"一词有三次(其中《二三子》提到两次,《易之义》提到一次),提到"水火金土木"一次(在《要》中)。

《二三子》第十二、十三行:"圣人之立正(政)也,必尊天而敬众,理顺五行,天地无困,民□不渗(?),甘露时雨聚降,剽(飘)风苦雨不至,民心相□以寿,故曰番(蕃)庶。"

《二三子》第十九行:"□德也天道始,必顺五行,其孙贵而宗不□(?灭)。"

《易之义》十三行:"子曰:五行□□□□□□□□□□用,不可学者也,唯其人而已矣。"

《要》二十一行、二十二行:"故易又(有)天道焉,而不可以日月生(星)辰尽称也,故为之以阴阳;又(有)地道焉,不可以水火金土木尽称也,故律之以柔刚……又(有)人道焉,不可以父子君臣夫妇先后尽称也,故要之以上下……又(有)君道焉,五官六府不足尽称之,五正之事不足以至之。"[1]

关于《二三子》与《要》的成书年代,已有不少学者作了研究,一般

---

[1] 陈松长、廖名春:《帛书〈二三子问〉〈易之义〉〈要〉释文》,《道家文化研究》第三辑,上海古籍出版社,1993年,第424–435页。

第三章 《易传》：先秦哲人智慧的结晶

认为成书于战国时期，是不同于通行本《易传》的另一传本。[①] 对"五行"的考释，出现了不同观点。有人认为《二三子》和《易之义》中的"五行"并不指《要》的"水火金木土"，而是指"天地民神时"，理由主要是"水火金木土"在《要》中是讲"地道"的，而"五行"在《二三子》中每与"顺"连用，是讲天道、人道的，因而两者并不相同，[②] 此说似可商榷。笔者认为，水火木金土"五行"在战国及以前不仅指地道，而且也指天道、人道。五行指地道，如《史记·天官书》所说"天有五星，地有五行"，《左传》中更有大量记载，"五行"也可指天、人，甚至可以说"五行"原本就是出于定星历、正天时的需要而创立的，《左传》《管子·五行》《史记·历书》有此记载。由此可见，先秦木火土金水"五行"概念所指很宽泛，涵盖天、地、人三才之道。

《二三子》中的"理顺五行""必顺五行"前面各有"尊天而敬众""与天道始"，显然"五行"是就天道、人道而言的，《易之义》虽缺字过多，但从后句"不可学者也，唯其人而已矣"，似可推测也是言天人之道的。这也正体现了该两篇"顺天应人"的思想，其中的"五行"应当就是《要》篇中的"水火金木土"，而不是从文中抽取出来的"天地民神时"。这一点还可从《要》中得到证实，《要》在讲"君道"时，用了"五官六府""五正之事"，其"五官"当指"五行之官"，"五正"当指"五行之正"，即《左传·昭公二十九年》所谓"故有五行之官，是谓五官……木正曰句芒，火正曰祝融，金正曰蓐收，水正曰玄冥，土正曰后土"。"六府"亦与五行有关，即《左传·文公七年》所谓"水，火，金，木，土，谷，谓之六府"。由此可见，帛书《易传》"五行"即指"水，火，金，土，木"。

值得注意的是帛书《易》已开始出现以"五行"解《易》的倾向，虽然还没有达到以"阴阳"解《易》那样的系统性，但这种风气对汉代及其

[①] 朱伯崑认为成书于战国中期以后至战国末年，或成书于秦汉之际或汉初；张立文认为《二三子问》成书于春秋以后，战国初期到中期，《易之义》成书于战国中期，《要》成书于战国中期稍后；陈鼓应认为《二三子问》是秦初作品，《易之义》和《要》撰于秦末汉初。均见《国际易学研究》第一辑，华夏出版社，1995年。

[②] 邢文：《马王堆帛书〈周易〉与五行说》，《中国古代思维模式与阴阳五行说探源》，江苏古籍出版社，1998年，第330页。

后易学家产生了重大影响，易学家最终成为汉以后中国学术史上五行学说的主要阐发者。

再回过头来看看通行本《易传》，虽然没有明言"五行"，但不能说没有五行的丝毫影响。如《系辞传》言"天数五，地数五，五位相得而各有合"，"三与五，同功而异位，三多凶，五多功，贵贱之等也"，表明以"五"为贵的思想。再譬如《说卦传》在阐述八卦的取象时说："乾为金""巽为木""坎为水""离为火"，已经明言这四卦的五行属性，至于其他四卦也隐含了五行属性，如"坤为地""艮为山"，"地""山"皆属土；"兑为毁折，为刚卤"隐含具有"金"的属性；"震为决躁，为蕃鲜"，隐含具有"木"的属性。《说卦传》还将八卦作了八方的方位规定，从文献上考察，"五方"观念是"五行"的源头之一，五方早期即有了五行的规定性，由此推测，八卦依据其方位也可确立其五行属性，不过这一点通行本《易传》中并没有展开。

司马迁《太史公自序》说："《易》著天地阴阳四时五行，故长于变。"明确指出《易》蕴含阴阳五行之理。《易传》与五行的关系，应当引起我们的注意，不能以通行本未提"五行"，就说《周易》不言五行。当然认为《易》言五行，并不是由此将《易传》看成"五行"的最早记载，更不是将《易传》看成"五行"的"专利"。

九、三才——三极

"三才"又写作"三材"，指天、地、人，《系辞传》说："《易》之为书也，广大悉备，有天道焉，有地道焉，有人道焉。兼三才而两之，故六。六者非它也，三材（才）之道也。"三才之道就是"三极之道"。《系辞传》说："六爻之动，三极之道也。"三才（三极）之道为天道、地道、人道。《易传》把天体运动变化的规律法则称为"天道"，把地上万物生长变化的规律法则称为"地道"，把人类社会的活动法则和伦常规则称为"人道"。

《周易·系辞传》认为六十四卦每卦六爻分别代表了天道、地道、人道，具体地说就是上两爻（五爻、上爻）代表天道，中两爻（三爻、四爻）代表人道，下两爻（初爻、二爻）代表地道，每卦六爻兼容三才之道，三才之道各占两爻，这就是"兼三才而两之"。暗示三才之道是一致的，也就是说天体运动变化的规律法则、地上万物生长变化的规律法则、人类社会的活动法则及伦常规则具有一致性，合理而协调地处在一卦六爻中，说明六十四卦反映了天地人——宇宙万物与人类生命的普遍规律和法则。

《周易·象传》在解释谦卦时说："天道下济而光明，地道卑而上行。天道亏盈而益谦，地道变盈而流谦。鬼神害盈而福谦，人道恶盈而好谦。"从"谦"这个特定的层面说明三才之道是一致的。

《周易·说卦传》进一步说："昔者圣人之作《易》也，将以顺性命之理，是以立天之道，曰阴与阳；立地之道，曰柔与刚；立人之道，曰仁与义。"是说"易"是用来顺应宇宙万物的本性、事物发生消亡的定数这种自然规律的，三才之道有各自的内容，天道的内容是阴阳，地道的内容是刚柔，人道的内容是仁义。具体地说就是天象的变化有阴阳二气（如寒暑、阴晴），地上万物有刚柔二性（如软硬、强弱），人类生活有仁义二德，因此卦爻有刚柔二爻、奇偶二数、阴阳二卦。上述天道的"阴阳"与地道的"柔刚"都是正反对比着说的，唯独人道的"仁义"是同类词连用，有人认为应说成"善恶"，此观点不妥，因为这里的"人道"是指每一个人都应该遵循的正道，"仁"与"义"是在内在（仁）与外在（义）这个意义上对举的，如同"阴阳""刚柔"也都是在正道意义上说的，并没有褒贬、好坏之别。在这一点上恰恰反映了儒家的伦常观念。

"三才"思想是《易传》整体思维模式的体现，《易传》认为天地人三才之道在具体内容所指上虽然有所区别，但在本质上是统一的。六十四卦囊括天地人三才之道，表现世界的统一性、同一性。"易与天地准，故能弥纶天地之道。"《易传》所谓的"天地之道""乾坤之道"实际上包含了人之道。它探索天与人、主与客、自然与社会的关系，探索人生、自然、社会的整体规律。它可以用来指导人事、认识自然、把握社会。这种整体思维反映了《易传》天人合一的思想。在中国哲学史乃至整个中国学术思想史上，"三才"学说有相当重要的学术地位，对后世学术发展有重要影响。

十、反复——往来

"易"——变易、变化、运动、发展，是《易》的本义，也是宇宙自然

易道主干

和人类生活的普遍法则；《易传》所说的"《易》有太极，是生两仪，两仪生四象，四象生八卦"不仅有结构论意义，而且更重要的是有生成论意义，这四句话都在强调一个"生"字。"生生之谓易"，可以说《易传》阐释的就是一种万物化生的哲学，就是生命哲学。

《周易》是讲变化的，变化是有规律的。宇宙万物发生、发展、变化的规律究竟是什么？《易传》认为就是物极必反，循环往来。《周易》之"周"即是周环、周期。虽然《吕氏春秋·圜道》提到"圜道"，即循环之道的概念，《大戴礼记·夏小正》记述了物候、天象、农事活动的周期变化，但是首次以卦象符号并结合文字来表述循环变易思想的则是《易经》，而系统、明确地论述反复、往来的循环规律的则是《易传》。

1. 循环律的表述

在《周易》卦爻象数符号系统中，作为基础符号的"—"和"--"，代表事物对立的属性，代表"阳"和"阴"。阴爻和阳爻可以相互循环转化。依照"大衍之数"筮法，四营之后得七、八、九、六，其中七、九为阳，六、八为阴。七为少阳，九为太阳（老阳）；八为少阴，六为太阴（老阴）。少阳七与少阴八不变，太阳九与太阴六为变。阳变阴，阴变阳。《易经》阳爻"—"标记为九，阴爻"--"标记为六，表明六十四卦中的阴阳爻都可以变化为自己的对立面。

六十四卦每一卦的任何一爻都可以由阳变阴、由阴变阳，而变成另一卦。六十四卦可分为三十二组对立卦。如变动一爻或数爻（二至五爻），则成为其他任何一卦；如六爻全变，则成为原卦的对立卦，如乾变坤、坤变乾。可见六十四卦之间是相互沟通、相互转换的，变易的结果必然形成六十四卦的整体大循环。

从《周易》六十四卦的排列顺序看，六十四卦遵循"二二相耦，非覆即变"的排列规则，六十四卦前后两卦为一组，共三十二组，其中二十八组为"覆"的关系，即前一卦六爻颠倒后而成为后一卦，反之亦然。另外四组"覆"了以后仍是本卦，则为"变"的关系，即阳爻变阴爻、阴爻变阳爻。《周易》这样排列卦象，是在强调各卦自身在做循环运动。至于另外

第三章 《易传》：先秦哲人智慧的结晶

四组（即乾与坤、坎和离、颐和大过、中孚和小过）以自身正中为圆心旋转一百八十度后仍为自身，而爻性改变之后，正构成了一个由同位到全卦的对应循环转换的关系。

卦自身在做"覆"的循环运动，有的卦爻辞本身已有说明。如泰卦和否卦为一组，泰卦循环运动后变成否卦，否卦循环运动后变成泰卦。泰卦卦辞为"小往大来"，否卦卦辞为"大往来"。在《易经》中"小"为坤阴，"大"为乾阳。泰卦是坤阴（"小"）由下位旋转到了上位，乾阳（"大"）由上位旋转到了下位；否卦则恰好相反。"往来"是循环的又一代名词。

六十四卦以乾坤为首，以既济、未济为终，代表宇宙万物变易运动一个大周期。乾坤居首，意味着乾坤在六十四卦中、天地在宇宙万物中的决定作用，也反映阴阳的矛盾统一运动是构成易生生不息过程——生命过程的根本原因，体现对世界万物矛盾双方的高度抽象概括。既济、未济居后，既反映万事万物发展过程的终结，又意味着新过程的开始，而这种周期变化是永远不会停息的。

六十四卦分为上下经，上经三十卦，下经三十四卦。上经关键在泰否剥复，下经关键在损益。这样又构成了大循环圈中的多级小循环圈。从"屯""蒙"进化到"泰"为一小循环圈，表明事物进化到极佳状态；接着转而为"否"，进入不良状态，至"剥"又为一循环圈，表明阳气被阴气一层层剥落；又转入"复"，阴极反阳，阳气反而开始在初爻复苏。至"坎""离"为一循环周期。下经由"咸"进化到"损"为一个循环周期，"损刚益柔有时，损益盈虚，与时偕行"（损象辞）。"损"后则进入"益"，"损"为"损下益上"，"益"为"损上益下"，至"既济""未济"为一周期。当然还可做其他分析。如清代万裕云《周易变通解》："上经坎、离前为颐、大过，颐震一阳始、艮一阳终，大过巽一阴始、兑一阴终，为天运一周之象。下经既济未济前为中孚、小过，中孚、兑一阴终、巽一阴始，小过、艮一阳终、震一阳始，为天运周而复始之象。……日月既济后未济，亦周而复始之象。上经言天运之自始而终……下经言天运自终而复始。"根据不同的角度，可对六十四卦大循环圈作不同级别的小循环圈划分。天地、四时、日月、昼夜、阴晴乃至人类进化、社会发展、人伦演进，无不在六十四卦大循环之中或作各自的小循环运动或作大循环整体运动。宇宙变易过程即

易道主干

是大循环套小循环的过程。可以说《易经》六十四卦揭示了宇宙生命的循环运动规律，换句话说循环律是《易经》对宇宙万物运动变化的最深刻的认识，最重要的发明。[①]

《易经》作者非常注重循环律，复卦卦辞告诉我们："复，亨。出入无疾，朋来无咎……利有攸往。"只要能遵循往复之道，则出入、交往、办事都能成功，一切吉利；泰卦九三爻辞将宇宙的运动高度概括为"无平不陂，无往不复"。泰卦和否卦的卦辞分别提到"小往大来"和"大往小来"，咸卦九四爻辞说"憧憧往来"，井卦卦辞说"往来井井"，都提到了"往来"一词。

《易传》对此做了发挥，《象传》说："无往不复，天地际也。"说明往复循环是天地宇宙的普适规律。《象传》说："复，其见天地之心乎。"将循环往复看成天地宇宙的核心规律，是变易运动的第一法则。《系辞传》说："原始反终，故知死生之说。"以终始循环说明死生之道。

《周易·系辞传》将"往来"视为万物之"通"："往来不穷谓之通。"并说："日往则月来，月往则日来。""寒往则暑来，暑往则寒来。"总结出万物往来变化的大规律。

2. 循环律的特征

《周易》循环律具有周期节律性、闭合性与开放性、模糊性等三个特征：

（1）周期节律性

宇宙万物在循环运动中具有不同的周期和节律。在卦爻象数体系中，至少有：一卦六爻周期节律、八卦周期节律、十二卦周期节律、六十四卦周期节律。

一卦六爻周期节律是《周易》基本循环周期。六十四卦每卦由六爻组成，每卦可代表一种事物的变易过程，从最下位的初爻开始，逐次上升，至上爻为终结，为一个周期。如乾卦六爻由下而上为：潜龙、见龙、乾（惕）龙、跃龙、飞龙、亢龙，是一个由潜隐到飞升、亢奋的过程。至"亢

[①] 张其成：《周易循环律的特征及普适意义》，《孔子研究》1996年第3期。

龙"则阳极而阴，物极则反，则出现"有悔"状态。如果说本卦六爻只是一个上升的单相过程，尚构不成循环，那么它的覆卦则可视为下降过程，反之亦然，一组前后两卦构成一个循环，亦可看成一个周期的两个阶段。如乾卦至上九而"悔"，转入坤卦，坤卦是乾卦的对立卦，从初六至上六是一个阴气逐渐上升的过程。一纯阳卦转而为一纯阴卦，一升一降，阳升阴降与阴升阳降，完成一个循环的大周期。再如屯与蒙，屯卦由初九爻至上六爻为一上升阶段，至蒙卦由初六至上九则可视为屯卦的下降阶段，共同完成一个循环。

《易经》在论述"复"卦时说："反道其道，七日来复。"朱熹解释："七日者，所占来复之期也。""七日"是一个周期节律，但不能简单理解为七天。唐代李鼎祚说，从剥卦至复卦"隔坤之一卦六爻，为六日，复来成震，一阳爻生，为七日。"这种观点过于简单。"七日"应当理解为七个变化阶段。一卦六爻每一爻标示事物发展的一个阶段，共六个阶段，然后循环又回到初爻，为第七个阶段，标示开始一个新的周期。复卦一阳来复，正是一个新阶段的开始。"以六为节"，即将一切事物过程分为六个发展阶段，是以"六"为节律，至"七"则开始下一个节律。这种思想一直影响到后来的哲学、科学及民俗。

六十四卦周期节律是《周易》最重要的循环周期，由八卦推演而来（$2^6=64$），代表事物运动的一个大周期。《周易·序卦传》已做了分析。在这个大周期中还包含若干小周期，上文已做了说明。

（2）闭合性与开放性

循环运动是一种圆形运动，首尾相衔，互为终始，与直线运动有着本质的区别。直线运动方向永不改变、永不逆转，运动的结果距离运动的始因只会越来越远，而绝不会重合，而且一定是前因后果，这种因果关系也同样不会逆转。而循环运动从形式上看是圆形的、闭合的。圆形上的任何一点都既是始点又是终点，既是因又是果。在六十四卦循环圆中，任何一卦都是因果和终始的统一体。如未济卦既是本次循环的终结又是下次循环的起始。这种周而复始的运动保证了事物的动态平衡。

那么这种形式上"闭合"的循环观是不是像被学术界曾经批判的那样

是"机械论"、是"形而上学"呢？笔者不同意这样的观点。毋庸讳言，循环运动自有它消极的一面，也不能概括宇宙间的一切规律，应该说宇宙是圆形和直线的统一。但是绝不可轻易地武断地拒斥它，它不是"机械"的、完全闭合的循环运动，循环圆随处都可能出现开放点，这一点从循环圆运动的层次性上可以说明。

循环圆运动可分为超循环、大循环、次循环、小循环、微循环等级别。如果将六十四卦看成一个大循环系统，那么上经三十卦、下经三十四卦则为次循环系统，每一组两卦为小循环系统（尚可做其他分析）。大循环中包含小循环，环环相扣，圆圆相通。每一循环圆并不是固定不变的，而是可以出现开放点，从而跨入另一个循环，切入另一个圆。这里有两种情况，一种是当一个循环跨入另一个循环时，本来的循环圆并未破坏，只是发生量变，加入的新内容与原循环圆不矛盾、不抵触，是量变的结果，或使原循环圆进入更高层次的循环圆，实现"螺旋式上升"，或使原循环圆退化、下降，进入次一级循环圆。这种情况原循环圆和新循环圆是同质异构的关系。另一种情况则是当一个循环圆出现开放点，融入了新内容，新内容致使原循环圆发生质变，原循环圆和新循环圆是异质异构的关系，其结果或升入不同质的高级循环圆，或降入不同质的病态非平衡循环圆。如果仅从形式上看，那么六十四卦循环圆之间各小循环圆的变换、切入，可视为同质异构的量变；三爻卦切入六爻卦循环圆，可视为异质异构的质变。当然不能光从形式上分析，更重要的是从内容上分析。

总之，循环圆运动从形式上看是闭合的，从内容上看却具有开放性。两者看似矛盾，实可统一。

（3）模糊性

循环运动所呈现的圆形式并不一定是真圆形式。应该说从终点绝对回到始点的圆形循环，无论在宇宙事物还是在生命的运动过程中，都是不存在的。所谓循环的圆形运动只不过是一种形象的说法，这个"圆"应看成是类圆、似圆。

从事物运动的大规律而言，既有前进或后退、上升或下降的单向直线运动，又有有进有退、有升有降的圆形运动。根据现代科学——宇宙演化论、控制论、系统论、现代物理学,从宇宙整体角度看,圆形运动比直线运动更普遍、更基础。无论是进还是退,是升还是降,都是运动的局部,宇宙大运动一般是有升有降、有进有退的,还有大量的无所谓升降、进退的运动。而这一切又都以循环的圆形运动为根本和基础。许多上升或下降、前进或后退运动往往是通过不断的循环来实现的。因而圆形运动是宇宙大规律的写照,循环是宇宙万物发展、运动、变化的基本形式之一。

六十四卦正是这种大规律的基本图式。

3. 循环律的普适意义

循环律的提出是中国古贤对世界文化做出的重要贡献之一。循环的观念其实早在先秦就较普遍了。

《大戴礼记·夏小正》记述夏代物候、天象、农事活动呈周期性变化规律。《吕氏春秋·圜道》明确提出"圜道"概念,认为"精气一上一下,圜周复杂,无所稽留,故曰天道圜",并列举圜道的各种表现。《道德经》则更是极力鼓吹循环之道,五千言中有大量阐述:"万物并作,吾以观复。夫物芸芸,各复归其根。归根曰静,是谓复命。""复归于无物。""有物混成⋯⋯周行不殆。""大曰逝,逝曰远,远曰反。""反者道之动""复归于婴儿"。从某种意义上说,《老子》之"道"就是循环之"道"。而《周易》则是循环之道的系统表述者,此后循环观便广泛传布开来,并为中国传统文化的最重要观念之一。

循环观有四次文化大整合,其中至少有两次整合是通过《周易》实现的,一次是《易经》,一次是《易传》。《易经》对远古巫史文化的循环思想作了第一次整合,然后经过儒道等各家阐发,《易传》则作了第二次文化整合。此后循环观念和循环思维随着《易传》的影响及后世的再发挥,而在中华民族文化心理中逐渐定位,从而成为中华文化基本的思维方式和思维习惯之一。

秦汉黄老道家将黄老学说与汉代易学相结合,其思想带有一定的循环色彩。而从中分化出的汉代道教即以循环之道作为成仙的认识途径之一,这一点在《太平经》《参同契》中可得到证明。秦汉的儒家也是从孔子和

易道主干

《周易》及谶纬等学说的融合中发展起来的。到魏晋时期，在秦汉儒家和道家基础上融合《易》《老》而形成的玄学，则实现了循环思维的第三次文化整合。此后佛教思想借老庄道家和魏晋玄学得以风行，通过契合易理而宣扬因果轮回报应之教义。至宋明理学融儒释道为一炉，完成了循环观的第四次文化整合，使循环观念和思维方式走向成熟。循环观渗透到中华文化的各个层面，不仅影响了中国人的思维方式和心理意识，而且影响了中国人的行为方式和审美情趣。

由循环观到循环律，是文化发展的合理结果。循环运动规律在宇宙自然万物中是普遍存在的。如地球上的物能循环（物质不灭与转换）保证了大自然的生生化化；血液系统的流注循环保证了人和动物的生存。再如自然现象中由水而结冰，由冰又释化为水；地质学上由土壤到岩层，岩层风化剥蚀复为土壤。还有一年春夏秋冬的更替、一日朝夕昼夜的变更、一月朔望弦晦的变化、彗星每七十六年回归一次、生物链组成的生态大循环、日月升降、潮涨潮退、花开花落……有哪一样不是循环运动？

多年以来，人们一提到"循环"二字，往往被视为"机械论"而被全盘否定，"循环论"遭到了长期的、严厉的批判。而今是到了重新认识的时候了。通过上述分析可见循环律是有其合理内核的。循环律是一种周而复始但又并非绝对回归于出发点的宇宙普适规律，从某种意义上看，它与"否定之否定""螺旋式上升""波浪式前进"是同义语。当然也不可否认，有一些论述将"循环"看成绝对回归原点的运动，这是需要从理论上梳理清楚并加以扬弃的。另外，循环思维方式在促进中华文化发展的同时，也带来一些负面影响，如从某种程度上制约了中国人的创造、进取精神，影响了中国社会的发展进程。然而，作为一种规律，它较之其他运动规律更普遍、更根本。这一点是应该充分肯定的。

第三章 《易传》：先秦哲人智慧的结晶

第四节 《易传》：儒道互补、百家会通的典范

一、《易传》各篇的思想来源

《易传》七篇中，《彖传》最早，大约形成于战国前期或中期，可能在《孟子》和《荀子》之间。① 在先秦古籍中，只有《荀子·大略》与《彖传》有关。《荀子》提到《周易》共四次，其中《大略》提出了"善为易者不占"的观点，并对咸卦做了解释："易之咸，见夫妇，夫妇之道不可不正也，君臣父子之本也。咸，感也。以高下下，以男下女，柔上而刚下。"可看成对咸卦《彖辞传》的简略引用。那么《彖辞传》又是受谁的影响呢？从其内容上看，受到了老子、庄子和孔子、孟子的影响。《彖辞传》中使用了"阴阳""刚柔""盈虚"等词语，同老庄有一定关系，且《彖》多韵语，与老庄同类，亦与《论语》同类。《彖辞传》的时中说、顺天应人说、养贤说表明同孟子学说不仅在思想上，而且在术语、概念和命题上，都存在着继承关系。对此朱伯崑先生作了详尽分析。

《象传》在《彖辞传》之后，分为《大象》《小象》。当形以于战国中后期。《礼记·深衣》曾引用坤卦六二《小象》文句，《中庸》有关天地之德的说法也与乾坤卦辞的《大象》文句有密切关系。从《象传》的思想来源看，也与老庄、孔孟等思想有关，可看成对后者及其他各家的继承。

《文言传》形成于《彖》《象》之后，其中"子曰"不是孔子的话，而是经师的话，或是经师托名孔子的话。虽如此，其中的术语、观点与孔孟思想有密切关系，而其中的"不易乎世，不成乎名""遁世无闷""隐而未见，行而未成""君子弗用"的论述又是老子思想的体现。《吕氏春秋·应同》《荀子·大略》《礼记·中庸》有一些与《文言传》类似的话，可能来自《文

---

① 朱伯崑：《易学哲学史》第一卷，华夏出版社，1995年，第46页。

易道主干

言传》。

《周易·系辞传》约形成于战国中后期,有人认为在战国前期。在先秦古籍中,《吕氏春秋·大乐》《礼记·礼运》《庄子·天道》中的一些话语可能来自《系辞传》。《系辞传》可能产生在《庄子·大宗师》之后。其中的概念、命题、观点受老庄、孔孟以及管子、商鞅等的影响。如《系辞传》的"太极"一词见于《庄子·大宗师》,"精气"一词见于《管子·内业》,关于"观象制器"的历史次序见于《商君书·更法》。

《周易·说卦传》也是战国后期的作品,其中"道德""性命"连称,与先秦儒道两家有关。以时令配方位的说法与《管子·四时》《吕氏春秋》《礼记·月令》有关,可能受了战国后期阴阳五行家的影响。

《周易·序卦传》多取《彖》《象》之意,可见在《彖》《象》之后,不过《淮南子·缪称训》中有引用,可断为汉以前就已形成。其万物生成的序列与老庄思想有一定的关系,而对一些卦名的解释又与孔孟等思想有关。

《周易·杂卦传》为汉宣帝初年补入,反映了对立统一、相反相成思想,乃是对先秦道家、儒家、阴阳五行家思想的吸收和发展。

二、先秦儒道各家思想的汇总

《易传》是先秦儒道各家思想的汇总,其思想体系博大精深,就其精华而言则在于提出了一个以卦爻象为形式、以阴阳学说为内核的理论系统,建构了一个涵括天地人三极之道,即宇宙自然、人生社会普遍规律的哲学框架。

传统认为,《易传》是儒家的著作,甚至认为是孔子所作;近年来有学者对《易传》是儒家著作的观点提出异议,甚至提出《易传》是道家作品。[①]

我认为《易传》是吸收儒、道及阴阳五行家的思想,是战国及其以前各派各家思想的集大成者。

《易传》既宣扬了儒家的伦理观、政治观,又宣扬了道家的天道观、宇

[①] 陈鼓应:《〈易传·系辞〉所受老子思想的影响》,《哲学研究》1989年第1期。

宙观。

《易传》人道伦理思想主要体现了儒家的思想特征：尊卑、贵贱的等级观念，"保合太和"的中庸思想，"神道设教"的教化主张，明德慎罚的德治思想，立"仁义"的伦理思想，"自强不息"的人生态度……

《易传》天道宇宙思想主要体现了道家的思想特征："无思无为"本体意识，三才合一的整体观念，太极阴阳（五行）的宇宙模型，对立统一的"化生"原则，"生生"不息的生成序列，阴阳变易的辩证思想，"原始反终"的变化规律……

《易传》不仅吸收了儒道各家的学术思想，而且吸收了儒道各家的哲学范畴，如"太极""气""阴阳""五行""时""位""中""和"等。

三、《易传》思维模式的特征和意义

《周易》思维模式以八卦、六十四卦、三百八十四爻及筮法象数关系为形式，将阴阳对立、统一转换为哲学内容；经过《易传》的改造，《周易》形成一种独特的思维模式。形式与内容、象数与义理的奇妙结合，是《周易》思维模式的特征所在。卦爻系统（形式）和文字系统（内容）都是思维借助于人所创设的符号进而"外化"于物质载体的表现，是两种不同层次的信息系统。

两者有不同的功能侧重点，并存在一定的对应关系。它的形式结构包括筮法与卦爻两部分。筮法的模式结构是用数学编造起来的，是事物潜在运动的模式。它用"大衍之数"的推衍、策数（蓍草的根数）的奇偶变化，模拟天地的推演、时间的发展、阴阳规律的变化。卦爻模式结构是由卦画构造起来的，是事物呈现运动的模式，反映天地间万事万物的一切变化。其中八卦模式用来模拟天地万物的生成和分类，六十四卦模式用来模拟天地万物的运动和变化；八卦模式是"知来"，六十四卦模式是"藏往"。

六十四卦模式是《周易》的最主要模式。它以"六爻"与"六位"关系为基础，以时、位、中、比、应、承、乘为原则，给人们提供了一个从时间、空间、条件"全方位"分析问题、认识事物的方法。

《周易》思维模式的文字内容包括经文和传文。经文以占筮之术为主要

易道主干

内容，其中含有某种逻辑推衍与理性分析因素。《易传》则将卦爻形式由神学启示录变为客观世界的图式，这是质的飞跃，伟大的转变！

《周易》是从现实构造出模式，然后再通过模式认识现实，其认识过程是从主体到主体，有一定的局限性。但是，从思维逻辑和概括能力上说，它通过筮法和卦爻模式把客观世界条理化、系统化了。《易传》利用《周易》框架结构提出的这种包括天道、地道、人道的关于自然和社会普遍规律——完整的哲学思想、体系和独特的思维模式，是《周易》的精髓所在，对后世产生了巨大影响，并成为中华文化的优秀传统和中华民族的根本精神。

第四章

易学：中华文化的主旋律

我在本书"前言"中将《易经》《易传》"易学"比喻为中华文化的三部曲，这样比喻不是没有根据的：

卦爻符号是上古巫术文化、神秘文化的产物，卦爻辞是巫术占筮的记录并透出人文理性的曙光，《易传》将巫术迷信转变为哲学理性。从《易经》到《易传》的《周易》的成书史正是一部中华文化精神的生成史。《周易》以浓缩的形式反映了中国文化的起源、演变和发展的轨迹，特别是反映了从巫术文化向人文文化发展的轨迹。

第一节　什么是"易学"？

"易学"从表面或形式上看，是注释和研究《周易》的专门学问；从内涵或本质上看，则是中国古代探索宇宙生命变易规律的学问。

一、作为经学的"易学"

"易学"本是经学的一种，是历代对《周易》经典的注释，具体地说就是研究《周易》典籍的演变和传授，训释、考证《周易》典籍的文字与符号，这是经学共同的任务，从这个角度看，易学从属于经学。

汉武帝采纳董仲舒的建议，于建元元年（公元前140年）罢黜百家，独尊儒术，表彰六经。其六经为《易》《诗》《书》《礼》《乐》《春秋》，《易经》为六经之首，这里的《易经》包括了《周易》的经文和传文。汉武帝建元六年（公元前136年）倡经学，立五经博士（《乐经》已失传）。其后解释经典就成为历代学者极其重要的学术行为。易学作为经学的一种，从公元前136年算起，至今已有2100多年历史了。据《四库全书总目》统计，《四库》收易类书共484部，4141卷，其他四经类书共721部，其中书类134部，诗类146部，礼类209部，春秋类232部；据《中国古籍书目》统计，1911年以前的易学著作达2028种，是其他四经（《诗》《书》《礼》《春秋》）注释书总和的三分之二。而1911年以后至今的易学著作也有100多种，可见历代易学之兴盛。

从广义上看，从西周初年《周易》中的经文产生后，即有了"易学"。如春秋战国时期就有了很多对《易》的解说，《左传》《国语》中即保留了几十条解易材料。到战国后期出现了系统的解说专著《易传》。春秋战国的易说及《易传》，本身也可看成"易学"。这样"易学"就有了广义和狭义之分。如果把"易学"狭义地规定为汉武帝以后的解易之作,广义的"易学"指春秋战国的易说和《易传》,以及以后对《周易》(包括《易传》)所作的解说和研究之学。

二、作为哲学的"易学"

"易学"从内容本质上说是一门探索天地人之"道"的学问,即探求宇宙生命变易规律的哲学。

就哲学意义而言,"易学"包括了《易经》《易传》和汉以后历代"易学"。因为《易经》《易传》奠定了"易学"探讨宇宙万物变易规律的哲学基础,是哲学意义的"易学"不可分割的一部分。

"易学"有一个其他四经之学所没有的任务,那就是通过文字、符号的解释,发展、丰富"易"的哲学义理,将这些文字、符号提炼成术语、概念、范畴和命题,并逐步形成一套具有独特思维方式的理论体系。因此,易学的内容可以概括为两个方面,一是对文字符号的解释和考证,一是对文字符号义理的发挥与发展。前者属于经学(考据之学),后者属于哲学(义理之学)。

《易传》以后的易学史可分为六个时期,即两汉易学、魏晋易学、隋唐易学、宋代易学、明清易学、近现代易学(见4-1)。

它们分别从一个特定层面折射出两汉经学、魏晋玄学、隋唐佛学、宋明理学、清代朴学、近现代哲学的学术思想,或者说各时代的学术思想的主流与当时的易学都有着不可分割的联系。"易学"在中华文化的形成、定型、发展、衰落、更新中充当了"助产婆"的作用,同时各种不同的学术思想又在影响、补充着"易学"。可以说"易学"是各种学术思想的先导和工具,是各阶段"时

两汉经学——两汉易学
⇓
魏晋玄学——魏晋易学
⇓
隋唐佛学——隋唐易学
⇓
宋明理学——宋明易学
⇓
清代朴学——清代易学
⇓
近现代哲学——近现代易学

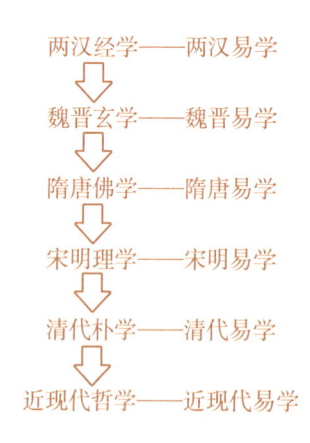

图4-1 《易传》以后易学史结构图

代精华"——哲学的代表。如果说从《易经》到《易传》的成书史是一部中华文化精神的生成史,那么整个易学史就是一部中华文化的发展史。《周易》以浓缩的形式反映了中华文化的起源、演变和发展的轨迹,反映了从巫术文化向人文文化转变的轨迹。

第二节 一花两瓣

象数和义理是易学两大要素,如果说易学是"一花",那么象数和义理则是不可或缺的"两瓣"(见 4-2)。

易学 → 象数派:占卜宗、禨祥宗、造化宗
易学 → 义理派:老庄宗、儒理宗、史事宗

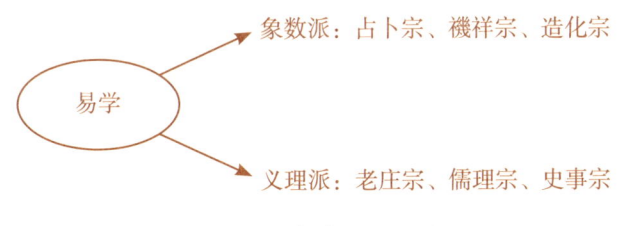

图 4-2 易学两派六宗

《四库全书总目提要》将易学分为两派六宗,两派指象数派和义理派,六宗指占卜宗、禨祥宗、造化宗、老庄宗、儒理宗、史事宗。两派实际上涵括六宗,六宗可分别归属于两派。其中占卜宗、禨祥宗、造化宗可归入象数派,老庄宗、儒理宗、史事宗可归入义理派。传统上一般认为,象数派和义理派是截然对立的,象数与义理也是难以相容的。我认为这种观点负面影响了对易学本质及易学哲学的客观认识和深入研究。[1] "象数"与"义理"的问题,可以说是易学的基本问题,必须首先梳理清楚。

---

[1] 张其成:《"象数"与"义理"新论》,《哲学研究》1995 年第 10 期。

易道主干

一、象数

象数是易象与易数的合称，从属于易学的符号系统。象数是个动态概念，在不同时期有不同的含义。

在《周易》经文中，"象数"指卦爻符号和奇偶之数。《左传·僖公十五年》："龟，象也；筮，数也。物生而后有象，象而后有滋，滋而后有数。"首次提出"象""数"的概念和说明"象"与"数"的关系。由于卦爻象数是出于占筮及"通神明之德""类万物之情"的需要而制作的，因此为以后占筮、哲理的解说提供了最佳范式，成为占筮、哲理二大流派的原点。

汉代"象数"已不是单纯的卦爻象和卦爻数，而是指融合了四时、十二月、二十四节气、七十二候及天干、地支、五行在内的新的卦爻象数系统。

魏晋王弼、韩康伯虽是以老庄解易的"义理派"，虽主张"得意忘象"，但实际上在"象数"上不仅没有"扫象""废象"，而且还发明了"一爻为主""初上不论位"等象数体例。宋代图书学派之"象数"主要指河图、洛书、太极图、先天图、后天图等易图象数系统，其"义理"指由"象数"而阐发的宇宙的本原、生成及变化规律。

近代有人借"象数"符号阐发天文、物理、数学，赋予"象数"符号以科学的"义理"。这种借象论理的学风是易学的传统。正如《四库全书总目提要》所言：《易》道广大，无所不包，旁及天文、地理、乐律、兵法、韵学、算术，以逮方外之炉火，皆可援《易》以为说，而好异者又援以入《易》，故《易》说至繁。"这种局面的产生应该说主要原因就在于"象数"的工具性、可解读性。

"象数"的含义虽然因不同时代、不同流派而有所不同，但却具有共同的特征。我将"象数"的基本特征限定为易学的符号、数量及图式。象数在易学中还指由易学的符号、数量、图式所象征的事物的现象、度量。

下面分别就"象""数"及其关系、"象数"与"术数"等问题做一具体分析。

1. 象——易象

象是《周易》重要构成因素，也是易学的重要范畴，"象"甚至是"易"的代名词。《周易·系辞》说："易者，象也。"《左传·昭公二年》有"见易象与鲁春秋"的记载，其中"易象"即指《周易》。孔颖达疏：《易》文推衍爻卦，象物而为之辞……是故谓之《易象》。"（《左传正义》）

近人蒋伯潜在《十三经概论·周易概论》中将《周易》之"象"分为：

①现象："一切事物之自然人为的静态或动态，凡为人目省视之对象者，皆现象。"如《周易》"天垂象""在天成象""仰则观象于天""见乃谓之象"，皆指"现象"而言。

②意象：主体离开具体事物后在脑中留下的形象，又分记忆意象（即"印象"）和创见意象（即"想象"）。"印象、想象、皆意象。"

③法象："凡所取法之现象或意象，皆谓之法象"一说，可见而无定形者，谓之象；可见而有定形者，谓之法。

我认为"象"在《周易》中主要有名词和动词两种意思。

第一，作名词讲，"象"有卦象、爻象、物象、意象等意思。

①卦象：指《周易》八卦、六十四卦的符号形象以及卦象所表示的万事万物之象。卦象是最重要的易象，"卦象"往往等同于"易象"。

"卦象"主要有两层含义：一指"卦符""卦画""卦形"。也就是说"卦象"就是八卦、六十四卦的符号。二指八卦、六十四卦符号所象征的万事万物之象。八卦、六十四卦是古代圣人根据物象创造的，纷乱的物象经过简约化、规范化而成为卦形，卦形作为一种抽象符号，可以比拟、类推万事万物。

《周易·系辞传》："圣人设卦观象，系辞焉而明吉凶。""八卦成列，象在其中矣。""圣人立象以尽意，设卦以尽情伪。"易象是通过"卦"而表示的，由"设卦"到"观象"到"系辞"为圣人作《易》的三个阶段，卦可"通神明之德""类万物之情"，"卦"含有"象"，可以"尽情伪"。

卦象是《周易》及易学认知万事万物的中介。《周易》卦爻辞凡拟之以物时，一般地说，初爻之辞皆取象于下，上爻之辞皆取象于上，中爻之辞皆取象于中。然而《周易》取象方法已经亡佚，卦爻辞也经过了整理、删减,所以今人难以系统而自然地以卦象解经。汉代及后世学者对此虽多有探索,但终难免穿凿附会。

卦象同易理是密不可分的,"易者,象也",这个"象"具体地说就是指卦象。卦象的产生符合从具体到抽象的认识规律,卦象比拟又可以使认识从一般到个别,因象明理,启发类比,诱发人们的想象力。但如拘泥于象,又会限制思维,撮末而碍理。

清代黄宗羲《易学象数论》将卦象分为七种:八卦之象、六画之象、象形之象、爻位之象、反对之象、方位之象、互体之象。这种分类并不严谨,我在《易符与易图》一书中特意做了分析。

②爻象:与"卦象"相对应的是"爻象"。"爻象"也有两层意思,一是指"爻符""爻画",二是指爻所象征的事物。作为符号的"爻象"由爻性与爻位共同组成。爻性只有两种,即阳爻"⚊"和阴爻"⚋",所以爻象征的事物只有两类:阳爻象阳,象天,象君,象君子,象大人,象父,象男人,象奇数,象刚,象健,象动,象一切阳性事物;阴爻象阴,象地,象臣,象民,象小人,象母,象女人,象偶数,象柔,象软,象静,象一切阴性事物。

爻位指三爻卦中的初位、中位、上位,六爻卦中的初位、二位、三位、四位、五位、上位。爻性与爻位合成爻象。

《周易·象辞传》分"大象"与"小象",其中"大象"即指"卦象","小象"即指"爻象"。

③物象:物象指有形可见的、具体的事物之象,以及虽无形可见但可以感受的事物之象。《周易·系辞传》说:"见乃谓之象,形乃谓之器。"可"见"之"象"与有"形"之"器",都称为"象"。这个意义的"象"相当于现象。如果从"物象"的虚实意义上说,又可分为有形之"实"的物象与无形之"虚"的物象。

有形之实象为有形体的、实在的物象,如天、地、日、月、水、火、山、泽等。无形之虚象指无形体、非实在但却可以感受的现象,如风、气等。

物象既是卦爻创造的来源,又是卦爻象征的对象。因此有时"物象"又指卦象所象征的万事万物之象。

④意象：意象是从物象中经过人为抽象、体悟而提炼出来的带有感性形象的符号或概念。这种符号或概念是有特定意义的。"意"是"象"所蕴涵的意义，"象"是"意"所外现的符号、概念。"象"的特征是具有直观性、形象性。"意象"不仅是直观、形象的"象"，而且是蕴涵着特定意义的"意"。因此"意象"是对"物象"的升华，"物象"是"意象"的基础。

《周易》的卦爻符号是典型的意象，可以说卦象、爻象本质上就是"意象"。它虽然是从物象中提炼而来，又比拟、象征万事万物之象，但它本身不是物象，而是从物象中提升而来的意象。此外，易学的"阴阳""五行"等概念也是意象，它们均超出了"物象"的具体、实在的形象，而具有特定的、抽象的意义。

意象思维是《周易》和易学最重要的思维方式。所谓意象思维，是指运用带有直观、感性、形象的符号或概念，通过象征、类比推理认识和把握对象世界的思维方式。《周易》和易学即通过卦爻符号以及"阴阳""太极""五行"等文字概念，象征、比拟宇宙万事万物，从而把握客观世界，因此可以说，易学思维就是意象思维。

第二，作动词讲，"象"通"像"，即象征、取象。

《周易》用卦爻等符号象征、模拟自然变化和人事吉凶。这也就是动词意义上的"法象"（取法万象）。

《周易·系辞传》说："是故《易》者，象也；象也者，像也。"又说："圣人有以见天下之赜，而拟诸其形容，象其物宜，是故谓之象。"唐孔颖达解释："谓卦为万物象者，法像万物，犹若乾卦之象法像于天也。"（《周易正义》）"拟诸形容，象其物宜"，就是"法像"。清初王夫之在《周易外传》中说："法皆其法，象皆其象，故曰大也。"

"法象"作为动词，应写成"法像"，即取法外象。《周易·系辞传》："是故法象莫大乎天地，变通莫大乎四时。"北宋张载《正蒙·太和》："盈天地之间者，法象而已矣。"王夫之："示人以可见者，此而已矣。"《周易》中，"拟诸其形容，象其物宜"，"天垂象，见吉凶，圣人象之"，"分而为二以象两，挂一以象三，揲之以四以象四时，归奇于扐以象闰"，"象也者，像此者也"，这些文字中的"象"即是"法象"的意思。"法象"可充盈天地之间，取法最大之象即是天地。

139

易道主干

2. 数——易数

据《周易·系辞传》说，上古伏羲氏在推演八卦时，产生"数"的概念。《易传》中的"数"主要用于占筮定卦，数以定象，数以象显。

《周易·系辞传》说："参伍以变，错综其数……极其数，遂定天下之象。""极数知来之谓占。"《说卦传》说："参天两地而倚数。"说明"数"可以定卦象，推衍"数"可以预知未来。后世有一派十分强调"数"的作用，认为"数"是根本，数生象，这一派被称为数学派，而与主张"象生数"的象学派相对立。

易数的范围很广，主要有五种形态。

（1）大衍之数

《周易·系辞传》说："大衍之数五十，其用四十有九，分而为二以象两，挂一以象三，揲之以四以象四时，归奇于扐以象闰，五岁再闰，故再扐而后挂。……是故四营而成易，十有八变而成卦。"

大衍之数为50（一说55）抽去1（为太极），实际用49。49根蓍草通过分二（象天地两仪）、挂一（象天地人三才）、揲四（象四时）、归奇（象闰）共四营（四个过程）、三变（重复三次）之后，得到9、8、7、6四数，9为老阳，8为少阴，7为少阳，6为老阴。根据"老变少不变"原则，以9、6为阳爻和阴爻的记数。这样就定出一爻。如此重复六次定出一卦六爻，共十八变（3变×6次）而成卦。

朱熹另创"挂扐法"，用勒于左手指间的蓍叶余数，以定阴阳老少之数。三变后挂扐数为5、4、8、9四数，以其中含几个四来定奇偶，5、4为奇数（只含一个四），8、9为偶数（各含两个四）。此法与原意不甚吻合。

（2）策数

策数就是蓍草的根数，一根蓍草就是一策。《周易·系辞传》："乾之策二百一十有六，坤之策百四十有四。凡三百六十，当期之日。二篇之策，万有一千五百二十，当万物之数也。"

这是紧接着"大衍之数"而言的，为什么乾的策数为216，坤的策数为144？

这是因为，三变之后所余蓍草若为三十六策，则出老阳一爻（36÷4=9，9为老阳），乾卦有6个阳爻，36×6=216策，故曰："乾之策二百一十有六。"若余数为24策，则出老阴一爻（24÷4=6，6为老阴），坤卦有6个阴爻，24×6=144策，故曰："坤之策百四十四策。"共为360策，为一年的日数。

二篇之策为什么是11520？"二篇"指《周易》全书（分上下两篇），共六十四卦，三百八十四爻，其中阳爻一百九十二，阴爻一百九十二。若以老阳和老阴策数计算，老阳每爻为36策，192爻共有192×36=6912策；老阴每爻为24策，192爻共有192×24=4608策。阴阳爻策数相加，共有11520策。若以少阳和少阴策数计算，少阳每爻为32策，少阴每爻为28策，各乘以192爻，分别得6144策与5376策，其得数也是11520策。两种方法得到的策数相同，这个策数代表世界万物之数。

（3）天数、地数

《周易·系辞传》说："天一，地二，天三，地四，天五，地六，天七，地八，天九，地十。天数五，地数五，五位相得而各有合。天数二十有五，地数三十。凡天地之数五十有五。此所以成变化而行鬼神也。"

在10以内的自然数中，奇数为天数，偶数为地数。天数之和为25，地数之和为30，天地数之和为55。天地之数是成就万物变化的神妙之数。因为这段话是在"大衍之数"前面说的，所以有人据此认为天地之数即大衍之数，也就是说大衍之数应为55。我认为，"大衍之数"为50，是符合易理的，因为按后面所言"其用四十有九"，说明抽掉了一根，而"一"为太极。《系辞传》说："是故易有太极，太极生两仪，两仪生四象，四象生八卦。"其过程正是1→2→4→8。如果大衍之数为55，则抽去不用之数就是6，就不是太极之数，那种认为6为一卦之爻数（6爻）的理解不仅牵强，而且与整个揲蓍法不符。

（4）爻数

阳爻和阴爻之数分别为九、六，来源于揲蓍法。揲蓍经过"四营""三变"之后所得余数为6、7、8、9。6和8为阴数，7和9为阳数，取奇数为阳、偶数为阴之义。为什么以9为老阳数、6为老阴数、7为少阳数、8为少阴数？唐代贾公彦做了解释："三少为重，为九，为老阳。""三多为交，为六，为老阴。""两多一少为单，为七，为少阳。""两少一多为坼，为八，为少阴。"(《周礼义疏·太卜》) 这种解释并未触及这四个数命名的缘由，只是对后起的掷钱法（三个麻钱）所作的说明。我认为邵雍的解释较为合理，邵雍说："参天者三三而九，两地者倍三而六。"(《皇极经世观物外篇》) 也就是说，9和6是模拟天地正数而得，9为3×3，6为2×3，3和2为"叁"天"两"地，但为什么都乘以"3"？邵雍没有解释，"3"为最小的奇数1和最小的偶数2之和，为"生万物"之数，为中介之数。

九和六是表示爻的性质的数，此外还有表示爻位的数。一卦六爻由下向上的六位记为：初、二、三、四、五、上。这样一个六阳爻的卦（乾卦）就记为：初九、九二、九三、九四、九五、上九；一个六阴爻的卦（坤卦）就记为：初六、六二、六三、六四、六五、上六。一卦为什么有六位？《周易·系辞》解释："六者非它也，三才之道也。"六位的上二位（爻）代表天道，下二位（爻）代表地道，中二位（爻）代表人道。

（5）卦数

《周易》六十四卦本没有直接与"数"配合，但六十四卦有其特定的排列次序，次序又必须以数表达，故卦数实指卦序数。《周易》六十四卦卦序数为：乾一、坤二……既济六十三、未济六十四。这种卦序数体现了特定的含义，而与《连山易》《归藏易》的卦序数有所不同。《连山易》卦数为艮一，《归藏易》的卦数为坤一，这是据书名之理而推测出来的，实际上这两本书早已失传。可见卦序不同、卦数也不同，代表的意义也不同。

《周易》经、传文没有提及八卦的卦数。有人认为《说卦传》"帝出乎震，齐乎巽，相见乎离，致役乎坤，说言乎兑，战乎乾，劳乎坎，成言乎艮"是言八卦次序的，这种次序就是北宋邵雍所谓的"后天八卦"的次序。这种说法虽有一定道理，但《说卦传》毕竟并没有直接以数来表达这种次序，因而无法判定八卦的卦数，如从原文上推测，倒应该是：震一、巽二、离三、坤四、兑五、乾六、坎七、艮八，这与"后天八卦"卦数是不同的（见图4-3）。

北宋邵雍创立了先天八卦与后天八卦的卦数，还有先天六十四卦卦数。

宋代是易数发明、发展的时代。邵雍除了发明先后天数外，还有

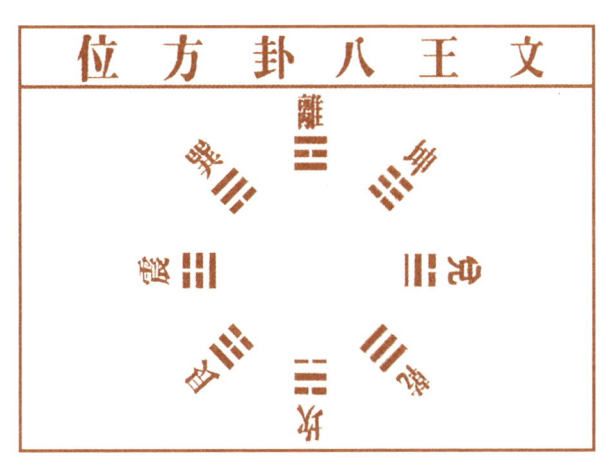

图 4-3 后天八卦卦数图

太阳、少阳、太刚、少刚，以及太阴、少阴、太柔、少柔之体数、用数，日月星辰之变数，水火土石之化数，动数植数，等等。刘牧发明河图洛书数，朱熹、蔡元定重新确立河洛数。

3. 象与数

在"象"与"数"谁先谁后的问题上，一直存在两派之争。

主张"象在数先"者认为，先有象，后有数，数是因象而生的。《左传·僖公十五年》："龟，象也；筮，数也。物生而后有象，有象而后有滋，有滋而后有数。"将"象"看成龟卜，将"数"看成筮占。而龟卜盛行于殷商，筮占盛行于周代。据《殷墟书契考》记载，龟卜法为："卜以龟，亦以兽骨。龟用腹甲而弃其背甲，兽骨用肩胛及胫骨。"殷墟甲骨文多为占卜的记载。周代用蓍草占筮，但仍不废龟卜，甚至于龟卜还相当流行，周人仍认为龟卜比占筮更灵验。《周礼·春官宗伯》说："凡国之大事，先筮而后卜。"《左传·僖公四年》记载卜人的话说"筮短龟长，不如从长。"龟在先、筮在后自然是事实，但以此就认为象在先、数在后则显得论据不足，因为"象"绝不等同于"龟"，"数"也不等同于"筮"。

主张"数在象先"者认为，先有数，后有象，象是因数而生的。《汉书·律历志》："自伏戏（羲）画八卦，由数起。"北宋刘牧认为，"天地之

143

易道主干

数既设，则象从而定也。"(《易数钩隐图》)八卦是"象"，《汉书》说是由"数"而生的，依《易传·系辞传》的观点也是如此，《系辞传》记载的"大衍之数"法，说明六十四卦是由数而定的。今人从近期出土的考古文献中考证，得出数字卦早于爻象卦，张政烺先生在《试释周初青铜器铭文中的易卦》一文中依据周原、张家坡、四盘磨等卜骨和殷周卣簋等材料证明西周初年已有数字六爻卦存在。一些学者据此认为数字卦是早于爻象卦的最初形态，从而证明"数"先于"象"。

持"象在数先"观点者注重卦象分析，着眼于卦的取象，以卦象为出发点，比拟宇宙万事万物，启发义理，"数"也被看成一种"象"。持"数在象先"观点者注重爻位分析，着眼于爻的取数，爻位作为一种特殊的"数"，它的上下往来、变化进退代表了万事万物运动变化规律。

宋代以李之才、朱震为代表的象学派强调卦象变化，主卦变说，以象解易，提出变卦反对图和六十四卦相生图。周敦颐也偏于讲象，为太极图作《太极图说》，成为宋明理学的奠基之作，冯友兰说它"是象学的一个标本"[1]。

与此相对的是以刘牧、邵雍为代表的数学派，邵雍强调阴阳奇偶之数的变化，提出先天学，将汉易中的象数学进一步数理化、哲理化，以加一倍法（即一分为二法）解释八卦、六十四卦的形成，进而说明世界生成过程，依八卦、六十四卦之数推论万物之数，创"元会运世"数学计算法，以制定宇宙历史演变的年谱。将宇宙及人类社会的消长变化看成"数"的变化。

其实，"象"和"数"在初始时是很难分得清的。易学之"象"，固然原义指有形之"象"，进而类及无形之"象"，而"数"则并非通常所指的数字，"数"在《易》中并不用于（至少不主要用于）定量，而是用于定性。也就是说易之"数"不是科学（数学）上的"数"，而是易学上的"象"，是易象的一种。虽然"象"可看成形象思维中的形象，但"数"却可不看成抽象思维中的"抽象"。作为众"象"之一，"数"是随"象"的产生而产生的。

因而在"象"与"数"谁先谁后的问题上，我主张"象""数"合一，

---

[1] 冯友兰：《中国哲学史新编》第五册，人民出版社，1989年版，第51页。

第四章　易学：中华文化的主旋律

"象""数"同源，无先后可分。"象"是"数"的形象化，"数"是"象"的另一种表达方式。被称为"象学派"的朱震在《汉上易传序》中就说："凡此五者之变，自一二三四言之谓之数，自有形无形言之谓之象……圣人无不该也，无不遍也。"从传说伏羲依数画卦开始，"象"和"数"的分工虽逐渐明朗，但到《周易》仍不明确，实际上直至明清，易学上的"数"都没有真正地从"象"中分立出来。易学的"数"与数学的"数"始终存在既有联系又有区别的特征（数学中的"数"是从易"数"中分立出来的）。从"象"中真正分立出来的"数"已不再是易数而是数学之"数"了。

著名中国科技史专家李约瑟博士（见图4-4）在其名著《中国科学技术史》中指出：易数与数学是不同的，"我们无须举出这种数字象征主义的例子，因为它们与真正的数学并没有共同之处。"[①]李约瑟博士是分析《大戴礼记》的《天圆》《易本命》两篇的"那种模式"之后得出这个结论的，可谓把握了易数的实质。

4. 术数

图4-4　李约瑟

与"象数"密切相关的，有一个术语叫"术数"。在一般老百姓眼里，"象数"就是"术数"，这实在有点冤枉。

"术数"又称为"数术"，这个词出现在两汉年间。作为我国古代各种"术"中的一种，作为一门可以操作的技术，"术数"是以"数"为工具进行预测的技术，它与巫术、兵术、权术、医术、房中术一道构成了中国的"方术"或"方技"。

术数的功用主要在于预测、推断人事吉凶、国运兴衰，并解说各种奇异的自然现象、社会现象。这一点同巫术的功能基本相同。术数的目的是企图揭示自然宇宙的秘密、寻找到万事万物发展变化的规律，最终告知人

[①] 李约瑟：《中国科学技术史》第二卷《科技思想史》，科学出版社、上海古籍出版社，1990年，第296页。

们趋吉避凶、做人处事的技术和方法。这一点也同巫术相同。只是"术数"关注的对象、操作的工具都在"数"上。

"数"原本是用于计量的。《汉书·律历志》说:"数者,一十百千万也。所以算数事物。"但在古人的观念中,"数"还有一个更为重要的功能,那就是它的通神功能。

"数"是一个"先天地而已存,后天地而已立"的神灵之物,相传伏羲推演八卦时才掌握了"数"(不是创造"数",而是发现"数")。神是用"数"来表达它的意志的,"神虽非数,因数而显"(《周易正义》引顾懽语),"数"是限定一切事物的法则,"万物莫逃乎数也"。"数"可以显神,也可以通神,人与神之间就是通过"数"来沟通的。《周易》正是这样一部通过"数"来探知万物变易规律或者说是天神意志的书,"易,逆数也"。"逆数"就是对"数"的推衍、逆测。

随着人类文明进程的推进,"数"被逐渐抽象化,但同时又被附加上各种特定的文化思想观念。这一点在中国尤其突出,这就是"数"的另一重要功能——理念功能。

《说文解字》对"一"至"十"这十个数字的解释就说明了这一点:

一,惟初太始,道立于一,造分天地,化成万物。

二,地之数也。

三,天地人之道也。

四,阴数也。象四分之形。

五,五行也。从二阳阴,在天地间交午也。

六,《易》之数,阴变于六,正于八。

七,阳之正也。

八,别也,象分别相背之形。

九,阳之变也。

十,数之具也。一为东西,丨为南北,则四方中央备矣。

《说文解字》指出了"数"具有阴阳的理念、五行的理念。此外,"数"

还具有吉凶的理念。某个数是吉是凶取决于特定的文化观念和文化氛围。如在古代建筑中一般以奇数为吉、以偶数为凶，汉代以后的住房大多以奇数开间，古塔层次也多为奇数。这是因为《易传》规定奇数为阳，偶数为阴，阳尊阴卑，所以汉以后崇阳抑阴成为风气。而在婚礼择日中，人们却喜欢用偶数，5、7、9三个月被看成不宜成婚的凶月。

在"数"的计量、通神、理念三大功能中，计量性逐渐减弱，通神性、理念性逐渐增强。这样"数"就披上了一层神秘的面纱。"数"的理念性成为人类早期象征哲学的又一体现，而"数"的通神性则使"数"成为古代各种占卜术的重要工具，使"数"充当了占卜预测的主角职务，以至于各种通神预测技术被直接称为"术数"。

汉代刘歆在《七略·术数略》中将术数分为天文、历谱、五行、蓍龟、杂占、形法六类。班固《汉书·艺文志》沿用了这种分类法。这六类中蓍龟、杂占、形法（根据人的外形推测其命数）明显是占卜预测，天文、历谱、五行看起来好像与后三类不同，其实它们最初也是用于推往知来的，天文的早期形式主要是占星，历谱与五行则主要用于推算国家大运、朝代更迭。这六类"术数"实际上都是对"数"的运用。天文中有三光、四象、五星、十二次、二十八宿；历谱中有十干、十二支、二十四气、七十二候；五行强调"五"数：五时、五方、五色、五味、五材；蓍龟重视大衍数、揲蓍数；杂占、形法则是对干支、五行等"数"的运用。

为了科学地说明问题，我将"五行"（干支）从术数中分立出来，并与阴阳、八卦、易数一道归属于"象数"；将"天文""历谱"从术数中分立出来，归属于传统科学技术；"蓍龟""杂占""形法"三类仍归属于"术数"，其后产生的纳甲筮法、太乙、六壬、奇门遁甲、梅花易数、四柱命理、风水堪舆、紫微斗数等当然也归为"术数"。

这样重新归属是基于以下的认识："象数"是一门有关"象"与"数"的基础理论学科，"术数"是一门有关"数"的实践应用学科。象数是术数及古代自然科学的理论基础，术数是对象数的定向（占测未来吉凶）运用。

"象数"的外延有所扩大（包括了五行、干支），"术数"的外延有所缩小（删减了天文、历谱、五行）。天文、历谱、五行虽然早期主要用于占测，但在后来发展中逐渐改换了功能，成为古代自然科学、技术的一部分。同时历代都有各种占测、占卜术问世，它们又不断扩展了"术数"的外延。可见"术数"是中国自然科学与神秘文化的源头，是理性与神性的交合。

二、义理

义理作为易学两大要素之一，是易学的经义名理、哲学思想，是易学的文字系统。与象数一样，义理也是一个动态概念，其含义因时、因人而异。但其基本特征可限定为阐释《易》的文义和道理。也就是说，义理是表示事物属性、功能、品德的抽象意义和表达事物本质规律的道理。

《周易》经文的"义理"是通过卦名和卦爻辞表现的，主要阐发卦爻象数所象征的物象、事理和吉凶悔吝，因而其"义理"以占筮之理为主，兼含哲理观念。

《易传》的"爻位说"是对卦爻象数体例的最大发明，重在说明占筮吉凶之理，同时又开始因之而阐明阴阳交易的哲理。《系辞传》则重在借象数而论宇宙交易之哲理。总的来说，《易传》的"义理"以哲理为主、占理为辅。《周易·说卦传》言八卦"乾为健、坤为顺、震为动、巽为入、坎为陷、离为丽、艮为止、兑为说（悦）"，即是系统阐述八卦的属性、功用之"义理"。

两汉象数学派是通过象数来阐述天文、物候与阴阳灾异之"义理"的。

魏晋玄学义理派，以老庄玄学阐发"易"之义理。王弼、韩康伯的义理，就是老庄之理。

宋代图书象数派意在以河图、洛书发明道家炼丹、儒家人伦之义理。二程、张载以儒家思想解易，借《易》建构理本论体系，其义理为：随时变易以从"道"。"道"就是阴阳卦象和物象变化法则，进而论述顺从天理、安义顺命、进德修业的人生哲学。朱熹综合象数义理，丰富发展了理本论体系，以太极阴阳变化之理说明自然社会的联系与变化及宇宙社会的生成形式，把"理"看成宇宙天地万物的本原和总则，将易学之"理"转变为理学之"理"，将易学宇宙生成论体系转变为理本论体系。

明清义理派基本继承宋代义理之学。

易学义理是建立在卦爻象数基础上的，是对卦爻象及卦爻辞的解读。

如果分而言之，"义"指在解读卦爻象数关系中赋予的意义及提炼的概念；"理"指将卦爻象数意义及概念进一步发挥为命题和判断，赋予它整体、系统的道理。

成中英先生认为，象、数、义、理是易发生的四个阶段，这四个阶段也代表《易经》之成为《易经》的四个层次或四个成分。[①] 这四个阶段分别代表着：易的经验的形象化与象征化，即"象"；易的形象和象征符号的关系化以及在时空位置上的排列化以及应用化与实用化，即"数"；易象的关系和排列，亦即易象的数的关系中呈现意义及凝为概念，即"义"；易的意义和概念发挥为命题及判断并形成系统，即"理"。把这个阶段简单列举如下：

```
象 —— 卦象 —— 形象化与符号化 —— 新石器 —— 玉器时代

数 ┬ 象数卜 —— 关系化与实用化 —— 夏
   └ 数象卜 —— 形象化与符号化 —— 商

义 —— 卦名与卦辞 —— 命题化与判断化 —— 西周

理 —— 易传 —— 系统化与思辨化 —— 春秋
```

图 4-5　象数义理发生的四个阶段

图 4-5 中 ↓ 表示时间中的发展过程，↑ 表示认知和诠释的丰富过程。

成先生对象、数、义、理概念的界说及四阶段的观点是颇有新意的。不过在对四阶段的具体划分上还有待进一步商榷。我同意义、理是在象、数之后产生的，是对象、数的阐释这个基本观点，但事情往往并不那么简单，象、数在产生过程中，本身就带有一定的观念，就有一定的"义理"性，只是这种"义理"隐含在卦爻符号象数之中，还没有用文字勾画出来。

[①] 成中英：《周易象·数·义·理》，张其成主编《易经应用大百科》，东南大学出版社，1994年。

易道主干

我认为开始用文字解读卦爻符号义理的首先是卦名,然后是卦爻辞。

卦名是对易卦"义理"所作的高度概括,是对易卦"义理"所作的第一次解读。

有关卦名的由来众说不一。主要有四说。

①取象说。认为易卦来源于对物象的观察,因而以某种物象之名命名。如乾卦之象为天,乾本义为天;坤卦之象为地,坤本义为地,故名。

②取义说。认为卦象代表事物之理,取其义理为卦名。如乾卦皆为阳爻,主刚健,乾即有刚健之义;坤卦皆为阴爻,主柔顺,坤即有柔顺之义,故名。

③筮辞说。今人高亨认为先有六十四卦的爻辞,后从爻辞中取出一字或两字,作为该卦之名。如乾卦,取名于九三爻辞"君子终日乾乾,夕惕若"中的"乾"字。①

④占事说。认为卦名同所占问的事件即卦爻辞的内容有关。近人闻一多考证,"乾"本为"斡",是北斗星的别名,乾卦中的"龙"象就是龙星,龙星的出没表示四时节气的变化。此卦为占问节气变化,筮得"☰"象,故取名为"乾"。另如"坤"卦乃占问失马之事,牝马驯良,可以求得,筮得"☷"象,故取名"坤"(驯良、柔顺)。"家人"乃占问家庭之事,"震"为占问打雷之事,"履"为占问打猎之事,等等。

我认为卦名的由来是综合的、多渠道的,是命名者对卦爻的不同理解,有的人偏于符号的象征意义,有的人偏于符号的实在意义(如占卜的具体事件)。取象与取义说并不矛盾,取象凸现卦爻象代表的实在事物,取义凸现卦爻象代表的抽象意义,两者是有联系的。如"☰"卦,取"天"的物象,又取"刚健"的意义,所以不以"天"命名,也不以"健"命名,而是用"乾"这个含义丰富的词命名。"☷"卦,即代表"地"的实物,又代表"顺"的意义,却不以"地"或"顺"命名,而用"坤"命名。

至于"筮辞说"涉及的卦名与卦爻辞产生的先后问题,在没有新的文献发现之前,是无法加以判定的,高亨观点只不过是一家之言。"占事说"主要是从卦象与卦名的关系而论的,从方法上看也不外乎取象、取义两种。

我认为卦名是对卦爻象的第一次解读,卦爻辞是对卦爻象的第二次解

---

① 高亨:《周易古经今注》,中华书局,1984年重订本。

读(与高亨先生观点不同)。卦爻辞通过对一卦、一爻的解释,表达吉凶悔吝的行为价值观念。卦爻辞分为象占之辞、叙事之辞、占兆之辞三类,[①]涉及狩猎、旅行、经商、战争、饮食、农牧等西周前期及以前的社会生活各层面,反映西周前期及以前人们的普遍思想观念。卦爻辞对吉凶悔吝作价值判断,对事物发展趋势作取向判断,对行为作取舍指示,体现了作者对客观事物的总体认识水平及对预测、决策的认识水平。卦爻辞与卦名共同组成了易学第一级"义理"系统。

《易传》是易学的第二级"义理"系统,其中《彖传》《象传》《文言传》通过对各卦爻的具体解读表明了作者的宇宙论认识及伦理观念,而《系辞传》《说卦传》《序卦传》《杂卦传》则是对易卦象、卦爻辞所作的系统解读。通过解释、评论,系统表明了作者的理论思辨水平。

如果说《易经》偏向于表"义",那么《易传》则偏向于明"理",后世"易学"也是偏于说"理"的。当然"义"与"理"是密切相关、有机联系的。成中英先生认为,"义"是一种主观认识的秩序和目的,其主体的意向很浓;"理"是客观的真实世界的秩序法则,为人的理性的心灵所发现和体现,具有客观的内涵。"理"本来是指一物体模式,但其含义却逐渐蜕化为物所必须遵循的法则,也是物之所以为物、事之所以为事的根本依据及理由。"理"有规律性、根本性的特点,而宋明理学更有工整性。某一事、某一物都有它们各自的"理",但此理与彼理又是相关的,故又称为一理,这就是朱熹"理一分殊"的说法。"理"可视为兼具客观性、主体性、根源性、规则性、整体性的真实,是"义"所开拓、所理解的对象,也可以说是"义"的基础或"义"概念的有效性的来源。

其实,"义"和"理"的关系是我中有你、你中有我的关系。"理"是"义"的基础和发展,"义"是"理"的前提和来源,两者互为显隐。"义"中有理,象数中也有理。"理"之成为"理"就在于"理"的展示化和成为意识的对象。从《易经》到《易传》,"理"的成分逐渐增强,到《系辞传》很明显完成了易学理论和宇宙生命变化理则的最完整的体系,不仅是《易经》《易传》哲学宇宙论与方法论的综合展开,而且成为以后"义理"发展的根据。

[①] 李镜池:《周易探源》,中华书局,1978年。

易道主干

三、象数与义理的关系

1. 象数为《周易》之体，义理为《周易》之用

在《周易》中，象数主要指卦爻象和阴阳奇偶之数，义理主要指卦爻辞和十翼（经、传）的文义和道理。

卦爻象数的起源和时代大大早于卦爻辞。传统认为伏羲作八卦，文王演为六十四卦，而《易传》则为孔子所作，这就是《汉书·艺文志》的所谓"人更三圣，世历三古"说。对此后世陆续有人否定。据《周礼·春官宗伯》记载："（太卜）掌三易之法，一曰连山，二曰归藏，三曰周易。其经卦皆八，其别皆六十有四。"《连山易》《归藏易》《周易》分别为夏、商、周之易，可能八卦、六十四卦在三代即已形成，而《连山易》《归藏易》均已失传，其卦象与《周易》卦象是否相同，已不可考。从近代陆续出土的周初文物来看，发现周初已有六十四卦。六十四卦象的产生应该比现存《周易》卦爻辞早，一者上三代之易中已有连山、归藏的卦象，二者从《左传》《国语》记载的筮例中有的卦爻辞与今本不尽相同，可知《周易》卦爻辞的定型是晚于卦爻象的。

卦爻象数符号是因何而作的呢？主要有两种观点，一种主张因占筮而作，一种主张因义理而作。前者认为《易》是占筮书，卦爻象自然为卜筮而设；后者认为《易》是哲学书，卦爻象是为义理而设。从人类文化形成史看，人类文化是从巫术文化向人文文化发展的，卦爻象的产生是在巫术文化时代，理当是为卜筮需要而设的，然而同时它又是表情达意的。《系辞上》说："圣人立象以尽意，设卦以尽情伪，系辞焉以尽其言。"朱熹解释："言之所传者浅，象之所示者深。"（《周易本义》）为了深刻地"尽意""尽情伪"，所以设卦立象。

卦爻象数的内涵——义理，是由卦爻辞、《易传》逐渐揭示的。我认为卦爻辞和卦名是对卦爻象数的第一次解释。有人将卦爻辞也归入象数，称为"卦辞之象""爻辞之象"，如宋代项安世说："凡卦辞皆曰象，凡卦画皆曰象。"（《周易玩辞》）我不同意这个观点，卦爻辞和卦名只是偏重于从取象角度即揭示卦象的象征意义来表情达意、判断吉凶。卦爻辞包括自然变化

第四章　易学：中华文化的主旋律

之辞、人事得失之辞和吉凶占断之辞，已涉及鬼神崇拜、人生态度、伦理观念和世界观。朱伯崑先生认为卦爻辞反映了天道和人事具有一致性、人的生活遭遇可以转化、对人的行为进行劝诫的世界观，①可见卦爻辞已开始从哲理角度对卦爻象数进行诠解。至于"卦名"，同卦爻辞的内容有一定的联系，或从象征物象、或从象征事理给卦象命名，是卦名作者对卦象的解释。

实际上卦爻象数符号在其制作成型过程中已隐藏着作者的理性思维。从六十四卦系统看，阴阳爻奇偶对立二画经过六次排列组合成为六十四个不重合的卦象（$2^6=64$），六十四卦有三十二个对立面，六十四卦的卦序"二二相偶，非覆即变"，以乾坤为首、既济未济为尾，蕴含着深刻的哲理。《易传·系辞下》在说明卦象的产生时说：八卦是仰观俯察，宏观考察了天文、地理、人事后产生的，"以通神明之德，以类万物之情"。卦爻辞只是开始初步涉及这种哲理，还带有浓厚的宗教巫术色彩。

作为第二次系统诠释卦爻象数和卦爻辞的《易传》，使易象数开始由迷信转化为理性，由宗教转化为哲学。当然《易传》的义理还没有彻底从宗教迷信中摆脱出来。朱伯崑先生曾反复强调《易传》中有两套语言，一套是哲学语言，一套是筮法语言。这是很有见地的。《易传》的最大贡献就是其哲学语言，它将卦象所蕴含的哲理作了挖掘，并以此为基础加以发挥。《周易》卦象被看成认识世界万物的本性及其变化规律的最高"义理"。《系辞传》："《易》与天地准，故能弥纶天地之道。"《易》"范围天地之化而不过，曲成万物而不遗，通乎昼夜之道而知"。"夫《易》，广矣大矣……以言乎天地之间则备矣。"《易传》借用卦爻象，又吸收了儒、道、阴阳各家的观点，将《易》之哲学义理发挥得十分高妙。

成中英先生将象、数、义、理看成"易"发生的四个阶段，分别为新石器到玉器时代、夏商时代、西周时代、春秋时代。如果从整个系统的发展看，这种分析是基本合理的。不过不能把四者截然分开，象、数和义、理具有互含、互动、互为显微的关系，象、数中含有义、理，义、理也离不开象、数。言义、理可以"忘象"，但没有"扫象"，否则就不是"易学"了。卦爻象数是《周易》的根基和出发点，而涵括占筮与哲学的义理则是

---

① 朱伯崑：《易学哲学史》第一卷，华夏出版社，1994年，第17~20页。

153

易道主干

其功用与归宿。卦爻象数用于论吉凶悔吝，则义理具有占筮色彩；用于论天道人事，则其义理具有哲学色彩。"象数"是《周易》象征的符号模式，是《周易》之体；"义理"是《周易》象征的巫术、哲理的内涵，是《周易》之用。"象数"是外显的，但其蕴含的"义理"却是隐含的。"象数"和"义理"体用合一，不可割裂。

2. 象数派与义理派的偏向与互补

象数派和义理派的真正形成是在汉魏。西汉孟喜创卦气说，以六十四卦配四时、十二月、二十四节气、七十二候，使八卦之象、奇偶之数与气候变化相配合，以解释《周易》原理，说明阴阳灾异。京房创八宫卦说，将六十四卦按八宫次序重新排列，各宫分为上世、一世至五世、游魂、归魂八个卦，各配以天干，每卦六爻各配以地支，八宫卦爻又与五行相配，以解《易》，将《周易》筮法引向占候之术，完成了汉代象数派的基本体系。

西汉末年，谶纬流行。《易纬》将孟京卦气说、汉代阴阳五行说和董仲舒今文经学的神学目的论融为一体，将《周易》神秘化、理论化。提出九宫说，八卦被配上九数（五居中不配卦）、分居九位，再配上五行、十二月节气以及五常之品德。《易纬》还提出爻辰说，按六十四卦次序，每对立两卦共十二爻配十二辰，代表十二月。以之计算年代、解说《周易》。《易纬》经郑玄的发挥更加完备、烦细。汉末荀爽创乾升坤降说，以爻位升降解说《周易》；虞翻主卦变说，以卦变、旁通、互体、半象解说《周易》，成为汉象数解易的代表。汉易至此，已走向烦琐之途。

魏晋王弼一反象数派解易之风，主张"得意忘象"，创义理派。以老庄玄学观点解《易》，重视无形的义理，鄙视有形的象数。至此象数、义理两派正式分途。

唐代易学以总结前人成果为主。孔颖达《周易正义》偏于义理，李鼎祚《周易集解》偏于象数。前者采王弼、韩康伯注，推崇玄学义理，又兼采京房、郑玄象数派易注；后者汇集汉易虞翻、荀爽等三十余家象数派注释，亦兼采王韩义理派注释。

宋代象数派代表陈抟、邵雍，推崇河图、洛书，宣扬卦变说，倡导先天学，使象数学发生重大变化，无论是内容还是形式都与汉象数学大异其趣。该派不仅以此解易，而且多在解说宇宙形成、变化及构成模式，探求天地万物的本原和规律。作为宋学主流的义理学派，因易以明道，程颐易学以"天理"为最高范畴，奠定宋明理学的理论基础；张载易学以"气"为最高范畴，创立气学派。南宋朱熹、杨万里、杨简分别从理学、史学、心学角度对《易》加以推阐，使宋易义理派成为一股强劲的学术潮流，历元明清数代而不衰。元明清易学基本上是对汉、宋象数派和义理派的延伸、发展。

那么，是否象数派与义理派相互对立而截然分流呢？事实并非如此。汉代象数派，言卦气、纳甲、八宫、五行、爻辰、卦变，仍有哲学义理方面的意义。卦爻象数被看成涵括了自然界和人类社会的世界模式，通过卦气说，建立起一个以阴阳五行为框架的宇宙哲学体系，在宣扬天人感应、占候之术的同时，也阐述了《周易》变易之理，初步探讨了世界的普遍联系、世界的本原及发生变化的规律。宋代象数学创造了新的象数形式，其目的正是为了阐述义理。图书象数将宇宙万物包括天文、气候、音律、历法、地理、丹道、人事等，巧妙、和谐地融为一体。周敦颐对太极图的解说，为儒家宇宙论提供了完整的体系，提出了修养成圣的理论方法，为新儒家的奠基之作。邵雍的先天象数学，阐述天地万物的生成变化，并以此为"心法"，由个人之心推及宇宙之心。他创造的"元会运世"的运算方法，说明了宇宙历史的周期变化。邵氏以其象数学为中心，推衍出一套关于宇宙运动变化的哲学体系，成为新儒家代表人物之一。

再看义理派。王弼倡义理，是不是彻底推翻了象数呢？历史上有"王弼扫象"一说，其实王弼并未"扫象"，而是"忘象"。他强调的只是不要机械地、支离地去寻找一字一词的卦象依据，而是要透过卦象从整体上寻找深刻的义理，从而揭示卦爻象及卦爻辞的真正内涵。他认为："夫象者，出意者也；言者，明象者也。尽意莫若象，尽象莫若言。言生于象，故可寻言以观象；象生于意，故可寻象以观其意。意以象尽，象以言著。故言者所以明象，得象而忘言；象者所以存意，得意而忘象。"（《周易略例·明象》）在"意""象""言"这三者关系上主张由意生象、由象生言，"意"

是根本，所以要"得意"就要先"忘象"。王弼实际上并没有根本否定卦爻象和卦爻辞（言），他反对的只是汉象数派的烦琐和拘泥，他说：汉象数易学"而或者定马于乾，案文责卦，有马无乾，则伪说滋漫，难可纪矣。互体不足，遂乃卦变；变又不足，推致五行。一失其原，巧愈弥甚。从复或值，而义无所取。"（同上）他反对强求卦象以附会《周易》经义，而认为卦象的象征意义是特定的，其象征的事物是广泛的，"是故触类可为其象，合义可为其征"（同上）。如乾为健，其义不可改，但乾既可象天，又可象马、君、首，只要符合"健"义，则可触类而取。他强调的是卦象的象征意义而不是象征物象。他不仅没有抛开《周易》卦爻象数，而且还发明了很多象数条例，然后借此阐明自己的玄学义理。如"一爻为主"说，认为一卦六爻中有一个为主的爻，即"卦主"，具体地说有"一阴主五阳""一阳主五阴""主卦之主""成卦之主"，并从解释筮法推导出"一以统众"说，认为"一"是天地万物的根本原理，"一"就是"无"。再如"初上不论位"说，认为任何一卦初爻与上爻均无确定的阴阳本位，均不言"得位""失位"，由此引申出事之始终先后，有时为阳，有时为阴，不是固定不变的，即"尊卑有常序，终始无常主"。他还借解乾、坤两卦，提出"乾坤用形"、乾健坤顺为天地之德行的观点；借解"大衍之数"提出以不用之"一"为太极、为"无"的本体观。可见王弼不是"扫象"，而是揭示并发挥"象"的义理。

宋代义理派代表程颐就"象"与"理"的关系提出了一个著名的命题："体用一源，显微无间"（《伊川易传·序》），认为"理"是《易》之体，"象"是《易》之用；"理"是隐微的，"象"是显著的，二者不可分离，交融为一。主张有"理"而后有"象"，由观览其"象"而领悟其"理"，并在解《易》卦爻象及卦爻辞的基础上提出了博大的理学体系，他唯一的哲学著作就是《易传》。尽管我不赞同"理"为"体""象"为"用"的观点（我主张"象"为体，"理"为用），但程氏体用合一、不可分裂的观点是极有见地的，是应充分肯定的。

集宋代理学之大成者朱熹则是综合"义理"与"象数"的典范。他认为"若易，只则是个空底物事"（《语类》卷六十六），"古人淳质，初无文义，故画卦爻以开物成务"（同上），《易》本卜筮之书……想当初伏羲画卦之时，只是阳为吉、阴为凶，无文字……后文王见其不可晓，故为之作彖辞；或占得爻处不可晓，故周公为之作爻辞；又不可晓，故孔子为之作十翼，皆解当初之意"（同上）。指出卦爻象数为先，本为占筮而设，后世逐渐从卦爻象中讲出一番哲理来。他还说："先见象数，方说得理，不然，事无实证，则虚理易差。"象数为先，义理为后。从《易传》开始"犹就卜筮上发出许多道理"，"反覆都就占筮上发明诲人底道理"（同上）。他还认为"卦爻阴阳皆形而下者，其理则道也"。卦爻象数为形而下之器，义理为形而上之道。他在《易九赞》中提出"理定既实，事来尚虚"，"稽实待虚，存体应用"。以卦爻象所说之理为实，卦爻象所说之事为虚。卦爻象具有抽象意义（理）和具体意义（事）。应该掌握卦爻之抽象义理，从卦爻象辞的个别事项中归纳出类义理——抽象义理。从理本论立场出发，朱熹又认为"有是理，则有是象；有是象，则其数便自在这里"（《语类》卷六十七）。先有阴阳之义理，后有《周易》象数，赞同程颐理为体、象为用的观点，认为"先体而后用"，体现了理学派易学的特征，也表现了对"象数""义理"关系的矛盾认识。

就融合"象数""义理"而言，较早倡导者是北宋司马光，他在《温公易说·易总论》中说："或曰：圣人之作易也，为数乎？为义乎？曰：皆为之。二者孰急？曰：义急，数亦急。"

南宋王应麟继承此说，提出："然义理、象数，一以贯之，乃为尽善。"（《困学纪闻》卷一）

总之，汉魏以后易学"象数""义理"的发展是不平衡的，象数派偏象数，重在发明各种象数体例；义理派偏义理，重在宣扬各自的哲理、伦理思想。虽如此，然均是"偏向"却没有"偏废"，言象数者未废义理，言义理者未废象数，至宋代已出现合流、互补趋势，只是元明清直至近代未能很好地发扬这一传统。从本质上看，无论是象数派还是义理派，实际上都是在假借象数阐发义理，即"假象以寓意""假象以明理"，只不过各自假借的"象数"、阐发的"义理"有所不同而已。

通过上述分析，我们可以得出这样的结论："象数"是"义理"的基础和前提，"义理"是对"象数"的解读和发挥。[①]

[①] 张其成：《"象数"与"义理"新论》，《哲学研究》1995年第10期。

易道主干

　　易学中无论是象数派还是义理派都具有通过解读"象数"来表达和生发"义理"的特点。如果舍弃"象数",专论"义理",那就不是"易学"。

　　综上所述,可以看出,与其将易学分为象数、义理二派,不如分为"占筮""哲理"二派。因为象数和义理是体用关系,不可割裂,而由象数说明、阐发的义理却有"占筮"与"哲理"的分途。至于其他支派从目的和用途上均可笼统归属这两大派。

　　象数与义理的体用合一、"显微无间",符号系统与文字系统的信息互换,使《易经》成为一部世界上独一无二的古代典籍,使易学成为一门"广大悉备,无所不包",整合了天道、地道、人道的宇宙变易之学。

　　以象数为体、以义理为用;以象数为形式,以义理为内涵,是易学的基本特征。当代易学研究中出现的所谓"象数易""义理易"及"科学易""人文易""哲学易""占筮易"等概念都是不符合易学基本特征的。将象数和义理分割开来,舍弃一面,单论另一面,都不是易学。现代易学的主要任务应该是从整体上去研究这种符号系统与文字系统所阐发的"易道"。"易道"的外延极广,说明其内涵极小,可以从易学思维方式、价值理念、人文精神的角度去揭示"易道"的宇宙论、方法论、价值论意义。

第三节　先秦易学

　　易学从横向角度可分为象数易学与义理易学两大流派,从纵向角度可分为先秦易学到现代易学七个阶段。

　　先秦易学指秦朝(公元前206年)以前的易学。先秦时期是易学萌生和奠基的时代。传统认为《连山易》《归藏易》《周易》"三易"先后于夏、商、周三代问世。

　　从保留下来的文献史料看,易学至迟于西周初期就出现了。《尚书·洪范》《周礼·春官宗伯》以及《左传》《国语》中均有记载。

第四章 易学：中华文化的主旋律

春秋战国时期易学已呈现出两种截然不同的态势，一是继续沿着宗教巫术的占筮道路发展，以《左传》《国语》为代表；一是摆脱宗教巫术束缚而向哲学方向发展，以《易传》为代表。

《左传》《国语》中记载二十几条占筮条例，说明春秋时人们基本上是从占筮角度说解《周易》的。战国时以易为筮之风从文献材料（如《管子·山权数》《墨子·公孟》《吕氏春秋·壹行》）和出土文物（如阜阳出土的汉初《周易》残简）中可以得到印证。

此期的占筮易学有三个特点：一是讲变卦，二是以卦爻辞占，三是以卦象占。而筮史们在说《易》时，这三种方法往往是综合运用、融为一体的。

与占筮易学对立的是义理易学。

春秋时期的义理易学，是由对占筮的怀疑开始的，渐渐引《周易》以论证人事，以德代占。以德代占属于义理易说的理论归纳，是义理派易学理论形成和成熟的标志。到战国，诸子普遍受了义理派易学的影响，同时又促进了义理易学的发展。

以德代占在《礼记》《论语》《荀子》《庄子》《吕氏春秋》中均有所体现，这种从义理、哲学角度解易、论易的倾向，是战国时期易学的主流。

《易传》是先秦时期唯一保存完整的易学专著，也是先秦易学集大成之作。一般认为是义理易学的代表作，体现了儒家思想，其实它是儒家、道家、阴阳家等各家思想的集中体现，具有丰富而深刻的哲学内容。

《易传》的问世，奠定了"易学"坚实的基础。

《易传》使《周易》从占筮转变为哲学，从迷信转变为理性。《系辞传》认为："夫《易》何为者也？夫《易》开物成务，冒天下之道，如斯而已者也。"这就是说《周易》是一部包括了事物的创始与完成、概括天下一切事物发生发展以及终结的全过程的哲学书。"《易》之为书也，广大悉备，有天道焉，有人道焉，有地道焉"，"是以明于天之道，而察于民之故"，从自然界到人类社会，所有的知识和思想，它无所不包，应有尽有。说明它将《周易》当成宇宙哲理之书，并由此出发说《易》。《象传》《彖传》均表现出以德解《易》倾向。《文言传》从道理修养角度论述了乾、坤两卦，以《易》为政治、伦理之书。《系辞传》则堪称中国哲学"第一篇"。

《易传》创立取象说和爻位说（当位、相应、承乘、得中、趋时、消长、卦变）来解说《周易》，既是对《周易》研究方法的重大改革，同时又体现了哲理、伦理。

《易传》创立了以阴阳学说为核心的哲学思想体系，对后世易学、哲学及中华文化各种学术思想都产生了深远影响，义理、象数两大派易学都可以在《易传》中找到源头。

先秦诸子尤其是儒家、阴阳家、道家的思想反映在易学上，丰富了易学；同时，《周易》思想又渗透到各家学说之中，成为社会的普遍价值观。

第四节　两汉易学

两汉易学指从刘邦称帝的高祖元年（前206年）至献帝延康元年（220年）期间的易学。

汉代易学被后世称为"汉易"。先秦易学的传授于秦火之后并未中断，这是汉易发展得天独厚的条件。汉武帝独尊儒术，提倡经学，《周易》被尊为六经之首，对《周易》的解说成了专门的学问。在两汉，不仅儒家经师研究《周易》，其他学派的思想家也探求《周易》的理论，这就为易学流派的形成和发展创造了条件。

汉易的重大成就，便是形成了以卦气说为中心的哲学体系，它不仅在易学研究中占有重要地位，而且对中国学术史、思想史、哲学史和文化史都有深远的影响。

汉人继承先秦说《易》的传统，并发展先秦卜筮与义理这两种不同的解易观。如汉人治《易》讲"卦气""纳甲""爻辰"等，视《易》为卜筮之书；司马迁说"《易》以道化""《易》本隐以之显"，视《易》为讲思想理论之书。《汉书·艺文志》在《六艺略》中列入《周易》，在《术数略》中也列入《周易》，表明汉人对《周易》有两种看法。汉人对《易》的两种不同认识，逐渐发展为易学研究中两大对立的学派——象数学派与义理学派。这两大学派的各自发展及长期论争，不仅是汉易的中心问题，而且贯穿了整个易学史。

两汉时期，经学兴起，今文经与古文经互相对立、交相为盛，谶纬神学泛滥。文帝时期，玄学盛行，道家宗教化。此期天文学、历法学、医学、数学等自然科学大大发展。在这种背景之下，易学得到了长足的发展。

易学同样有今文易与古文易两个系统，前者为官方易学，后者为民间易学。

今文易（官方易学）的传授世系如下（见图4-6）。

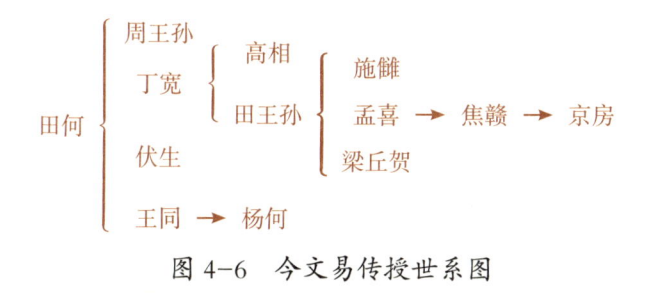

图4-6 今文易传授世系图

古文易（民间易学）主要有费直、高相二家（见图4-7），而以费直一系为盛。

图4-7 古文易传授世系图

今文易学施、孟、梁丘、京氏四家皆立为博士，而费、高二家未立为博士。

从易学风格及方法上看，汉易有三种倾向。

易道主干

一、象数派——孟、京易学

孟喜、京房创卦气、纳甲、飞伏说，建立象数易体系，为今文易学。

这一派在治易方法上的共同点是，以卦象为主，着重于《周易》中一些特定数字的研究。他们认为，自然界和人类社会的发展变化与卦象的变化是一致的，八卦即是宇宙的一个缩影，举凡历法、四时节气、音律等皆与卦象相通，甚至人类社会的变化也可以用八卦表示出来，掌握了八卦的变化规律，就可以上判国家治乱，下决个人祸福吉凶。

孟喜为卦气说倡导者。以六十四卦解说一年节气的变化，以坎、震、离、兑为四正卦主管一年四季，并以四时配四方。以十二辟卦代表一年十二个月。以六十卦配一年的月数。每月配五个卦，则每卦主管六日七分，即"卦以地六，候以天五"，提出以中孚卦配冬至初候，为一年节气之开端，即"自冬至初，中孚用事"。

孟喜易学特别是以阴阳说解释《周易》，以《周易》卦象解说一年节气的变化，以此推断人事的吉凶。

京房（公元前77—前37），为焦延寿的学生，本姓李。以讲占候之术而闻名，为汉易代表人物。所著《京氏易传》，内容丰富，包含卦气说、八宫卦说、五行说、阴阳二气说、纳甲说，以及对于八卦起源和《周易》性质的论说等，将《周易》看作占算吉凶的书，创造出许多占算的体例，与当时的阴阳五行学说相结合，形成了自己的易学体系。这是对孟喜卦气说的发展。

西汉末年，《易纬》将卦气说进一步神秘化，并以象数来阐释易理。提出"易一名而含三义"说、太易说、八卦方位说、九宫说、爻辰说。其末流以宣扬阴阳实质及谶纬迷信为主要内容，表明了汉易象数之学走向没落，对后世产生了消极影响。

东汉时期，马融、郑玄、荀爽、虞翻、陆绩等人对孟、京卦气说加以发挥，并引用纬书解易的种种说法，提出的新体例主要有五行生成说、爻辰说、升降说及互体、半象、逸象、旁通之类。

郑玄（127—200，见图4-8）治《易》用费氏古文，但亦采今文，兼取义理、象数之说。推崇象、数，除用互卦、消息等方法外，还力主五行生成说与爻辰说。五行生成说对后世影响较大，爻辰说则后世没有发挥者。

荀爽（128—190）作《易传》以解易，提出阳升阴降说，以阴阳二气的"升降"来解释《周易》经、传文。

虞翻（146—233）著《周易注》，综合并借鉴孟、京、郑、荀的易学，为后世研究汉易保存了大量资料。提出卦变说、纳甲说以及旁通说、互体说、取象说等，是汉易象数派的重要组成部分，为解释《周易》开辟了新径。

图 4-8　郑玄

汉易象数由于过于烦琐、繁杂，泥于物象，近于游戏，多有牵强附会之处，终于走向自我毁灭之路。

二、古文经派——费直易学

汉易虽以象数为主流，但以义理解易的传统并未中断，流传于民间的古文经易学即其代表。

古文经易学最著名者是费直。费氏解易著作已佚，从班固所述及其他文献记载看，费氏易以人道教训为主，是对孔子及汉初易学传统的直接继承。治易不讲卦气说和阴阳灾变，而是以《易传》的文意解经，注重义理的阐发。

随着古文经学地位的提高，费直易在东汉及魏晋得到了阐扬。东汉陈元为其开端，郑众进一步传承。

东汉解易的代表人物马融、郑玄、荀爽注易皆本于费氏，属于古文经学传统。

马融（79—166），曾学习费氏易。费易原无章句，自马融始分章句，将《系辞》上篇分为十三章。

马融的学生郑玄是今古文杂糅的经学大师，既对汉易象数学做出了重大贡献，同时又据三礼注易、证易，用费直的古文本继续把《彖传》《象传》

与经文混合起来，后王弼、韩康伯注易都用郑玄本，孔颖达"五经正义"即采用此本，通行至今。

古文易另一大师荀爽，治易虽讲卦气、卦变，但并不以此言阴阳灾变，而是以易理附会政教人事。

由马、郑、荀的传承，古文经终于压倒今文经，直至魏晋王弼，义理学独领一代风骚。

三、黄老派——严、扬、魏易学

汉代崇尚黄老之学，以黄老解易成了当时一种倾向。以严君平、扬雄、魏伯阳为代表。

严君平作《道德经指归》，在阐释老子思想的过程中，并不完全恪守道家思想，往往对于儒家思想兼容并包，反映出儒道互补的倾向，其论述事理时不仅常用儒家的观点，而且多引《周易》经传之义。引《周易》经传以说明阴阳变易之理，反过来正为黄老派以阴阳变易解说《周易》提供了依据。

扬雄（公元前53—18），是严君平的弟子，模仿《易经》《易传》形式写成《太玄经》。其中心内容是以老子的天道观和阴阳变易思想与《易经》《易传》思想及五行思想相结合而建立起一整套关于世界形成及变化的体系。《太玄》继承《易传》的传统，以占筮的形式表达哲理，对易学义理派有一定的借鉴与启发作用。将黄老之学与《周易》杂糅，扩大了以黄老解《易》的学风，为后世道家说《易》开了先河，同时对象数学亦有发明和贡献。

魏伯阳（126—167，见图4-9），东汉末期人，著《周易参同契》[1]。

---

[1] 关于《周易参同契》的作者，据现存最早注本唐代托名阴长生注本以及《正统道藏》容字号无名氏《周易参同契·序》记载，有徐从事、淳于叔通、魏伯阳等，从《周易参同契》文字内容有出入或矛盾中，可以看出非一人一时之作，魏伯阳可能是主要整理者。

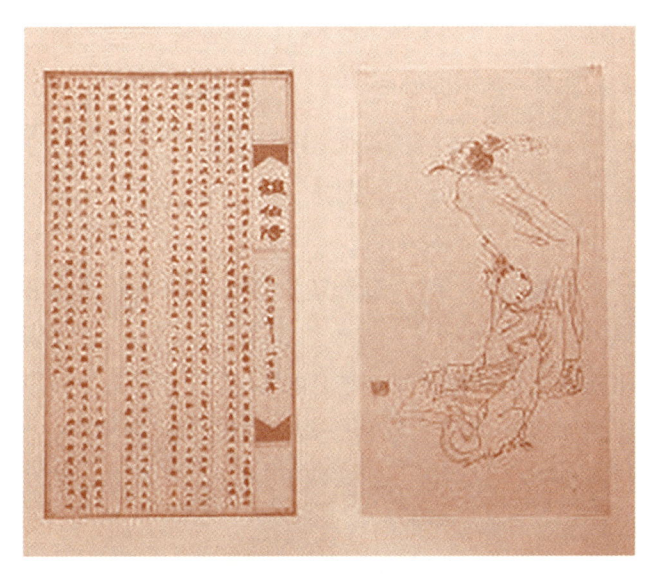

图 4-9　魏伯阳

《周易参同契》假借《周易》的爻象以论作丹之意，以汉易中的卦象说来解释炼丹术，从而把《周易》奉为炼丹术的理论基础，提出"易谓坎离"说、月体纳甲说，对易学影响较大。

以上三种倾向足以反映汉易全貌，但三者并非并驾齐驱、平分秋色的。从当时的学术地位和成就以及对后世的影响来看，以孟喜、焦赣、京房为代表的官方易为汉易的主流。

第五节　魏晋易学

魏晋易学指从曹丕黄初元年（226 年）至隋炀帝大业十四年（618 年）期间的易学，又称"魏晋易"。

魏晋易学在学术上的特点为：崇尚义理的探讨，以老庄玄学解易，易老结合，形成义理学派，一反汉易烦琐学风和象数之说。主要代表人物为

易道主干

王弼、韩康伯。

魏晋易学主要有三种不同倾向。

一、玄学义理派——王、韩易学

此派抛弃汉易的象数之学，以老庄玄学解易。当时社会大动荡、大分裂，反而加强了文化大融合、大发展。这不能不归功于理性思想的光芒，然而首先挑起理性大旗的是玄学。老庄玄学提倡清静无为和简易，以解释古代典籍，清除了汉代经学的烦琐学风，打破了以儒家思想解经的传统，渗入了道家的观点。在这种风气的影响下，魏晋易学走向了以老庄玄学解易的道路，并发展成为易学史上的义理学派。

在学术上，重视《周易》中蕴含的哲学思想，治易不为占卜，不讲卦气说，更不谈阴阳灾变。

这一派主要人物有魏王肃、王弼，东晋的韩康伯。

王肃（195—256）是古文经学派集大成者，著《周易注》（已佚）。解易注重义理而略于象数，文字力求简明。

王弼（226—249）著《周易注》《周易略例》以及《老子注》《论语释疑》四种，将老、庄、易三者沟通，称为"三玄"。把《周易》看成讲政治哲学的书，进而以得意忘象说、取义说和爻位说来排斥汉易中烦琐的象数之学及占候迷信。重视和推崇老庄玄理，他的"取义"实是取道家玄学之义，开创了以玄学解易的新风气。除了受老庄思想影响外，同古文经学派也分不开。注重义理分析，不局限于象数，不尽宗费直、刘表之学，把言（卦、爻象）、意（卦、爻辞的含义）结合起来讨论，提出"得意而忘象"的主张。世有"王弼扫象"之说。王弼对易学的主要贡献在于否定汉易象数之说，直接探究《周易》本身的思想内涵，创建义理学说。

韩康伯（332—380）作《系辞传》以补王弼之不足，并与王注一道被唐代孔颖达收入《周易正义》，后世往往以王韩并称。韩康伯重视义理研究，通过对《周易》的注释，宣扬老庄易学；继承和发展王弼取义说，进一步排斥汉易的象数学，以卦义来象征和说明事物变化之理，表现人事治乱之义；以老庄玄理解易，进一步将易理玄学化，认为玄理为易之本义；以玄学天道观解《易》，以"无"为天地本源。

二、象数派（术数派）——管、孙、干、郭易学

象数派直接继承汉易，继续以象数解易。代表人物有曹魏时期的管辂、东晋时期的孙盛。该派学术特点为：进一步发展汉易象数、术数，专门推衍阴阳术数，而不搞章句训释；不满意老庄玄学解易倾向，据汉易传统而与玄学派论争。

管辂（208—256），著名占算家。善占吉凶祸福，能猜测过去、预知未来之事，曾为当时不少知名人物卜卦决疑，无不应验如神。从《三国志》记载看，管辂坚守并灵活运用卦爻取象说，并将纳甲、五行、六亲用于占算。管辂把《周易》视为占算时日、预测祸福的方术，既与汉易的章句训诂不同，又与会通义理的魏晋义理派有异，按清人之说法，可称为"经外别传"。作为当时象数学派的代表，管辂对当时玄学派的易学是极为反对的。

孙盛（302—373），著有《易象妙于见形论》（佚），据该题目及其在其他文章中的观点来考察，可知其论易宗于取象之说，认为卦爻象可表现事物及其变化之道。据《三国志·钟会传》裴注引文记载，他批评王弼派易学的言论，坚决反对以老庄玄学观点解易，认为王弼摒弃汉易象数、卦气诸说而专门笼络玄旨，有悖于《周易》之原理。主张唯汉易的传统才可以"穷神知化"，无违于大道。

东晋象数派以干宝（286—336）易学为代表。他著有《周易注》《周易宗涂》《周易爻义》《周易问难》《周易玄品》等，皆已佚失。就其仅有的《周易注》部分佚文（见李鼎祚《周易集解》）看，他继承京房以来的汉易传统，对于汉易象数学的卦气、纳甲、互体、五行、八宫诸说都有所吸取。

郭璞（276—324）亦为东晋象数派术数家代表。

三、佛易糅合派——萧衍易学

魏晋南北朝时期佛学大兴，为了使中国人便于接受，佛教徒和佛学家便援引玄学家的理论来解释佛教理论，并进而以《周易》来解说佛教教义，这便产生了佛教与易学相糅合的倾向。

南朝梁武帝萧衍（464—549）为此派的代表人物，他既是一个佛教徒，又通晓儒家典籍。《隋志》记载其解易著作有《周易大义》《周易系辞义疏》《周易讲疏》等。这些著作的内容已不得而知，但从其宣扬佛教教义的著作中，可以看出其糅合易佛的倾向。

梁武帝解易之作有同佛教义理相比附之处，其易学虽属于玄学派，但有时亦主太极元气说，提出体（妙体）、用（别用）范围，解释乾坤、天地、阴阳。所谓"妙体"，指内在的本质；"别用"，指外在的表现和作用。此种体用观来源于佛教哲学。

在这三种倾向中，义理派（老庄玄学派）是魏晋易学的主流。玄学义理派的壮大与发展是通过与象数派的长期论争（同时也不排除两者的相互吸收和融合），并经历了与佛、道二家解易系统的长期浸润，在复杂的社会历史背景下逐渐完成的。义理派与象数派的争论纵贯了整个魏晋南北朝时期，直至隋统一，王学盛行，义理派才完全占据了主导地位。

第六节　隋唐易学

为隋文帝开皇元年（581年）至唐哀帝天佑四年（907年）时期的易学，亦称"唐易"。

隋唐易学的学术特点为：象数、义理二派互相吸收和肯定，易学与儒释道三教互相渗透和融合。其代表人物为孔颖达、李鼎祚。

隋唐易学的主要倾向为孔、李易学和宋、李易学。

一、义理派——孔、李易学

隋唐时期，王弼注盛行，义理派易学占主要地位。随着经学研究总结前人局面的形成，易学也得到全面总结，于是出现了《周易正义》《周易集解》这两部总结前人研究的巨著。

孔颖达（574—648，图4-10）奉唐太宗命撰《五经正义》，对唐以及后代产生了深远影响。其中《周易正义》采用王弼、韩康伯的《周易》注本，在"疏不破注"的前提下，对王弼、韩康伯注加以疏释，从而对《周易》经传文予以进一步的阐发。他在疏释过程中亦往往取汉人《易纬》《子夏传》及京房、郑玄等前人之说，对各家说法有选择地加以吸收，不但对王弼派易学多有发挥和完善，而且对两汉魏晋以来易学发展的成果做了一次总结。

孔氏易学是汉易转向宋易的桥梁。

李鼎祚著《周易集解》，汇集子夏、孟喜、马融、荀爽、郑玄、干宝、王肃、王弼、韩康伯、孔颖达等三十八家的注，推崇汉易系统中象数派的治易原则和方法，尤其重视荀爽、虞翻及郑玄之说，而排斥王弼派。李鼎祚既是唐代提倡汉易象数之学的代表，又没有完全排斥玄学义理派。汉易等许多珍贵资料仰赖此书而得以流传，很多失传之作因此而得以绵延。

图4-10 孔颖达

二、佛道派——宗、李易学

唐代儒、释、道三教并行，三教既论争又互相影响，互相融合。佛教徒和道教徒，或专攻《周易》象数义理，或借易阐释宣扬教义。

其实，李鼎祚已用老易相合之玄宗观察汉易之象，可与华严法界合观，且以道教之理创三教合一之说，尤能尽易象之妙。

唐朝佛学家讲佛时常援引易学观点，如宗密于《原人论》中，引汉易的太极元气说解释器世界形成的过程，以"太极生两仪"理论为最低级的教门。

李通玄著《新华严经论》，以《周易》解说佛教华严宗的教义，认为易象含于华严。提出"艮为文殊，震为普贤，兑为观音"之说，将有往有复名修菩萨道，合于复泰等消息卦，且将二十四卦、八卦方位图等，屡屡应用成华严之境。

道教徒《上方大洞真元妙经图》（载《道藏·洞玄部》），以太极为天地之本，借《周易》讲炼丹术（见图4-11），是魏伯阳《参同契》解易传统的继承和发展。道教徒依《周易》的卦象和汉易中的元气说和五行说，炮制一套世界形成的图式，作为道教的理论基础。

唐易的主流是义理派，主要贡献是对汉魏以来的易学研究成果做了全面总结，使其得到发展和提高，研究者之众多，研究成果之丰富，都超越前人。

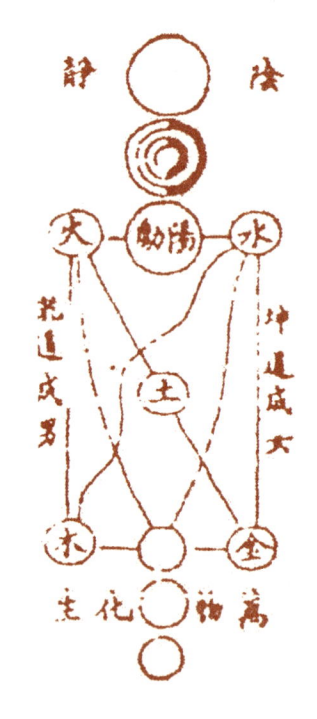

图4-11 上方大洞真元妙经图

第七节 宋代易学

宋代易学是指五代后梁太祖开平元年（907年）至元顺帝至正二十八年（1368年）期间的易学。

宋易的学术特点为：因经以明道，明道以知经，注重探讨《易》的义理；建"图书之学"，将汉易象数学进一步哲理化、数理化。其代表人物有陈抟、周敦颐、李之才、刘牧、邵雍、程颐、张载、朱熹、杨简等。各时期易学发展有所不同。

北宋和南宋易学发展又有不同。

北宋和南宋易学虽均可分为象数（图书）派与义理派两大流派，但北宋偏向于两派之间的相互对立、相互斗争，南宋偏向于两派之间的相互融合、相互影响。

一、象数（图书）派——陈、周、邵、朱、蔡易学

以陈抟为创始人。依朱震的说法，陈抟传于种放，种放之后分为三支，一是传授陈抟的先天图，到邵雍；一是传授河图、洛书，到刘牧；一是传授太极图，到周敦颐（见图4-12）。

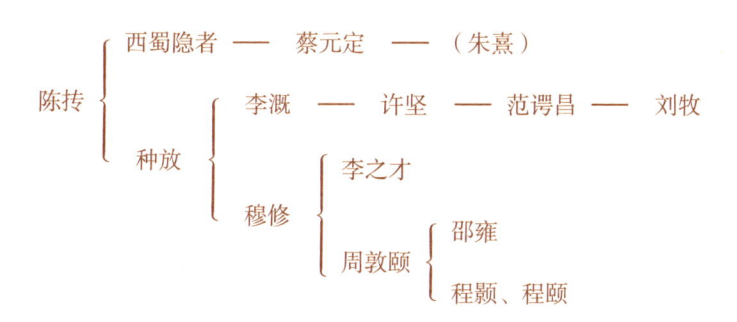

```
       ┌ 西蜀隐者 ── 蔡元定 ──（朱熹）
       │
陈抟 ──┤         ┌ 李溉 ── 许坚 ── 范谔昌 ── 刘牧
       │         │
       └ 种放 ──┤         ┌ 李之才
                 │         │
                 └ 穆修 ──┤         ┌ 邵雍
                           │         │
                           └ 周敦颐 ┤
                                     └ 程颢、程颐
```

图 4-12 宋易（象数派）传承图示

该派的特点是以图书象数解说《周易》原理。

陈抟（871？—989），字图南，自号扶摇子，宋太宗赐号希夷先生，又称华山道士。陈抟是五代宋初著名的道教学者、神仙家，其学对宋代之内丹道及象数易学都有很大影响。

据《宋史·艺文志》易类著录，陈抟有《龙图易》一卷。《宋文鉴》载陈抟有《龙图序》一文。又据宋释志磐《佛祖统纪》载，陈抟曾得麻衣道者《正易心法》，为之注释，但传世的《正易心法注》自朱熹认为系戴师愈伪作之后，人们多以为伪书。陈抟又有《无极图》《太极图》《先天图》流

传，但今皆散佚。陈抟易学主要见于宋元以来学者的引用和研究。

陈抟继承道教以图式说明炼丹过程的传统，以图式代替文字以解释《周易》，用太极图、无极图、龙图讲解阴阳变易之数、乾坤坎离之象（见图4-13）。

"先天太极图"又称"天地自然之图"，用来表示阳极反阴，阴极反阳；南方极阳而生阴，北方极阴而生阳，阴阳周流相抱，阳止阴起，阴止阳起，阴阳彼此消长，不断运动等精义，又表示炼丹的过程，说明炼丹术取法于天地日月之象。

"无极图"说明炼丹是一个自无而有、自有返无的过程。

"龙图"——河图、洛书，载于元代张理《易象图说》的"龙图之变"图，讲的是天地之数的演变过程，经过三次变化成为龙图，其目的在于说明八卦之象起于龙图。龙图易来源于道教解易传统。

北宋中期的刘牧（1011—1077）以讲河图、洛书闻名于世。提出"图九书十"说，称五行生成图（十数图）为洛书，九宫图（九数图）为河图，并对此做了理论解说，认为洛书图（十数图）体现了天地之数中阳奇和阴偶相配合的法则，河图（九数图）体现了八卦的来源，又体现了一年之间阴阳二气消长的过程。

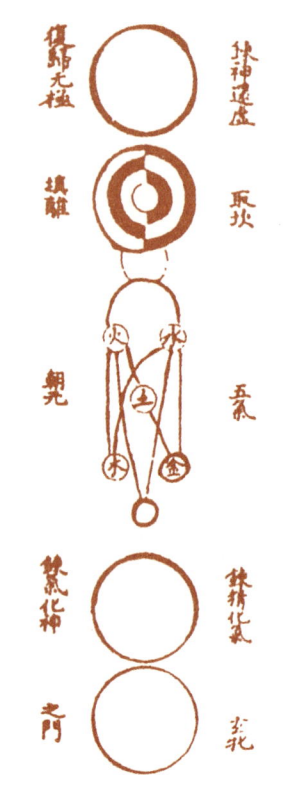

图 4-13　陈抟的先天太极图

刘牧的图书学不再像汉易及陈抟那样以图式讲阴阳灾异、神仙丹术，而是说明《周易》原理，从而使象数哲理化。应该说真正的图书易学从刘牧开始。

李之才（？—1045）提倡卦变说，有变卦反对图和六十四卦相生图，以卦变解说《周易》。

第四章 易学：中华文化的主旋律

周敦颐（1017—1073，见图4-14）传世的易学著作有《太极图说》与《易通》。

《太极图说》由图式与解说两部分组成。其图式大半是以道教的先天太极图为蓝本，参照陈抟的无极图，并受禅宗虚无说的影响而制成。将道家和道教的无极观念引入儒家的解易系统始于周敦颐。以"无极"和"太极"为宇宙万物的本源，认为天地万物的形成演变过程为：无极→太极→阴阳二气→五行之气→万物和人类。为儒家宇宙论提供了一个完整的体系。

图4-14　周敦颐

《易通》又称《通书》，通论易学原理，一方面继承了晋唐易学中义理学派的传统，一方面又抛弃了王弼派的玄学观点，以儒家伦理道德观念为中心，解释《周易》经传，并且与四书，特别是《中庸》的观念相结合。

《太极图说》以图式解易，《易通》以文字解易。《太极图说》儒、释、道三者结合，《易通》则有鲜明的儒家思想特征，因而将周氏归入图书派，严格地说是不甚合理的。

图4-15　邵雍

邵雍（1011—1077，见图4-15），字尧夫，谥康节，著作有《皇极经世书》（分为《观物内篇》《观物外篇》）、《伊川击壤集》等。《皇极经世书》叙述自尧至后周之治乱兴亡史，以卦象推算古往今来的历史命运，创"元会运世"说，其中各种图式，多为邵伯温、蔡元定、朱熹等所补述。

邵雍易学很少解释《周易》经文即卦爻辞，但他注重发挥《周易》之道。他认为《周易》卦爻辞乃文王之易，属于后天之学；他建立了先天易

173

学,把精力放在伏羲氏所画的图式上,认为此图式虽有卦无文,但尽备天地万物之理。

邵雍易学被称为先天学、数学。他的先天八卦、六十四卦次序图,用来解释八卦、六十四卦的形成,具有世界观与宇宙论意义。其中"一分为二"(或"加一倍法""四分法")着眼于一、二、四、八这种数的变化关系,体现了天地万物形成的过程。

邵氏八卦、六十四卦方位图,主要讲方位,同时结合历法知识说明一年之中的季节变化与阴阳消长的过程,试图利用其中的一些图式来说明社会的兴衰治化和世界的终始。

南宋时期深入研究邵氏易学和汉易,使象数学得到发展,从而成为象数学代表人物的是程颐的再传弟子朱震和朱熹的友人蔡元定及其子蔡沈。

朱震(1072—1138),著有《汉上易传》《易图》《易丛说》《进周易表》。其中《易图》共收集至北宋各种图四十余幅,以这些图式解说《易经》,《易丛说》为另一部讲象数学的书。《易图》和《易丛说》对汉以来象数学进行总结和整理,具有重要的史料价值,主张先有象然后有数。将《周易》体例概括为爻变、卦变、互体、五行、纳甲五种。以混而未分的"一"来解释"太极",兼收程颐、张载、邵雍三家之言。

蔡元定(1135—1198),字季通,继承汉宋象数学的传统,对有关河洛图书的问题及邵雍的易学加以阐发。以理为本,主张有理而后有象数,先有数然后有象。认为河洛之数是《周易》象数的来源,河洛之数的演变形成了八卦和六十四卦卦象,而河洛之数又出于自然之理。主要著作有《皇极经世指要》《律吕新书》等。

蔡元定之子蔡沈(1167—1230),继承其父象数之学的传统,将理和数统一起来,并以数解理,进一步发展了此派的河洛之学,将图书学派的象数之学发展到了一个新阶段,从数的领域讨论了《周易》的法则,并从哲学的高度讨论了数的性质及其变化的规律。

其河偶洛奇说,实际上将易学中的"一阴一阳之谓道"归为奇偶二数,以奇偶为中心制造了一个世界模式,以偶数说明对立,以奇数说明转化,将世界的存在和变化归于奇偶二数的相互作用。认为世界的规律是通过数字的法则表现出来的,物质的变化规律可以用数学的方式计算和推测,肯定物质世界的变化存在着量的规定性。

他认为河图主阴阳，洛书主五行。以阴阳五行说，作为自然科学的理论根据，又通过河洛图式，进一步规范化、逻辑化，成为明清以来自然科学家解释数学、天文、地理、音乐、物理、医学等理论的哲学依据。

但他以数解理，将事物的质的规定性还原于量的规定性，见量而不见质，并将量的规定性看成脱离具体事物而存在的抽象的数的观念的化身，则是错误的。

二、义理派——程、张、朱、杨易学

宋代的义理派与王弼黜象数而重义理的学风是一脉相承的，但两者用于解易的义理则不同，王弼以老庄玄学解易，而宋代义理学派则以儒家思想为基本特色的"儒理"来解易，并竭力排斥以老庄玄学来解易理。

从治易学风上看，宋代义理学派有其共同点，但这并不表明他们的易学主张是一致的。事实上，该派中各人所发明的易理是各有不同的。在北宋的义理派易学中，有人偏重于取义，形成了以程颐为代表的理学派易学体系；有的则重于取象，形成了以张载为代表的气学派易学体系。在南宋则有基本立场为义理派而兼收象数派观点的朱熹易学体系；有叶适等人反映功利学派注重实用学风的易学体系；又有陆九渊、杨简等人的心学派易学体系。此外，在宋人义理派易学中还有像苏轼那样"大体近于王弼""又杂以禅"的易学体系。

范仲淹（989—1052）曾作《蒙以养正赋》《穷神知化赋》《乾为金赋》《易兼三材赋》《天道益谦赋》《水火不相入而相资赋》等，认为《周易》主要是讲自然界和人类社会发展变化规律的，人们研究《周易》的目的，在于指导人事，而人事活动的成功，关键就在于把握事物发展变化的时机。对《周易》一书体例的理解，也不取汉易象数派的爻辰、纳甲诸说，而是沿用了王弼的爻位、得中、相应、卦德诸说。范仲淹是宋代义理派易学的早期人物。

李觏（1069—1059），著有《易论》《删定刘牧易图序论》。把《周易》当成讲人伦道德、讲社会政治思想的经典加以研究。总的来看，具有义理

易道主干

派的倾向，但他一方面批判刘牧之学，一方面又深受刘牧象数学的影响。他对卦爻辞的解说一方面继承了王弼以来义理学派的传统，主于取义，同时又抛弃了王弼一派的玄学观点；另一方面又吸取了汉唐以来的卦气说，同时又扬弃了其中数生象的观点，并想要把两者结合起来。他以阴阳二气为核心解释《周易》，开宋易义理派中气学一派的先河。

程颐（1033—1107），字正叔，世称伊川先生，著有《伊川易传》。他继承王弼的易学方法论，通过阐发《周易》的义理，系统地论述了自然哲学、政治哲学、人生哲学，从而构成了一个理学思想体系，此书成为奠定理学基础的经典著作之一。

因象明理，以理解易，是程颐易学的根本方法，认为理与象的关系是体与用、微与显的关系。理寓于象，象包含理；理是易之体，象是理之用；理是至微难见的，而象是有形的、可感知的，所以人们可以观象以明理。

引史入易，以史说理，是程颐易学的又一特点。《伊川易传》中引用许多历史事件、历史人物，目的是从社会政治和伦理思想方面发挥易理，以探求人们如何修养道德和社会治乱兴亡之理。

借助对《易》的注释，程颐构建起以理本论为特征的思想体系，并阐发了《周易》的辩证思想。提出"随时变易以从道"，强调"时"的重要性，认为阴阳卦象和物象变化的法则就是"道"，同时还论述了顺从天理、安于义顺于命、进德修业的人生哲学，提出了"性即理"的人性论。

张载（1020—1077，见图 4-16），字子厚，世称横渠先生，著有《横渠易说》《正蒙》等。他的理学思想体系就是在其易学基础上建立起来的。

认为《周易》决疑惑、定吉凶、测未来的作用并不在于通过占筮而从神灵那里得到的关于吉凶祸福的

图 4-16 张载

预言，而在于卦爻象的变易法则和卦爻辞所讲的变易之理。《周易》蕴藏着关于人事变化的普遍规律。《周易》不取象数说，而吸收王弼的一爻为主说、中位说、当位说、应位说，进而以乾坤卦变说来解释卦爻辞，主张观象以求义。

继承和改造了孔颖达、程颐等人的观点。抛弃孔疏的玄学形式，发挥以阴阳二气解易的传统。在《易说》《正蒙》中提出"气"是宇宙本体的观点，认为气不是神秘的精神本体，而是现实存在的、物质状态的东西。阐明了易学哲学中气与象、形的关系，提出"无形而有象""有理则有象""有气方有象"的命题，反映气一元论的宇宙观。

张载易学还论述了阴阳二气变化运行、生化万物的过程和法则，并以这种法则来解说卦爻象的变化和卦爻辞之义理。张载关于宇宙本体、事物发展变化的动因以及认识论的一些认识，表现了唯物论的基本倾向和朴素的辩证观。对易学哲学、宋明哲学的发展，均具有重要意义。

朱熹（1130—1200，见图4-17），字元晦，晚年号晦翁、沧州病叟，易学著作有：《周易本义》（见图4-18）《易学启蒙》（与蔡元

图4-17 朱熹

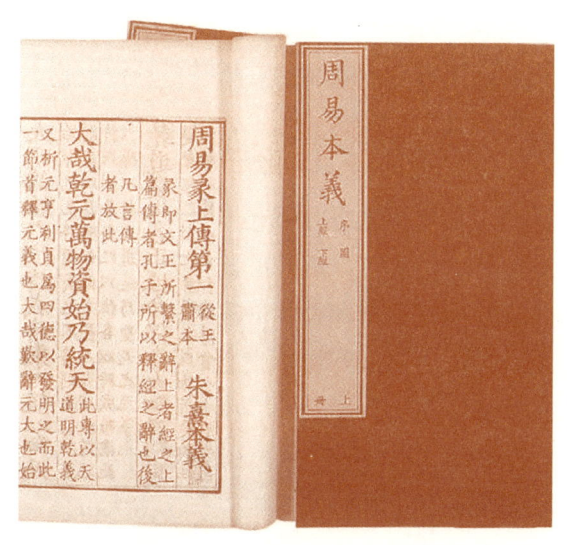

图4-18 《周易本义》书影

易道主干

定合著），以及《太极图说解》《通书解》《朱子语类》（卷六十八至七十七）。

对《周易》的性质，朱熹强调经和传的区别，认为易本卜筮之书。伏羲画卦、文王重卦与作卦辞、周公作爻辞，都只为占筮设。自孔子作十翼才说到义理上，才因阴阳消长说出个进退存亡的道理来。提出"易只是个空底物事"，一方面对易的卜筮作用给予较合理的解释，认为《周易》具有预知与决疑的作用，并不在于蓍卦有灵，而在于其卦爻象和卦爻辞中贮藏着具有普遍适用于一类事物的抽象道理；另一方面朱熹将易视为"空底物事"，主张稽实待虚、以静制动、执古御今，以卦爻象和卦爻辞为表现一类事物之理的形式，将《周易》一书的内容更加抽象化和公式化。

在程颐理本论易学哲学基础上，吸收了周敦颐、邵雍、张载及朱震的观点，丰富发展了理本论体系，认为太极（理）借助于气（阴阳）的动静变化产生了世界。通过太极生两仪、两仪生四象、四象生八卦……的无限序列，来说明自然和社会的联系与变化及宇宙和社会的生成形式。而这个无限的序列，遵循着对待交易，即"一分为二"的规律。把"理"看成宇宙天地万物的本原和总则，认为它是不依赖于任何事物而独立存在的，超然于天地万物的成毁之处、无始无终、永恒存在的，而阴阳五行和万物化生都是理自身的展开，都是理的显现。

朱熹重义理而不废象数，以程氏易学为骨干，融各家之所长，集理学之大成，将易学哲学中宇宙生成论体系转变为理本论体系，以二气变化法则解释宇宙变化规律，对儒家哲学做出重大贡献，成为其后历代官方易学的代表。

杨万里（1127—1206），字诚斋，著有《诚斋易传》，认为《周易》是讲人事变化规律之书，研究《周易》的目的在于明人事得失、社会治乱变化的规律。引史传以解《易》经传，引用历史上统治者之德行与政治得失的事例说明进退、存亡、治乱之理。认为太极为阴阳未分之气，即一气（自然物质）为宇宙万物生成的本原，否认了周敦颐以无极之虚无为世界本原的观点。

杨简（1141—1226），世称慈湖先生，著有《杨氏易传》《己易》，发展了程颢和陆九渊的易学观点，认为人心即易之道。利用《周易》的词句发挥自己的心学观点，以不起意念为道心，把《周易》说成一部心学的修养经。提出了"卦爻名殊而道一"和"天人一体""三才一体"说。他不赞成区分事物的差别与对立关系，追求无差别的境界，即以心为事物的本原，把卦爻象和事物的差别归结为是人心的产物。

叶适（1150—1223），世称水心先生，为事功学派易学代表，提出道不离器的观点，主张《易》为载道之器，其作用在于治世，认为卦画起源于"一"（阳奇）。他主张阳而不阴为道，强调刚阳，否定柔阴，主取象说，以为义出于象，以为有象而后有理，在物象与义理的关系上，将物象视为第一位的东西。

元代易学是对宋代易学的继承，元人研究《周易》的方法和内容基本不出宋人的范围。由于程朱理学地位的确立，元儒说易多以程朱为宗，且更为尊朱。元儒吴澄、胡一桂等发展了朱熹义理与象数合流的倾向。张理、钱义方等以图书说易，俞琰以道教说易，注重图书学的渊源和传授系统。

第八节　明清易学

指明太祖洪武元年（1368年）至清溥仪宣统三年（1911）期间的易学。

此间易学可分为两个阶段：一是宋易阶段，由明初至清初；二是汉易阶段，由清中叶至清末。

明清时期的"宋易"，包括由宋代承袭下来的义理易学和象数易学，不追求文字训诂，不停留在图书象数上，而是因经以明道，借《易》阐发义理。

明清时期的"汉易"，可称为考据易或朴学易，不同于汉代象数易学，而是指用文献学、考据学方法治易，排斥迷信，提倡实事求是。

易道主干

一、义理派宋易——王、李易学

明代为经学衰微时期，此间易学著作大多内容空疏，缺乏新意，继承宋代理学之余绪。

最有影响的当推《周易大全》，为胡广、杨荣、金幼孜等四十二人奉敕撰修《五经大全》中的第一部，依据程颐《伊川易传》、朱熹《周易本义》，杂采董楷《周易传义附录》、董真卿《周易会通》、胡一桂《周易本义附录纂疏》、胡炳文《周易本义通释》等汇集而成，吸取理学易的成果，反映了明初统治者以理学统摄人们思想的用心。

崔铣的《读易余言》，以程《传》为主而兼采王弼、吴澄的观点，与朱熹《周易本义》有所不同，舍象数而阐义理。

蔡清《易经蒙引》以发明《周易本义》为旨，所论又不全从《周易本义》，多有改造。

李贽（1527—1602），著有《九正易因》（原名《易因》），卷首有《序》《读易要语》，正文部分按六十四卦顺序分别解说，每卦首列卦象、卦辞、彖辞、爻辞、小象辞、大象辞。正义之后为对经传的综合解说，再后为附录，收入从先秦到明代有关《周易》研究的成果。此书对《周易》哲理进行探讨，肯定天体的物质性，"天者，万物之一物"，认为自然变化是物质运动的结果（"苟非统以乾元，又安能行之施雨，使品物流通、形著而若是亨乎？"），万事万物都像"乾"一样具有变化的配制和运动的规律（"一物各具一乾元""万物统体一乾元"）。借说《易》阐发了他的人人平等、人人皆圣的平等观念与民主思想。

唐鹤征（1537—1619），著有《周易象义》，主张以象明理，认为治易必须象与理，象与爻合；上下卦宜分开看；一卦必有主爻；互卦最有关系；倒体亦有关系；每卦各有大意。认为"气"不仅是万物始原，而且是万物存在的普通形式。事物处在永恒变化之中，事物的变化有一个由渐到积的发展过程，对立面之间会互相转化。

明末清初，学术上各家争鸣，此间义理派易学代表人物为王夫之和李光地。

王夫之（1619—1692，见图4-19），世称船山先生，有《周易稗疏》

《周易考异》《周易外传》《周易大象解》《张子正蒙注》《周易内传》《周易内传发例》等。借《易》学构建了其庞大的哲学体系。

早期的易著,为读《易》时对疑义的考辨之作。不信陈抟之学,也不信京房之术,对于先天诸图、纬书杂说极力排斥,同时也不空谈玄理,不符合老庄之旨。

图 4-19 王夫之

后期易著代表了其深邃的易学思想。他在《周易内传发例》中说:"以乾坤并建为宗,错综合一为象;彖爻一致、四圣同揆为释;占学一理、得失吉凶一道为义;占义不占利,劝诫君子,不渎告小人为用;畏文、周、孔子之正训,辟京房、陈抟、日者、黄冠之说为防。"

"宗"为其核心,"象""释""义""用""防"为其烘托。

"乾坤并建",有三层含义:乾坤进无先后,权无主辅,阳者不多,阴者不寡,相并俱生,互依为体;《周易》六十四卦、三百八十四爻,每爻每卦中皆有阴阳,皆有乾坤,皆有太极;《周易》六十四卦都是并建的乾坤的自身展开,即"太极有易"。"乾坤并建"包含"一种思想上的民主精神",反映了其哲学本体论思想。

王夫之主义理,但不完全否定象数,主张以"错综合一"之"象"来说明"乾坤并建"之理,把错综看作乾坤并建的展开过程。由相错之象引申出向背、同异、赢诎、消长等一系列概念,说明整个物质世界的客观性以及事物之间的相互联系,说明阴阳消长之理以及由此产生矛盾的均衡与不均衡状态。王夫之将《周易》六十四卦构建成一个庞大的错综复杂、化生万物的结构体系。其根源又为乾坤并建所固有,离不开乾坤变化的大宗。

王夫之易学,并非就《周易》而论《周易》,而是借《周易》而体天人之理,从而营造出自己庞大、精深的哲学体系。王夫之易学是义理派易学

易道主干

哲学的高峰，掀起了明清时期宋易义理研究的最后一次高潮。

李光地（1642—1718，见图4-20），著有《周易通论》《周易观象大旨》《周易观彖》《彖象拾遗》，并奉敕主编《周易折中》。推崇程朱，但重实用，尽力使易学服务于封建统治，表现出以易学致用、以性理学解《易》的明显特点。

李氏在《周易通论》中以程朱易学为本源，以宋学为易宗。认为宋以来作《易》者以理教人，还论说了卦爻象彖之时、位、得、应和河图、洛书，以及占筮挂扐，互变互环，条析其意，推明其由。强调复、无妄、离、中孚四卦以消息盈虚观天道而修人事，为圣贤之学。

图4-20　李光地

《周易观彖》发明易理，证以易象，从卦象来解释彖辞。以程、朱为宗，又有汉人训诂遗风。

李光地主持编纂的《周易折中》为清代最有影响的义理派易著。此书为康熙皇帝不满于《周易大全》的繁杂、以平息宋易义理派与象数派的论争而命李光地主修。企图"兼收众采，不病异同""数百年分朋立异之见，至是而尽融"。集历代各家各派易学之大成，认为"历代诸儒叙述源流、讲论指趣，其说皆不可废"。在宋易诸说中以程、朱（尤其是朱熹《周易本义》）为折中。此书《纲领》总论《易》之源流、《易》道精蕴、经传义例、读易之法，收集朱熹、程颐以及周敦颐、邵雍、张载的易学，还收集司马迁、班固、王弼、王通、孔颖达、蔡元定、许衡、胡一桂、吴澄、薛瑄、蔡沈、王应麟等人的易说。

《周易折中》解易，在经传后首列朱熹《周易本义》，次列程颐《易传》，然后立"集说"，兼收汉、晋、唐、宋、元、明其余诸家有益之说。对各家易说的取舍以朱熹易学为标准。以言义理为主，否定焦赣、京房的象数易学，对汉易及宋图书学中穿凿附会之辞、支离曼衍之说，基本不取，但对邵雍所发明的易卦图数，则效法朱熹加以推崇、吸收。

《周易折中》标志着宋易的高峰和终结。明清由宋易占主导地位的局面，自此逐渐转为汉易略占上风。

该派在明末清初稍有影响的易著还有孙奇逢的《读易大全》、刁包的《易酌》、陈梦雷的《周易浅述》。

清代乾隆年间，朴学大兴，义理消退，官方易学有了转变。傅恒等人奉乾隆帝之敕撰修的《周易述义》表现了这一特点。

《周易述义》的目的是"于宋易、汉易，酌取其平，探义文之奥蕴，以决王郑之是非"，使"千古易学，可自此更无异议"。如果说《折中》是以义理宋易折中诸家，那么《述义》却是将汉宋易学糅合掺杂到一起。《述义》较之《折中》实为一大倒退。

《周易述义》标志着宋易的衰退，从某种意义上说，也标志着朴学汉易的兴起。

清中叶及清末义理派宋易较有影响者有程廷祚的《程氏易通》《大易择言》，王心敬的《丰川易说》，边廷英的《周易通义》，吴汝纶的《易说》，马其昶的《易费氏学》《易例举要》等。多为宋易之余绪，无太多贡献。

二、象数派易学——来、方易学

明清象数派宋易著作众多，但附会、抄袭者多，发明、创新者少。大多在图书术数上拾宋代象数派余绪。有创见、有新意、有较高理论思想水平和影响较大者主要是明代来知德与清代方以智。

来知德（1525—1604），字矣鲜，号瞿塘，著有《周易集注》（见图4-21），创错综说以解《易》。以阴阳相对、卦画相反为"错"；以上下反覆、卦象颠倒为"综"。认为卦象"错"，反映了阴阳对立；卦象相"综"，反映阴阳二气上下流行。"错综"是自然界和人类社会的普遍规律。认为伏羲之卦主于错，文王之卦主于综。

易道主干

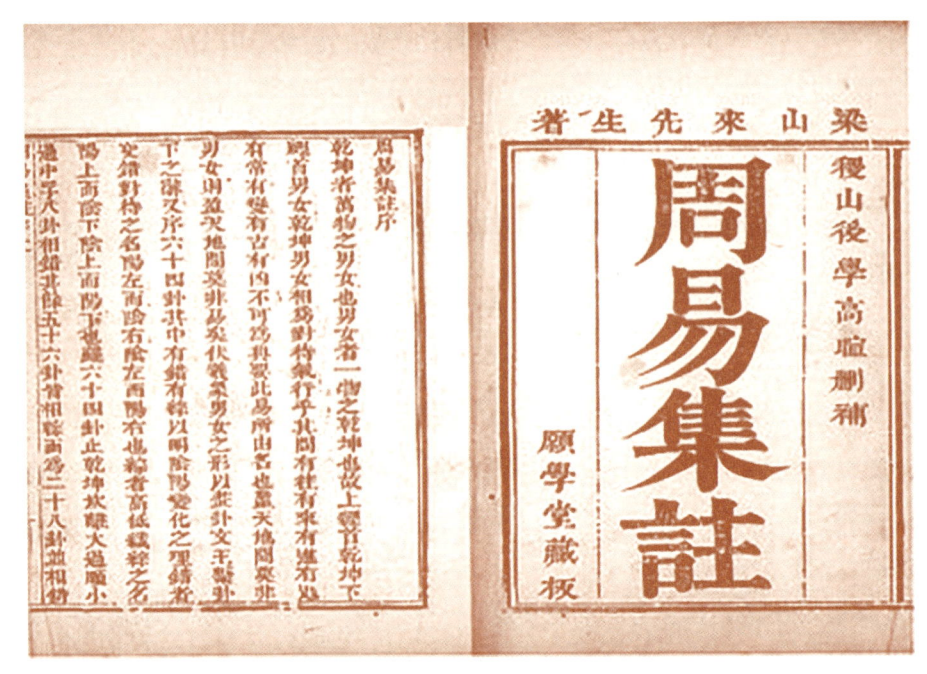

图 4-21 《周易集注》书影

　　来知德还提出了爻变说。爻变指爻由阳变阴，或由阴变阳，一个卦只要有一爻发生变化，整个卦的卦名、卦象、错综关系等都会发生变化。

　　来氏创造了错卦之象、综卦之象、爻卦之象的解《易》法。这种从《周易》六十四卦复杂关系中归纳分析得出的卦象，对揭示六十四卦排列顺序及其卦体之间的变化关系，具有较大的启发意义，可以锻炼人们从相反、相对、相关等不同角度进行思维，对后世产生深远影响。

　　明代李开先的《周易辨疑》、清代吴隆元的《易宫》、朱如日的《大易理数观察》、匡文昱的《周易遵翼约编》、唐守诚的《周易新解》、陈本淦的《易艺举隅》、张步骞的《易解经传证》等，基本上都是本之于来知德易学，而无多少创新。

　　黄道周（1585—1646），著《易本系》《三易洞玑》《易象正》，强调以"实测"治易，将天文、历算、数学等归入《易》学，试图依据《周易》中的卦象和数学推导出历代治乱的情况和社会伦理的关系。

　　方以智（1611—1671，见图 4-22）为明清之际卓越的思想家、科学家，著有《易余》《周易时论合编》（其父方孔炤著《周易时论》）《学易论宗》《东西均》《物理小识》《阳符中衍》《通雅》等。

方氏易学具有从义理转向象数的倾向。他不仅把其象数理论与某些"类流小术"划分了界限，批判了"支离附会、未核其真"的穿凿之说，而且对京、邵之学也有所折中扬弃。将太极、自然、理、心，或形上或形下，都看成同一系列范畴，认为象数的实质是作为本体的心、理、自然、太极的外化，象数同这些范畴是现象和本质的关系。客观世界可以用象数来反映。

图 4-22 方以智

方氏创造了与其他象数学家不同的以数解易法。借用"一、二、三、四、五"这五个数字来论证其"圆"的哲学模式。一交二即为三（参），三亦称"中"。二旋三（中）便为四（东西南北四方），四方环中之中，又称为"中五"。以此数解释卦象之位，提出"公因反因"（即"一在二中，三即一"）的思想。

方以智创造了独具特色的象数易学，对易学做出了贡献，同时也标志着象数派宋易的完结。其后象数派宋易著作虽然很多，但均缺乏新意，无甚建树。

三、朴学派汉易——毛、惠、张、焦易学

朴学派汉易是清代易学的主流和代表。

清初学术特点为汉宋兼采，实则是宋学遭批判，汉学渐兴起。易学上，义理派宋易学者开始对象数派宋易进行批判，由宋学易逐渐向汉学易过渡。此间代表为顾炎武、黄宗羲。

顾炎武（1613—168年，见图 4-23），晚年曾与好友讲《易》三月有余，著《易解》《易言》，另在《日知录》及其他文集、书信中汇集其易学研究成果。尽管顾氏重考据、主训诂，但其易学思想基本属于义理派宋易，反对

易道主干

汉易象数派的穿凿附会，推崇程朱易学。同时又批判宋易图书学，而以考据学治《易》，因而对清代朴学派汉易的兴起具有开创之功。

黄宗羲（1610—1695，见图4-24），主要易著为《易学象数论》，内篇主要言象，论河图洛书、先天卦位、纳甲、纳音、月建、卦气、卦变、互卦、筮法、占法，再附以所作《原象》；外篇主要言数，论太玄、乾凿度、元包、潜虚、皇极数，以及六壬、太乙、遁甲。对象数学第一次做了全面的总结批判，对从汉至明历代象数学的主要著作进行考证、订讹、辨伪，对象数系统做了清理。表现了其义理派宋易的学术特点，对以后朴学派汉易发展有深刻影响。

黄宗炎（1616—1686），黄宗羲之弟，著《周易象辞》《周易寻门余论》《图书辨惑》。进一步对象数学、图书学进行系统分析批判，否定了太极图为周敦颐所作，揭开了周氏把方士修炼的《太极先天图》改变成论述天地宇宙生成的《太极图》的秘密，对象数派宋易以沉重打击，为朴学易的兴起奠定了基础。

真正提倡朴学、考据学的是毛奇龄（1623—1716），著有《仲氏易》《推易始末》《春秋占筮书》《易小贴》《易韵》《河图洛书原舛编》《太极图说遗议》等。其言易发明荀、虞、干、侯诸家，旁及卦变、卦综之法，辩证图书，攻击宋易。在引据古人的基础上提出易兼五义：交易、变易、反易、对易、移易。鄙视宋学，考证出《太极图》从道教传出，指责宋代理学家是"以道学变作宋学"。对河图、洛书进行考辨，认为河图即郑玄所注大衍之数。

如果说顾炎武、王夫之、黄宗羲易学只是对象数派宋易进行批判，仍

图4-23　顾炎武

图4-24　黄宗羲

第四章 易学：中华文化的主旋律

属于义理派宋易的话，那么毛奇龄则彻底否定包括象数派和义理派在内的整个宋易，从而成了清代考据学、朴学派汉易的开创者。

胡渭（1633—1714），著有《易图明辨》，为清初以来易图辨伪之集大成者，其采集之博、论难之正，颇为世人叹服。认为伏羲作《易》之本不专在图书，列图书于《易》前的是朱熹《本义》。从河图洛书入手，对图书象数学进行系统清算。认为毛奇龄将河图称为天地生成图或五行生成图是可以的，但称为大衍图则断断不可，既纠正了毛氏名例之误，又由宋人之伪直追汉人之误。对洛书，胡氏认为它源于汉代九宫图，即明堂九宫图。对伏羲八卦次序图，胡渭认为它不符合易理。《说卦》"天地定位"章与八方之位无涉。对后天之学，胡渭认为二图非古人所传，也是邵雍所作。胡氏还指出了朱熹卦变说的错误，表明他是一个否定象数的义理派易学家，他在说理方法上也表现出明显的考据学、朴学的学风。

惠栋（1691—1738，见图4-25），是吴派经学的奠基人，朴学派汉易的代表人物。自他以后，朴学派汉易取代了宋易，并成为乾隆以后清代易学的主流。

惠栋著有《周易述》《易汉学》《易例》《周易本义辩证》《新本郑氏周易》《易大义》等。治易主于虞翻，以讲述虞氏易为主，参考郑玄、荀爽、干宝诸家《易》说，约其旨为注，演其说为疏。根据汉易以发明《易》之本例，汇集汉代易学，发挥汉易之理，以辩证河图、洛书、先天、太极之学。贬宋复汉，在搜辑钩稽汉人易说上做出了贡献。

图4-25 惠栋

惠氏不分今古文经学派，古今兼收，以汉为古，汉以后为今，其中不免互相抵触，家法混乱。

惠栋以《易》为"天学"，天地万物发生、发展即《易》的发生、发展；万物的发展是宇宙实体，而《易》是宇宙实体的表征。企图沟通《易》与《春秋》之间的联系，追求"天人之学"，更结合《中庸》以发挥"前圣""后圣"赞天地化育事。反对"先天""无极"，否定河图、洛书，但又援道入《易》，以《参同契》解《易》，并杂引《阴符经》《抱朴子》《灵宝经》讲《易》。说《易》多纤巧、不通，牵强附会，这是汉代今文学派的正统，是阴阳灾异说的变种，也是他对"天人之学"的理解。

惠栋在易学理论上缺少创造发明，但有存古之功。他是清代朴学派汉易的主要代表，也标志着易学研究已走上一条狭窄的道路。文字考据虽有发明，理论思维却趋滑坡。

张惠言（1761—1802），易著有《周易虞氏义》《周易虞氏消息》《虞氏易候》《虞氏易言》《虞氏易礼》《虞氏易事》《虞氏易变表》《虞氏郑氏义》《周易荀氏九家义》《周易郑荀义》《易义别录》《易纬略义》《易图条辨》《读易札记》。对前人易说的搜集辑录较惠栋更为全面、清楚。在家法上较惠栋更为明了，把虞翻一家易学发挥尽致，别家作为附庸，分别搜择，不相杂厕。

焦循（1763—1820），易著有《易通释》《易章句》《易图略》等，称为《雕菰楼易学三书》。他采用实测、天元术以及转注、假借等方法解《易》，认为《周易》六十四卦、三百八十四爻是运动的，这一运动正如天体的运动一样，可以由实测找到它的规律。天元术——代数方程中正负相消即是《易》之"齐同"术。运用六书中转注、假借去考释经文。发明"旁通""相错""时行"三条易例，并依此条例对《周易》卦象、卦爻辞做了全面解释，对象数派进行了批判。焦氏属于朴学易中的象数创新派，与朴学派汉易中其他人相比，焦氏颇有创新、发明精神。

乾嘉时期，朴学派汉易较有影响的易著还有孙星衍的《周易集解》、王引之《经义述闻》中有关《周易》部分、阮元《周易校勘记》以及纪昀、陆锡熊等奉敕纂修的《四库全书总目·易类》。

乾嘉以后，出现今文学派。此派虽对《易》没有很深的研究，但他们富有怀疑精神，提出了一些反传统的易学观点，如姚际恒《易传通论》、崔述《文武周公通考》等，对后世有一定影响。

道光以后，随着朴学研究日益狭窄和新学的兴起，朴学派汉易走向衰退，出现了姚配中的《周易姚氏学》、方申的《易学五书》、吴翊寅的《易汉学考》、俞樾的《易贯》等易著，大多没有什么价值。

第四章　易学：中华文化的主旋律

第九节　现代易学

指清亡（1911年）至今的易学。

现代易学从科学角度全方位研究《周易》义理、象数及占筮，评价其在文、史、哲、理等方面的历史地位和作用，流派纷呈，著作甚众。

20世纪20—30年代，学术界开展了关于《周易》作者和成书年代问题的大讨论，由属于"新史学"的古史辨派诸学者发动，意在否定汉人的传统说法。认为《易经》非伏羲、文王作，《易传》非孔子作。主要人物有顾颉刚、李镜池、郭沫若、钱玄同、余永梁等，从而掀起了现代易学的第一个高潮。

20世纪60年代初，大陆学术界开展了《周易》成书年代、性质与哲学思想的讨论，主要人物有冯友兰、李景春、高亨、金景芳、苏渊雷等。

20世纪70年代末，尤其是20世纪80年代中期，国内出现了一股至今仍方兴未艾的"周易热"。在考据、义理、象数研究等方面取得了不少可喜的成果。同时大陆学术界受海外和港台"科学易"的影响，也开始关注《周易》与自然科学的相关研究，提出了不少新颖的观点。

这一时期流派纷呈，有义理派、象数派、考据派、科学派等，还出现了融合各派的倾向。

一、义理——哲学派

现代易学主张义理者已从传统儒家哲学向现代哲学发展。

朱谦之《周易哲学》（1926年）最早将西方哲学融入易理，以"宇宙观""人生观""伦理学""知识论"说《易》，大讲"宇宙生命——真情之流"。

189

易道主干

郭沫若（见图 4-26）在 20 年代末最早用历史唯物主义和辩证唯物主义观点探讨《周易》。他在《周易时代的社会生活》一文中指出，《周易》时代是由畜牧转化到农业的时代。由母系氏族向父系氏族推移，并约略具备了国家的雏形。他认为，《易经》的观念其根本是阴阳两性的对立，万事万物都是由这样的对立而成，宇宙充满了矛盾。这些矛盾是相反相成的，遵循"小往大来，大往小来，无平不陂，无往不复"的规律，并产生变化。宇宙是变化的、运动的，所以统名曰"易"。这就是《周易》作者的辩证的宇宙观，虽然很幼稚，但很合乎正轨。从自然观转到实践问题上，《周易》就走向了折中主义、机会主义、改良主义。在《周易之制作时代》里，作者提出了"八卦是既成文字的诱导物"《易》之作者当是馯臂子弓"《易传》多出自荀门""孔子与《易》并无关系"等一系列新说。

图 4-26　郭沫若

金景芳（见图 4-27）于 20 世纪 30 年代末期写了《易通》一书，50 年代发表了《易论》《说易》《关于周易作者问题》等论

图 4-27　金景芳

文，80 年代他又连续出版了《学易四种》《周易讲座》《周易全解》等易学著作。其易学观点为：《周易》卜筮是外壳，哲学才是它的本质；《周易》已反映了辩证法的三大基本规律；《易经》与《易传》密不可分，两者思想一致；《易传》基本上是孔子所作。象数派应当批判，义理派应当继承。

第四章 易学：中华文化的主旋律

李景春在60年代初分别出版了《周易哲学及其辩证法因素》和其续作，在大陆学术界引起了一场关于"周易研究方法论"的讨论。他认为，八卦为八种物质实体。《周易》具有朴素的、原始的唯物主义性质。《易经》试图对事物发展的规律性进行探讨，具有自发的朴素辩证法的因素。《易传》对《易经》的辩证法因素做了一定的发挥和引申。

20世纪80年代以后，张立文《周易思想研究》、宋祚胤《周易新论》、徐志锐《周易大传新注》、朱伯崑《易学哲学史》、黄寿祺和张善文《周易译注》等著作，在《周易》哲学思想的研究方面进行了各自的探索，取得了较好的成绩，其中朱伯崑《易学哲学史》为此间哲学派易学最高代表作。

新儒家宗师熊十力（见图4-28）从20年代初撰《新唯识论》到60年代初作《乾坤衍》，可以说走了一条"会通儒佛，归宗于《易》"的道路，认为《周易》体现了先秦儒家的理性精神，是最堪代表儒家传统的典籍。其《易》学思想的精华主要有："体用不二"的宇宙观，"翕辟成变"的变化观，"日新不已"的发展观，"变必有对"的矛盾观。

港台新儒家方东美认为，《周易》首先是以生命为中心的哲学体系，其次是以价值为中心的哲学体系。《周易》代表儒家学说的精神，即"时间人"（Time man）精神。

图4-28 熊十力

高怀民认为，《易经》哲学的思想体系，从思想进展的程序上说，是一个一往一返的圆道。"太极"为一大流行的作用，绝对无待；与万物为一，万物的变化即是它自身作用的呈现；此一大流行作用为圆道之周流；生化万物是它的自然之性。

程石泉认为，《易》是华夏民族最早表达智慧的一本书，影响儒家、道家之哲学思想者甚巨。《易》为最精粹之民族智慧，其观察、内省、类情、会通功夫，是中国哲学思维的特征，为后世人文主义之滥觞。

易道主干

二、象数——科学派

现代易学象数派的早期代表是杭辛斋和尚秉和。

杭辛斋（1869—1924）易著主要有《学易笔谈初集》《学易笔谈二集》《读易杂识》《易楔》《愚一录易说订》《易数偶得》《沈氏改正揲蓍法》等。他重视象数，认为孔子微言大义"卦因数缘，数缘象起，象由心生"。认为道家祖黄老，渊源悉出于《易》，其七返九还、六归八居、度数与卦象悉合无论。认为《易》如大明镜，无论以何物映之，莫不适如其本来之象。故其治《易》，综合古往今来之易学，象数、占筮、术数、义理、卦气、图书、史事……几乎无所不包。进而论及哲学、文学、史学、天文、地理、科学，对象数术数学（卦气、纳甲、纳音、飞伏、爻象、上下、往来、九宫八卦、爻位承乘、易学数理、河图洛书、太极图、先后天八卦等）多有发明，可谓传统象数学的总结和现代象数学的开端。

尚秉和（1870—1950）易著有《焦氏易林注》《焦氏易诂》《周易尚氏学》《周易古筮考》《左传国语易象释》《易说评议》《学易偶得录》《周易导略论》《时训考》《卦令考》《太玄筮法正误》等，其易学贡献主要在于将易学象数学运用于占筮预测，并发明很多佚象，解决了旧所不解的易象问题。他继承象数学的传统，重在以象释《易》，认为《易》辞皆观象而系。其取象除依据《易传》外，又从《左传》《国语》《逸周书》特别是《易林》中研寻出许多人们久已不谈的佚象，并提出了覆象、半象等说法，用以解释《周易》。治易最重《焦氏易林》，通过对《焦氏易林》的多年研究，发现了《易林》中久已失传且与《周易》有关的内外卦象、互象、对象、正反象、半象、大象等凡一百二十余象的应用规律。

现代易学进入20世纪30年代出现了以易学解释科学、以科学解释易学的倾向，进入20世纪80年代又掀起高潮。因该派主要依据卦象、筮数、太极图、河图、洛书，以象数易为基础来研究科学，因此我将其纳入象数易流派。早期代表人物主要有薛学潜、沈仲涛、丁超五等。

薛学潜易著主要有《易与物质波量子力学》（1937年）及《超相对论》（初版于20世纪40年代初，1964年重版于台湾，并改名为《易经数理新解》），他不仅以现代自然科学比附于《易》，而且借易理阐发其新创之科学思想。按易卦方阵演变规律，推而列之，引爱因斯坦相对论、狄拉克方阵算学、希鲁汀格及达尔文各方程式，证明易方阵精微广大，凡物质波、量子力学诸定律，都能与易方阵定律契合无间。详细介绍它的"超相对论"，认为爱因斯坦相对论将空间三度与时间一度相融合而以时间为第四度；《易》则有五度，即空间为三度，时间为第四度，电与质为第五度。一切物理学之定律与公式，都基于五度之义而立，这就是"超相对论"。提出"吾愿今之学者治《易》求诸物理，而治物理者求诸八卦"。薛氏易著对后来的科学易派影响重大。

沈仲涛著有《易经之符号》(1934年)及《易卦与代数之定律》，认为每一卦都是代数和几何公式，并介绍卦在物理学、逻辑学和天文学上的精妙应用，认为卦中所蕴含的宇宙变化，相应地使人们进入光和热、重力和吸力的世界，通过卦可以了解天气和潮汐的关系。

丁超五著有《科学的易》(1941年)及《易理新诠》(1944年)，认为"易图乃流传于宇宙间科学之最古纪念物"。易卦非神秘之物，易道是建立在科学之上的。

早期科学易专著还有王弼卿的《周易与现代数学》等。

20世纪60年代以后，港台科学易专著主要有王寒生的《宇宙最高原理太极图》《易经浅注》(1960年)、江公正的《易经的科学体系》(1966年)、黎凯旋的《易数浅说》(1975年)、黄本英的《易经科学》(1980年)、沈宜甲的《科学无玄的周易》(中译本1984年)等。

20世纪七八十年代，由陈立夫主编的《易学应用之研究》(共三辑，台湾中华书局刊行)收集了科学易专著，主要有郑衍通的《易与天文、历数》、黎凯旋的《易与数理》《六十四卦立体方》、黄亮和俞梅隐的《易与医道》、高志恩的《易与电学》、萧冬然的《易与物理》、陈照的《易与医学》、王师复的《易经的全般系统理论》、周南的《周易与辩证逻辑》等。

20世纪80年代，大陆掀起"科学易"热，发表、出版了一批有关易学研究的论文和专著。专著如董光璧的《易图的数学结构》、江国梁的《周易原理与古代科技》、郭扬的《易经求正解》等。论文如潘雨廷的《科学易》、朱灿生的《太极（阴阳）——科学的灯塔》、赵定理的《周易与现代科学》、傅正懿的《太极图——S曲线——突变理论》、尹焕森的《周易是一部抽象计算机)、萧景霖的《中国〈易经〉与遗传密码周期律》、陈启智的《易图与自然科学》、赵庄愚的《论易数与古天文历法学》等。

"周易与自然科学""周易与中医"等专题国际会议已召开数届，并有《周易与现代自然科学》《易医文化与应用》等论文集出版。

这些论文和专著从天文学、地球科学、数学、物理学、化学、生物、计算机、医学等不同学科、不同角度探讨了《周易》与自然科学的关系。在天文学、物理学方面，1930年前后在法国留学的刘子华，其博士论文就运用八卦宇宙论来研究太阳系九大行星的相互关系。用卦理推定第十颗行星（命名为"木王星"）的可能存在和"太极"为太阳系的绝对中心。朱灿生认为，月亮相对运动六十四卦点是量子化规律。赵定理认为，阴阳学说是古历算的时空，是非惯性系统相对时空，是比牛顿、爱因斯坦特殊相对论的时空更普遍、更高明的时空。

在生物学、化学方面，受法国学者M.申伯格将64个生物遗传密码与六十四卦相对应（1973年）的影响，中国学者纷纷继续做这种比附。沈宜甲认为，决定生命过程的遗传密码有64种，而每一种遗传密码均由三个核糖核酸构成，这与《周易》三爻组成一个经卦，八个经卦相重而产生六十四别卦完全相同。萧景霖发现伏羲六十四卦方位图编制的遗传密码表，具有多层次的周期变化规律。潘雨廷从氢键数出发，制出六十四遗传密码与六十四卦数对应表。许多研究者认为，八卦排列可比拟化学元素周期表。郑军认为，常用周期表展现的是元素演化规律的二维图像，而太极太玄结构展现的是演化规律的三维图像。

以上认识应当看成《周易》象数哲学方法论的科学运用和主观认同，既不是现代科学本身，也不是《易经》时代的科学。应该看到一些观点实有牵强附会之嫌，不仅与"易学"无益，而且与科学有害。拙著《易符与易图》对此进行了分析和评说。

三、考据——考古派

该派早期以文献考据为主，后期以考古为主。

早期文献考据派代表人物为顾颉刚、李镜池、高亨、屈万里等，他们

第四章 易学：中华文化的主旋律

继承了清代朴学易，特别是乾嘉考据学的学风，但同时又深受"新史学"，特别是疑古派的影响，从书面文献角度，对《周易》史料、文字进行考据、训诂。

顾颉刚（1893—1980）为"古史学派"代表。论易专文有《周易卦爻辞中的故事》《论〈易·系辞传〉中观象制器的故事》等。他认为《周易》乃卜筮之作，而非伏羲、神农所传之圣经。通过考辨认为《易传》并非孔子所作，并从卦、爻辞所载故事来推定《周易》的著作年代，认为卦、爻辞的大部分材料来源于西周之前，著作人为当时掌卜筮之官，著作地点在西周的都邑中，编纂的时期当在西周初叶。又抨击河洛，他在《三皇考·河图洛书的倒坠》中，彻底宣判了《河图》《洛书》的死刑，企图以此来结束这场持续九百年之久的河洛之争。

李镜池（1902—1975），易著有《周易通义》《周易探源》。从卦爻辞中筮占贞问等字，考证《易》是卜筮之书；从卦、爻辞的著作体例以及其中的格言与诗歌式的句子，考证出《周易》是编纂而成的；从《易》辞中所表现的时地性及"文王演《易》"传说的时地背景，考证出《周易》是周民族的占书；从《易》辞中所表现的时代性及所叙的历史故事，考证出《周易》的编纂年代约在西周末年（早年认为作于西周初叶）。经多方考证认为卦名和卦爻辞之间会有关联，卦爻辞与甲骨卜辞同类，《易传》不是孔子所作，《易传》作于秦汉间。李氏对《周易》进行了先训字、后通义的注释，为世所重。

高亨（1900—1986），易著有《周易古经通说》《周易古经今注》《周易杂论》《周易大传今注》。在《周易》经、传的文辞训诂方面有所贡献。擅长以音求义，改字为训，旁征博引，言不虚发。认为八卦可能产生于原始社会时期，六十四卦至晚产生于殷代。在八卦和六十四卦卦名由来的问题上，他提出筮辞说。在诠释《周易》古经时，不守易传，不谈象数，就经注经，不涉及《易传》，着重解释《易经》的卦爻及卦爻辞中的术语。

于省吾著有《双剑誃易经新证》。在《周易》文字训诂及易象研究上均有发明；闻一多《周易义证类纂》精于训诂，解《周易》九十事，以钩稽古代社会史料。

屈万里（1907—1979），著有《先秦汉魏易例述评》《汉石经周易残字

易道主干

集证》《周易卦爻辞成于周武王时考》《易卦源于龟卜考》《周易古义补》《周易爻辞中之习俗》《说易散稿》《易损其一考》《关于周易之年代思想》《说易》《周易集释初稿》等。首先以音韵训诂解释字义，再以群经诸子、甲骨、金文参释文旨。在字义文旨已明的基础上，再以《周易》经文为史料，对其进行各个方面的研究。在《周易》文献考据、训诂方面做出了较大贡献。

随着 20 世纪 70 年代长沙马王堆汉墓帛书《周易》、阜阳双古堆汉墓竹简《周易》（残简）、陕西岐山周原西周初年卜骨、湖北江陵天星观战国楚墓竹简等的出土，对《周易》的考古研究日渐深入，并取得了可喜成果。代表人物有李学勤、张政烺、于豪亮等。

张政烺整理马王堆帛书《周易》后，发表了《古代筮法与文王演周易》《试释周初青铜器铭文中的易卦》《殷墟甲骨文所见的一种筮卦》《易辨——近几年来我用考古材料研究周易的综述》等报告和论文。推断出土文物上的数字都是筮数，铜器铭文中三个数字的是单卦（八卦），周原卜甲上六个数字的是重卦（六十四卦）。认为筮者运用奇偶观念，将二、四并入六，三并入一，所以六和一的数量最多。一和六已带有符号的性质，一是奇数也是阳数，六是偶数也是阴数，一、六就是阳爻"━"和阴爻"╍"的前身。数字卦新石器时代已有，其中已有卦变，又将互体卦从《左传》上推到殷代。

于豪亮发表了《帛书周易》等论文，在马王堆帛书《周易》、阜阳汉简《周易》等整理研究方面取得了较大成绩。将帛书《六十四卦》称为别本《周易》，指出帛书的卦名有两个与《归藏易》有关，因而断定《归藏易》同帛书《周易》有一定关系，其成书绝不晚于战国。详细考证帛书本与今本卦爻辞的异同，辨析帛书卦爻辞的古字、古音、古义。

李学勤在 1956 年发表的《安阳小屯以外出土的有字甲骨》一文中敏锐地提出甲骨上的数目字与《周易》"九""六"有关。70 年代后，他参加马王堆帛书整理小组，陆续发表了《马王堆帛书周易的卦序卦位》《从帛书易传看孔子与易》《帛书系辞略论》《孔子与周易》《易传与子思子》等论文，认为帛书《周易》经传不分，帛书卦序已包含八卦取象观念，并贯穿了阴阳对立交错观念。他重在研究孔子与《易》的关系，认为孔子不仅学

《易》，而且是一定意义上的作者。

对数字卦、帛书易等进行考释并发表有论文、论著的人还有徐锡台、管燮初、刘大钧、韩仲民、徐中舒、饶宗颐等。

台湾严灵峰除著有《易学新论》一书外，对出土帛书等的考据也有所成就，曾发表《马王堆帛书易经初步研究》《马王堆帛书易经六十四卦的重卦和卦序问题》等论文，主张要以甲骨文之材料和顾颉刚、李镜池等人的疑古精神作为其立说的佐证。他认为帛书《易》和汉代石经《易》一样，是比任何通行本更早的本子。帛书《易》四阳卦从左到右、从上到下排列可能是出于中国书法笔画的顺序、楚人尚左、左书的篇目多在左方等原因。

四、综合派

20世纪80年代后，学术界出现了从多角度、多层次、多学科研究的新趋向，形成了象数、义理及科学、哲学、考古等互相融合、全面探索的局面，这里姑且称为"综合派"。

当代易学研究者中，不少专家学者是提倡进行"综合"研究的。

第十节　国外易学

《周易》早在17世纪末（我国康熙年间）开始即由在华传教士传入西方。19世纪后各种译本不仅数量大量增加，而且质量大大提高。与《易经》翻译传播几乎同步的《易经》研究，从莱布尼茨之后逐渐兴盛，且经久不衰，全球性的"周易热"方兴未艾。

易道主干

一、《周易》外文译本

1. 拉丁文译本和翻译者

　　金尼阁（Niclas Trigault, 1577—1628），字四表，法国天主教传教士。他于1610年、1620年两次来华传教。在传教的同时，他悉心研究《周易》，并将之译成拉丁文，于1926年在杭州刊印。这是世界上第一部欧洲语言《周易》译本，因此被称为西方易学史上的哥伦布。

　　柏应理（Philippe Couplet, 1623—1693），字信未，比利时耶稣会教士。他于1659年到中国，在上海、苏州、镇江、淮安等地传教达23年之久，他和在华耶稣会教士恩理格、殷铎泽等一起翻译《西方四书直讲》。把《大学》《中庸》《论语》译成拉丁文，书中附有《周易》六十四卦和六十四卦之意义。此书1687年在巴黎出版。西方从此得知《易经》。莱布尼茨后来发现《易经》二进制原理时，曾提到过柏应理的这部著作。

　　雷孝思（Jean-Bapt Regis, ? —1738），字永维，法国传教士。他于1698年来华传教，在传教过程中，对《周易》发生兴趣，在另一位法国传教士冯秉正（De Maille）的帮助下，再次将《周易》译成拉丁文，书名为 I Ching，分两册于1834年和1839年在巴黎出版，此书又名《中国最古的书》。

　　晁德笠（Angelo Zottoli, 1826—1902），耶稣会神父，翻译家、汉学家。他翻译的《易经》不是单独出版的，而是收存在其拉丁巨著《华文进阶》第三册《经书研读》中，故不为世人所注意，但该书在1880年出版后，曾于1884年获法国铭文学院茹理安奖金。

2. 英文译本和翻译者

　　麦格基（Rev.Canon Mcclat Chie, 1813—1885）是第一个将《易经》译成英语的人，1876年译完，书名为《〈易经〉之译——附注解与附录》。

　　利雅各（James Legge, 1814—1897），英国传教士。在华居住了三十余年，致力于儒家经典的英译工作。在英国鸦片商人颠地的资助下出版了英译本《周易》全文，被称为第一部"真正"的英文译本，收入《中国圣典集》第二册，1882年在牛津出版。

拉古贝里（Albert Etienne Jean Terrien de Lacouperie, 1845—1894），法国人，英国东方学家，伦敦大学中国语教授。其译本初以《中国最古老的一部书——〈易经〉》为题，在1882年和1883年《皇家亚洲学会学报》上发表，1892年在伦敦汇编成书出版。

布洛菲尔德（John Blofield），英国佛学家，中年曾到过中国，基于占筮需要而翻译《易经》，该英译本1965年在伦敦出版。其译文，尤其是那些占筮辞简洁清楚，读者一看就能理解。但译文并不可靠，许多是凭猜测而来，因此，它与其他译本相比没有什么地位，最多只能为现代占筮者提供方便。

贝恩斯（Baynes），美国人。根据卫礼贤德译本转译成英文。1950年在纽约出版。书名为：*The I Ching:or Book of changes*。全书共两册，为《博林金丛书》之第十九种。后来这部由德语转译成的卫—贝英译《易经》，胜过所有据中文原著翻译的英译本，成为当今西方英语国家所通用的"标准译本"，一再被翻印。

3. 法文译本和翻译者

宋君荣（Antonious Goubil,？—1759），字奇英，法国传教士。于1722年来华传教，在传教过程中，对《周易》做了深入研究，并将之译成法文，1750年出版。因其作品有包括此书在内的六部汉学著作，而被时人誉为"最博学的耶稣会传教士"。

霍道生（P.L.F.Philasbre），法国海军军官，安南学专家。他的法译本名为《周易首次法译本——附程子和朱熹的全部传统的注疏及主要注释家的注释摘要》。第二部分与第一部分相隔八年，于1893年在《基格博物馆年刊》第23期上发表。霍氏的法译本虽在利雅各英译本之后，但霍氏声称从未见过利雅各译本。霍氏与利氏一样，紧跟中国易学家，尤其是宋儒程颐朱熹之说。

哈雷兹（Charles-Joseph de Harles, 1832—1899），比利时汉学家，曾任鲁汶（Louvain）大学教授，1899 年成为比利时皇家学院院士。1887 年在《亚洲学报》上发表《易经原文》，后在巴黎单独成篇出版。1889 年，他在布鲁塞尔正式出版了《易经》法译本，即《易经——复原、翻译与注释》。为了帮助读者更好地理解他的译本，哈雷兹于 1896 年在《通报》第 7 期上发表了《〈易经〉注解》一文，这是其研究《易经》的重要成果之一。此译文影响较大，至今仍享有盛名。1958 年由贝克尔作序再版，书名为：*Le livre des Mutatiens*，是当今西方通用的法译本。1896 年，瓦尔·德雷莫将其译成英语，由英国沃金东方大学研究院出版。

19 世纪还有不少法译本，如艾·夏伯那（Edouard Charanner）、亨利·马伯尔（Henri Maspero）、顾赛芬（S.Couvreur）等人将《易经》先后译成法文，理解角度各有不同，水平相差无几。

4. 德文译本和翻译者

卫礼贤（Richard Wilhelm, 1873—1930），德国传教士。精通汉学，1899 年来华传教，后又任德国驻华使馆文化参赞。曾被北京大学聘为教授，在华居住达 25 年之久。历时近 10 年翻译《易经》，1924 年在法国耶拿（Jena）出版。译文简洁流畅，忠实可信，简明自由，富于想象，比利雅各译本更能把握原著精神与意思，在西方得到了高度的评价，认为它是"独一无二"的。此译本在西方问世后，即取代已流传了上百年之久的利雅各译本，成为利雅各之后影响最大的欧洲语言译本。1950 年美国博林金基金会在已有好几种英译本的情况下，仍让美国最优秀的德译英专家贝恩斯（Baynes）将卫氏德译本《易经》转译成英文。该译本 1950 年在纽约出版，书名定作：*The I Ching: or Book of Changes*。全书共两册，为《博林金丛书》之第十九种。此译本成了当今英语国家通用的"标准译本"。

除此之外，在 20 世纪四五十年代出版的德译本还有比尔·贝姆（Bill Behm）改编的《〈易经〉——中国占筮书》、马里奥·舒伯特的《〈易经〉——据中文新译》等。

5. 俄文译本和翻译者

休茨基（1897—1941），苏联语文学博士、教授。他的译本是最早俄文译本。由于译者长期从事东方文化尤其是《易经》研究，曾以论文《中国的〈易经〉》获博士学位，故其译本较忠实、可信，在苏联影响较大。1936年初版于莫斯科，1960年再版。

6. 在日本、朝鲜、东南亚的传播

《周易》在日本、朝鲜、越南等国的传播则更早，因这些国家同为"汉文化圈"，所以不需什么译本。

越南自秦汉而至五代，为中国郡县千年以上，《周易》作为五经之首，其地位和对越南的影响自不待言。至黎朝，黎圣宗于光顺八年（1467年）首置五经博士。黎朝纯宗龙德三年（1734年）春正月，印五经板，颁布天下，又亲制序文。同年，又刻《五经大全》等颁予各处学官。在民间，《易》被定为十五岁以上学子进学的规定课程之一。越南成为法国殖民地后，还有文人用此时越南拉丁化的国语翻译《易经》。越南独立后，阮孟保又译《易经》为越文。

朝鲜自汉武帝元封三年（前108年）至西晋末，为中国的郡县四百多年，易学早已传入。朝鲜半岛古时分为高句丽、百济、新罗三国。高句丽于公元372年就设置了太学，《易经》是其主要教材之一。百济公元384年立为太学。新罗公元675年统一了朝鲜，682年始设立国家，《周易》也被列为主要教材之一。至高丽王朝时，国家扩充，设置七斋，《周易》列为经学讲座之首，并被列入科举考试内容。1489年，李朝又颁五经等书于诸道。至于现代，易学在朝鲜尤其受重视。韩国的国旗图案，就是按照八卦太极图设计的。1984年在首尔（当时叫汉城）还举行了首届国际易学大会。

《易经》最早由百济（朝鲜）传入日本。513年，百济五经博士段杨尔渡日。554年，又有百济五经博士王柳贵、《易》博士王道良渡日，将《周易》传入日本。676年，天智天皇设立大学寮。701年，"学令"规定《周易》作为九经之一，成为大学寮的教材。江户时代（1603—1867），儒学简直成为日本的"正统"学术思想，《周易》因而愈加被人看重。

二、国外研究《周易》的成果

17世纪，法国传教士白晋（亦译作鲍威特）（Joachim Bouvet, 1656—1730）在华生活四十余年。曾奉康熙皇帝诏命，在清朝廷的直接指导下花六年时间研读《易经》，从中得出了天主教和儒教的根本意义相同的结论。认为易学与天主教"大有相同"，易学与西方秘学古传可相考。最先发现《易图》符号阴爻"--"，相当于数学中的0，阳爻"—"，相当于数学中的1，并于1698年以自己的发现引起莱布尼茨对《易经》的注意。1703年曾寄给莱布尼茨两幅"易图"（Segregation-table），并和莱布尼茨保持长期的通信联系，以探讨《易经》。

莱布尼茨（Gottfried Wilhelm Leibniz, 1646—1716），德国哲学家、数学家。在白晋等人的影响下研习儒学，敬仰中国古代的爻画文明，曾在法兰克福创办中国学院。1703年发现白晋赠予的两张"易图"（《伏羲六十四卦方位图》和《伏羲六十四卦次序图》）图像中的符号变化规律和他在1679年第一次描述确认的二进位数字的排列完全一样，六十四卦完全可以按二进制算术方法排列成"0"和"1"这两种符号，于是赞叹伏羲是中华帝国和东洋科学的创造者，并立即将关于二进制论文改为《关于仅用"0"与"1"这两个记号的二进制算术的说明并附有其效用及关于据此解释古代中国伏羲图的探讨》，5月即发表于法国科学院院士报上。[①]

19世纪以后，西方《易经》研究取得了不少令人瞩目的成果。

比利时的哈雷兹教授除1887年出版法译本《易经》后，先后发表十余篇研究论文，如《易经注解》《易经的真实属性与解释》《中国古代占卜书》《易经的象意符号》等。认为"卦"是书写的符号，汉字符号是与卦一起使用的，而不是单纯的名字选择，不少注释有独到之处。

德国传教士卫礼贤之子卫德明（Hellmut Wilhelm, 1906— ）曾任北京大

[①] 当代一些"科学易"论者至今仍认为莱布尼茨是根据"易图"发明"二进制"的，这种观点不符合历史事实。朱伯崑主编《国际易学研究》第2辑（华夏出版社，1996年出版）发表了莱布尼茨的有关信件、材料，澄清了这一历史事实。

第四章 易学：中华文化的主旋律

学教授，继承并发展了其父亲的易学思想，整理并出版了其父亲的易学研究著作和译文，其著有《变化——周易八论》（*Die Wandlung, acht Uotrage Zum I-Ching*）《易经中的天、地、人》（*Heaven · Earth and Man in the Book of Changes*）《易经中的思想和概念的相互作用》（*The Interplay of Image and Concept in the Book of Changes*）等。对《易经》的来源、结构、基本概念、二元论、易卦性质、乾与坤的意义、《易传》的内容等作了通俗的解释。认为《易经》卦爻辞有误、漏，并根据《左传》引《周易》的情况，对乾卦的爻辞大胆地进行重新编排和改写。又认为《易传》的作者为孔子和他的弟子。《易传》的最大进展就是从乾坤二元相反相成、相对相需的动态观点来了解整个存在界，亦即天之道。

瑞士著名心理学家和精神病学家荣格（Carl Gustar Jung, 1875-1961），重点研究《易经》之心理现象，将问卜作为探索潜意识的一种方法。认为《易经》确实把存在于事物和人们中隐微的个别品质都考虑进去了，并包括在一个人的潜意识自我中。《易经》始终坚持自知之明，而且是一本关于要悉心审视自己的性格、态度和动机的长篇劝说书，认为中国人立场的本身与人们对占卦问卜持何态度无关。

L.A. 戈林达于 1981 年出版了《易经的内部结构》一书，该书提到了斯洪贝尔克论 20 世纪 60 年代发现的遗传密码与《周易》的关系，认为遗传密码系统是由三爻（八个经卦之一）组成的 64 个"字码"，而这些字码写成了核糖核酸（DNA）分子长链。历经长达几千年的中国《易经》系统地提出了一个合乎自然哲学顺序的方案。

此外，德国古典哲学大师黑格尔（G.W.F.Hegel, 1770—1831）将《周易》视为中国人最深邃的抽象思想和纯粹范畴。英国著名科学家李约瑟（J.Needham, 1900—1995）对易学在世界科技史上的重大影响做了分析。

综观西方易学研究，主要集中在两个方面：一是《易经》的占卜研究，此类著作大行于世，如美国现有 7 种版本，年销十余万部，读者、作者遍及各阶层；二是《易经》与自然科学研究。除以上所述外，较著名的论著还有 Matolleall 于 1975 年出版的《阴阳及卦爻》、I.K.Shehutskii 于 1979 年出版的《周易研究》（*Research of the I Ching*）、K.C.Anthony 1981 年出版的《易经哲学》（*Philosophy of the I Ching*）、F.Capra 的《物理学之道》（*The Tao of Physics*）等。

日本及东南亚的易学研究成果更显著。日本江户时期主要易著有藤原惺窝的《周易注》、室鸠巢的《太极图述》、三轮执斋的《周易进讲手记》、佐藤一斋的《易学启蒙》、伊藤仁斋的《太极论》、井上金峨的《易学弁疑》等。20世纪以来，易著达二百余种，主要有铃木由次郎的《汉易研究》《易经译注》《太玄易的研究》《易与人生》《孔子与易》等、高田真治的《易经译注》《易的国家观》《易的形上学》《易的思想》等、户田丰三郎的《易经注释史纲》、桥辙次的《易经讲话》、武内义雄的《〈易〉与〈中庸〉之研究》等。

朝鲜、越南、新加坡等也有一大批易学研究专著。

当今，一大批旅居国外的华人在《周易》研究方面孜孜以求，成绩斐然。如比利时籍华人沈宜甲先生的《科学无玄的周易》、美国康州美田大学唐力权教授的《周易与怀德海之间——场有哲学序论》、美国夏威夷大学成中英教授的《〈易〉的象、数、义、理一体同源论》《易经中的理与气》等，推动了海外易学向高深层次的发展。

第五章

易道：中华文化的精神主干

《易经》《易传》"易学"的核心是"易道"。

《四库全书总目》说:"易道广大,无所不包。旁及天文、地理、乐律、兵法、韵学、算术,以逮方外之炉火,皆可援易以为说,而好异者又援以入易,故易说愈繁。"

这是就"易道"的外延而说的,并没有涉及"易道"的内涵。"易道"的外延是极广大的,几乎达到无所不包的程度,中国传统文化各学科几乎都与"易道"有关系,几乎都可以被"易道"的外延所包含。

逻辑学常识告诉我们,当一个概念的外延趋于无穷大的时候,它的内涵就趋于无穷小。如果一个概念的外延真的"无所不包",那么它的内涵就等于零了。

事实上"易道"的外延不可能"无所不包",只是十分"广大"而已,因而"易道"的内涵就显得十分"狭小"。

这"至小"的内涵究竟是什么?它对几千年中华文化究竟起到了什么作用?它在未来世纪中国现代化进程中还有没有价值?——对这个问题的研究应该是中国文化研究中最重要的

课题之一。

一个民族的文化本质是由该民族的心理结构、思维偏向、价值系统决定的。"易道"代表了中华民族的心理结构、思维偏向和价值系统,"易道"是中华文化的本质内核。

从《易经》的巫术文化到《易传》的人文文化,以及"易学"的各家解读,易学名家名著数以千计,虽然他们各自有一套"易道"观,但万变不离其宗,这就使我们有可能而且有必要对"易道"做一番梳理和总结,它对于我们把握自己民族的根本精神、把握自己文化的本质特征,进而实现文化的转型和提升,都是有重要意义的。

第一节 从"道"的层面看"易"

"易道"就是中华大道——中华文化的根本精神，就是天人之道——中国人摸索出来的宇宙生命的基本规律。

一、《易传》论"易道"

1.《易传》论"易"

"易"在《易经》中出现 2 次，《大壮》六五爻辞说："丧羊于易。"《旅》上九爻辞说："丧牛于易。"这里的"易"通"埸"，是田畔的意思。

《易传》中"易"出现了 80 次，其中 16 次是"易曰"，此"易"主要是指《周易》这本书。多次提到"易简""易知""易从"，此"易"是形容词。"易"作为一个名词概念，主要出现在以下句子中。

> 生生之谓易。(《系辞传上》)
>
> 《易》与天地准，故能弥纶天地之道。(《系辞传上》)
>
> 神无方而《易》无体。(《系辞传上》)
>
> 《易》，无思也，无为也，寂然不动，感而遂通天下之故。(《系辞传上》)
>
> 夫《易》，圣人之所以崇德而广业也。(《系辞传上》)
>
> 夫《易》，圣人之所以极深而研几也。(《系辞传上》)
>
> 《易》有圣人之道四焉……(《系辞传上》)
>
> 夫《易》开物成务，冒天下之道，如斯而已者也。(《系辞传上》)

易道主干

> 《易》有太极……《易》有四象。(《系辞传上》)
>
> 夫《易》，彰往而察来，而微显而阐幽……(《系辞传下》)
>
> 是故《易》者象也，象也者像也。(《系辞传下》)
>
> 是故《易》逆数也。(《说卦传》)

《易传》从"易"的内涵、外延、特征、性质、功能、作用等角度对"易"作了界说，说明"易"是《周易》的最高范畴，与"道"处于同一地位。

2.《易传》论"道"

"道"字在《易经》中出现了5次，在《易传》中出现了101次。《易经》中的"道"基本上是"道路"的意思。《易传》则将"道"提升为一个哲学概念。"道"是什么？《易传》说：

> 形而上者谓之道。(《系辞传上》)

"道"是超越形体以上的东西，是无形的、抽象的。有形的具象的东西就不是"道"，而是"器"了。这是《道德经》"道"的思想的继承与发展。

《道德经》说："道，可道，非常道。"道是不能用言辞表达的。"道"先天地而生，"寂兮寥兮，独立而不改，周行而不殆，可以为天下母"。"道"浑然一体，无界可分，寂寞而清静。"道之为物，惟恍惟惚。""道"虽恍惚不清，好像什么都没有，又好像有什么东西，只不过人们用肉眼看不见。

在老子看来，"道"是宇宙万物的本原，是宇宙万物的普遍规律。《易传》也将"道"看成宇宙本原和规律，并指出"道"的基本内涵是"阴阳"：

> 一阴一阳之谓道。

"一阴一阳"既是宇宙的本原，又是宇宙的规律。

3.《易传》将"易"视为"道"的同义范畴

《易传》将整部《周易》归结为"道","易"就是"道","道"就是"易",两者是同一的最高范畴。"易"是"道"之"易","道"是"易"之"道"。

《系辞传》说:

> 《易》与天地准,故能弥纶天地之道。
>
> 《易》之为书也,广大悉备,有天道焉,有人道焉,有地道焉。兼三才而两之,故六。六者非它也,三材(才)之道也。
>
> 夫《易》开物成务,冒天下之道,如斯而已。

《说卦传》说:

> 昔者圣人之作《易》也,将以顺性命之理,是以立天之道,曰阴与阳;立地之道,曰柔与刚;立人之道,曰仁与义。

《易传》认为"易"就是言"道"的,这个"道"就是天地人统一的三才之道、三极之道。天地人之"道"又具体化为昼夜之道、日月之道、天下之道、君子之道、小人之道、饮食之道、夫妇之道、圣人之道、君道、臣道、家道、刚柔之道,等等。将《易》从一本讲占卜巫术的书提升为讲"道"的哲理书,是《易传》的突出贡献。

"道"是广大的,《系辞传》说:

> 其道甚大,百物不废,惧以终始,其要无咎,此之谓《易》之道也。

"道"的广大,体现为无所不包、无所不在,惧怕终始两极,归于无咎中正。

"道"又是不断变化的。《系辞传》说:

> 《易》之为书也不可远,为道也屡迁。变动不居,周流六虚。上下无常,刚柔相易。不可为典要,唯变所适。

易道主干

"道"的变化在《易》的六爻中得到充分体现，六爻位或上或下，或刚或柔，上下转换、刚柔移动，没有常法可循，体现了变化的绝对性。

《易传》将"易道"中的"圣人之道"分为四类，曾在《系辞传》中两次提到"易有圣人之道四焉"，即：

> 以言者尚其辞，以动者尚其变，以制器者尚其象，以卜筮者尚其占。

认为圣人、君子应该做到四条：言语论理则要取法卦爻辞，行为处事则要取法卦爻变化，制作器物则要取法卦爻象，从事卜筮则要取法占卦。这里的"四道"指做人的四种基本准则。

天道体现为"阴阳"，地道体现为"刚柔"，人道体现为"仁义"。阴阳、仁义是对立的又是统一的，是相对的又是互变的，是相反的又是相成的。天道、地道、人道虽有阴阳、刚柔、仁义之别，但总的来说它们是等质的、同构的、合一的。

探讨"天人之道"是中国哲学最突出的特征，这与西方哲学以探讨世界本原为特征大异其趣。中国哲学可以表述为"究天人之际，通古今之变"（司马迁《报任安书》，载《汉书·司马迁传》）。天人问题，即"道"的问题（包括天道、地道、人道——三才之道），是中国古代哲学的基本问题。西方哲学则以思维与存在为基本问题，以对此问题的不同认识——思维第一性还是存在第一性划分"唯心主义""唯物主义"两大阵营。而中国哲学则根本不存在这两大阵营，在中国哲学中"物心"是合一的，"天人"是合一的，天的规律就是人的规律。中国哲学研究应尽快跨出"唯物""唯心"的误区。

中国哲学的这一传统正是由"易学"开创的。如果说《易经》是中国哲学的前奏，《易传》是中国哲学的开篇，那么"易学"就是中国哲学的主调，"易道"则是各时代学术思想的代称，子学、经学、玄学、理学、朴学，都是直接或间接地通过对《易》的解说而建构起来的思想理论体系，因此，它们的思想理论核心就是"易道"。

二、历代论"易道"

历代对《周易》之理、《周易》之道的解释甚多，本节仅选录其中有代表性的论"易"性质的命题。

1. "易以道阴阳。"

这是《庄子·天下》对《周易》的界说，说明"易"是讲述阴阳规律的。

2. "易以道化。"

这是西汉司马迁对"易"的性质提出的命题，语出《史记·太史公自序》，说明"易"是讲天地阴阳变化的，他还说："易著天地阴阳四时五行，故长于变。""易"的特长就是显示天地万物的阴阳四时五行的消长变化规律。

3. "易者变也。"

"阴阳二气……千变万化，故称乎易。"这是西汉京房的命题。汉代象数学家将"易"看成阴阳二气的交互不停，聚散以时，以此说明万事万物的变化规律和人事的吉凶祸福。

4. "易无形畔。"

《易纬·乾凿度》认为"易"是无形的，是宇宙万物的起源，是宇宙形成四阶段中的第一阶段，又称为"太易"。郑玄解释："太易，无也。"

5. "易……其道可以覆冒天下也。"

魏晋玄学家王弼、韩康伯将"易"视为讲天地之道，韩康伯进一步解释"易道":"道者何？无之称也。无不通也，无不由也。况之曰道，寂然无体，不可为象。"将宇宙万物的本原视为虚无实体。

6. "易者，象也，以物象而明人事。"

唐代孔颖达认为"易"是讲"象"的，有"实象"，有"虚象"，但无论是什么"象"，都是用来表明人事的。他还说："易者，变化之总名，改换之殊称。"

7. "气之生，是道也，是易也。"

张载在《横渠易说·系辞上》说："盖为气能一有无，无则气自然生，气之生，是道也，是易也。"气能统一有形与无形，气的生生不已、消长变化就是易，就是道。

8. "易即天道而归于人事。"

北宋张载认为："易乃是性与天道。""易即天道，独入于爻位，系之以辞者，此则归于人事。"易包括了人性与天道，而性即天道，性为万物之源。

9. "即事尽天理便是易。"

这是北宋程颐关于"易"的性质的命题。程颐认为："易，变易也。随时变易以从道也……将以顺性命之理，通幽明之故，尽事物之情，而示开物成务之道也。"(《程氏易传序》)将"易"看成讲天理人事变化规律的，"易又不只是这一部书，是易之道也。"程颐还将易道的变化归结为阴阳的开合："阖辟便是易。"程颐还说："上天之载，无声无臭，其体则谓之易。"朱熹解释："其体则谓之易，便是横渠（张载）所谓块然太虚、升降飞扬、未尝止息者。""从上天之载谈起，虽是无声无臭，其图解变化之体，则谓之易。然所以能图解变化之理，则谓之道。""易者，阴阳错综交换代易之谓，如寒暑昼夜，阖辟往来，天地之间，阴阳交错，而实理流行其间，非此，则实理无所顿放，故曰其体则谓之易。言易为此理之体也。"（江永《近思录集注》引）将"易"看成宇宙阴阳变化之理，亦即宇宙之本体。

10. "易为神用。"

这是北宋邵雍《皇极经世书·观物外篇》的观点。邵雍说："易者，神之用也，所以无体。""神者，易之主也，所以无方。"所谓"神用"是指"数"的变化的神妙功用。

11. "易则是个空底物事。"

这是南宋朱熹的命题。朱熹说："《易》本卜筮之书。"这里所说的"易"是指《易经》，不是指《易传》，朱熹认为《经》与《传》是有区别的，《易传》是讲阴阳变化的："《易》者，阴阳之变。"（《周易本义》）他将《周易》与其他先秦经典做了比较，其他经典都是"先因其事，方有其文"，而《周易》"则是个空底物事。未有是事，预先说是理，故包括尽许多道理"（《朱子语类》卷六十六）。

12. "易即心。"

这是心学派的易学命题。北宋程颢已有这种思想，南宋陆九渊提出："人皆有是心，心皆具是理，心即理也。"（《陆九渊全集·与李宰》）南宋王宗传明确提出"易即吾心，吾心即易"（《童溪易传·系辞上》）。南宋杨简提出"易之道即人之心"的命题。杨简说："天地之心即道，即易之道；即人，即人之心；即天地，即万物，即万事，即万理。"（《杨氏易传·复》）认为易道就是天地万事万物的理则，就是人心。

13."易为性命之源。"

元代保巴在《周易原旨》中说:"易,穷天理,使人尽性以至于命耳。大哉易也,性命之源乎。"源于《周易·说卦传》"穷理尽性以至于命",将"易"看成天理、人性、天命的本源。"性"指人的天性,理性即本性,"命"指人事之外由天理决定的一种必然性。

14."易即神。"

元代保巴《周易原旨》说:"易即神也,神即易也。非于神之外他有所谓易,亦非于易之外他有所谓神。"认为易就是神,易–神是无方无体的,不是物,也不是无,而是事物变化的神奇规律,是神奇莫测的事理。

15."易为良知。"

这是明代王阳明《传习录下》的命题。王阳明学说以良知良能为主,谓格物致知,不当求诸事物,当自求诸心。以"易"为"良知",为天地万物的本原,为心学的最高范畴。

16."易即真如之性。"

这是明末佛学大师智旭《周易禅解》的观点。智旭认为"易"与"禅"在本质上是没有差别的,"易"即真如或佛性,是最高本体、最高范畴。

由上述关于"易"的命题中可以看出,历代各派学者都把"易"当作"道",当作自己学说中最高范畴的同义范畴,当作万事万物的本原和万事万物运动变化的规律。

三、"易道"三层面

"易道"是中国思想文化中最精髓的部分,"易道"的内涵可以从三个层面来认识、归纳。

1. 本体理念层面

这是"易道"对宇宙生命本原、本质以及宇宙万物生成、演化的基本观念,代表了中国古代的宇宙生命的本体论、生成论、结构说。因中国古代思想家大都借《周易》论述宇宙生命的本体问题、生成问题、结构问题,因而"易道"本体理念实际上涵括了古代一些主要思想流派的本体观。

2. 思维方式层面

思维方式是一定的人群对外界信息进行反映、处理的方式、方法,是人脑在运用语言符号进行思考时所表现出来的样态。一个民族的思维方式往往反映了这个民族的深层心理结构。中国人的思维方式从本质上说就是"易道"思维方式,有学者称为"周易逻辑"[1]。"易道"思维方式可以包容儒家、道家思维方式,它以不同于先秦墨辩逻辑的特性深层次地影响了中国传统文化的走向和中华民族文化心理素质的形成。

3. 价值理念层面

价值理念体现了一个民族、一种文化的终极追求、理想境界,它是一个人、一个民族行为方式和思维方式的出发点和归宿。不同文化之间的差别从根本意义上说就是价值理念的差别。中国文化、中华民族的价值理念虽然有儒家、道家、佛家等思想流派的不同,但归根结底,它们之间有着

---

[1] 周继旨:《周易与中国传统思维模式》,张其成主编《易经应用大百科》,东南大学出版社,1994年。

易道主干

共同的价值追求,"易道"的价值观正代表了各家共同具备的也是各家最本质的价值理念。

"易道"三层面是一个有机体,它们之间只是观察角度、侧重点的不同,并不是可以截然分开的。本体理念、思维理念、价值理念共同构成"易道"的基本内涵。

四、易贯儒道

目前,中国学术界有一场关于"中华文化主干"的争论,一派主张中华文化的主干是儒家,一派认为中华文化的主干是道家,还有一派主张"儒道互补"共同构成中华文化主干。我们认为,无论是"儒家主干"说,还是"道家主干"说,都是片面的,我们赞同"儒道互补"说。然而儒道互补的交点在哪里?找到这个交点才是最重要的。我认为儒家、道家思想的交点就在"易道"上。因此,只有"易道"才是中华文化的主干,才是中华民族的精神支柱。

"易"统贯儒家、道家。《周易》被历史上儒、道两家所共尊,又为当代儒、道两派所共"抢",是有一定道理的。从"易"的三阶段看,《易经》是先秦儒家(孔孟)、先秦道家(老庄)的思想导源;《易传》是先秦儒家、道家(以及阴阳家、兵家、法家、墨家)的汇通总结;秦汉以后,"易学"是当时儒家、道家以及儒教、道教的依托和代表。

《易经》《易传》对儒、道的导源与融合,可以从它们的成书年代以及思想内容上得到论证。

《易经》是西周前期成书,虽然"人更三圣"未必真实,但"世历三古"倒是可信的。就经文而言,至少经历了上古和中古(殷末、西周初期)。《易经》反映了上古巫史文化和巫术思想。巫史文化正是一切人文文化的渊源。《易经》的卦爻符号、卦爻辞词语对儒家、道家影响至深,给了后人以想象的方便、发挥的自由。

战国成书的《易传》正是这么一部借解《经》而论哲理的书,是儒、道及阴阳家、法家思想观念的大融合。《易传》所表述的人道伦理、天道自然等将《易经》的神性巫术转变为理性的哲学。《易传》关注义理,集纳百

第五章 易道：中华文化的精神主干

家，其后自汉至清借《周易》抒怀的思想家们，遂有个性与意志的涌动。但毕竟是解《周易》，不至于太离谱，自《易经》至《易传》又到"易学"，逐渐形成了一套思维方式和价值理念，统贯其中者，就是"易道"。

就秦汉以后的"易学"而言，历代各家各派纷纷按自己的观点解《易》：孟喜、京房注重象数，魏伯阳借鉴黄老，王弼发明老庄。两汉象数派注重卦象天道，魏晋义理派偏于老庄玄学，唐代钦定易学开始兼容儒道——孔颖达《周易正义》汇集汉魏六朝各派注释，既以王弼注"为本"，又"必以仲尼为宗"（《周易正义·序》）。

宋明新儒家将《易》理哲理化，借《易》建构各自的体系。北宋五子除程颢外，人人都有解《易》专著，而且这些恰恰又是他们唯一的或最重要的哲学著作。周敦颐通过对太极图的解说，建构了儒家宇宙论、人生论体系。邵雍创立先天易学，以此说明天地万物、社会历史的兴衰变化之理。程颐通过阐发《周易》义理，系统论述其社会、政治、人生、伦理哲学，建构了理本论思想体系。张载通过解易，建构了气本论理学体系。程颢虽然没有解《易》专著，但他的思想与《易》有密切关系，这从他对《易》的散论中可以得到证明。南宋朱熹义理象数并重，通过解《易》完善了理学体系，并成为后世官方哲学。心学一派陆九渊与程颢一样，虽没有解《易》专著，实是运用易理，将《易》《庸》结合，强调易理与人心不二。湛若水以"易体"为"心之体"，王阳明说"良知即是易"。宋学最后一位经学大师王夫之，其气本论哲学也正出自他的易学修养。

而道家自严君平融易入道以弘黄老之学，魏伯阳"参同"易老以论作丹之理，以后道教门徒一直在操作平面上演绎着《易》。至宋初陈希夷创图、书解易，不仅对道家继往开来，对新儒家的影响也是"此波彼波荡漾不已"。

"易"究竟属儒还是属道，确是难以定评。即便是朱熹，也一面将《易》当作理学的理论根据，一面又化名"邹䜣"，以道教丹法解《参同契》，其后学俞琰也继承了这种做法。情况变得更复杂。佛教自外域传来，因附上了易理而得以在中国流行并得以中国化。这样，《易》的归属便不仅仅是举个非此即彼的公式所能划清的。

其实"易"既非儒又非道、既属儒又属道，"易道"可通贯儒、道，因

易道主干

而担负中华文化主干重任者，就非"易道"莫属了（见图5-1）。

五、易道与佛学

《易经》是儒家、道家学说的源头，"易道"融贯儒家和道家，是没有问题的。但《易经》与中国佛家有什么关系？很多人有怀疑。其实印度佛教在中国的传播过程中，不断地和《周易》相融合，易道与佛理在根本上是相通的，圆融不二。佛教在中国化的过程中，《周易》更是起到了重要的作用，中国佛家与易经、易道有密切关系，可以说中国的佛家实际上正是融入了以易道为核心的中国思想之后才形成的。

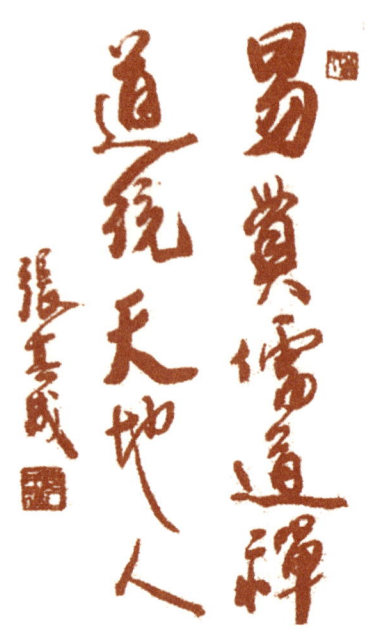

图 5-1　易贯儒道禅

以中国佛家的代表禅宗为例，禅宗实际上就是印度的大乘佛教和中国的易、老、庄结合的产物。

佛学自两汉之际从印度传入中国，在起初的传教阶段，《周易》起到了一定的作用。如《周易·坤卦·文言传》中"积善之家必有余庆，积不善之家必有余殃"，与佛家的因果报应相融通。积善为因，余庆为果；积不善为因，余殃为果。佛教在传播过程中形成了脍炙人口的一句俗语："善有善报，恶有恶报。不是不报，时候未到；时候一到，立即就报。"于是佛教很快在中国大众中传播开来。

魏晋南北朝时期，佛教徒往往引用玄学来解释佛教理论，作为三玄之一的《周易》当然也被借用来解说佛教教义，从而出现佛易结合的倾向。南朝梁武帝萧衍（464—549）解易著作中有同佛教义理相比附之处。

隋唐是中国佛学兴盛时期，佛学家讲佛时常援引易学观点。隋唐时期相继出现佛教的八个宗派，其中华严宗、禅宗对易的引用和融合最为明显。

唐朝皇族、著名华严学者李通玄尝试以《周易》解释《华严经》，沟通

第五章　易道：中华文化的精神主干

儒佛，对佛教在中国的流传起到了促进作用。李通玄主要应用《周易》象数学说，认为易象含于华严，提出"艮为文殊，震为普贤，兑为观音"之说，将有往有复名修菩萨道，合于复泰等消息卦，且将二十四卦、八卦方位图等，屡屡应用成华严之境。将《华严经》中主方神与八卦方位加以比配。"主方神随方回转者，震、巽、离、坤、兑、乾、坎、艮、上下二方为十方，皆有神随逐回转而行。"（《决疑论》卷3上，《大正藏》卷36）在由八卦及上下二方位构成的十个方位中，都有神相随出现。此外，李通玄还直接对一些佛教概念进行易学的解释、比附，例如，"三昧"是梵文Samadhi的音译，意译为正定、正受等。李通玄对三昧则做了这样的解释："'三'者正也，'昧'者定也。"以三为阳故正，三阳生于正月，处于艮位，而艮位象征山。山高峻清冷，令人心静、念止，故有"止"意。这也正好符合"三昧"止念的意思。李通玄以《周易》解释《华严经》，表现了"得意忘象"和圆融的思维方式。他以《周易》的八卦方位以及汉代象数学说来解释佛经，为中国人理解佛教经典提供了一个新的参照系。对华严宗五祖宗密在《原人论》中明确调和儒、道、佛思想有一定的影响，对曹洞宗爻象思想的提出也有一定的借鉴作用。

宗密于《原人论》中，引汉易的太极元气说解释器世界形成的过程，以"太极生两仪"理论为最低级的教门。周敦颐有"一部《华严经》，只消一个艮字可了"的说法，将《华严经》之主静归约为艮卦静止之义。

作为中国化佛教的代表，禅宗受"易"的影响最大。《周易》说"易，无思也，无为也，寂然不动，感而遂通天下之故"。这无论是对禅宗的本体思想还是对禅宗的修炼方式都有重要影响。

儒道佛三教合一的思想由来已久，到了宋明时代，更是蔚为风尚。"莲藕荷叶与莲花，三教本来是一家。"明代四大高僧之一的智旭禅师就写过专著《周易禅解》。现在有学者认为《周易禅解》为明清之际三教会通的重要著作。易兼三教，易道是三教沟通的一个重要基点。智旭以易为楔子牵合三教，以图在重溯原始佛教精神中振兴禅佛教（刘泽亮：《从〈周易禅解〉看三教关系》）。这种观点是很有见地的。智旭大师认为，佛性与易理一样"铺天匝地"，为天地之心，"盖易即吾人不思议之心体"。"'易'理之铺天匝地，不问精粗，不分贵贱，不论有情无情，禅门所谓'青青翠竹，总是真

221

易道主干

如。郁郁黄花，无非般若'"。又云"墙壁瓦砾，皆是如来清净法身"。"智旭继承并发挥了三教合一的思想，独自拈出易理，以易理作为融通儒道、沟通三教的酵母。他说："易理本在天地之先，亦贯彻于天地万物之始终。今言天下之理者，以既依理而有天地，则此理即浑然在天下也。"以易理为基础，将世法与出世法涵化为一。"易书不出乾坤，乾坤各有动静，动静无非法界，故得大生、广生而配于天地。既有动静，便有变通，以配四时。随其动静，便为阴阳以配日月，乾易坤简以配至德，是知天、人、性、修、境、观、因、果，无不具在易书中矣。"借乾卦说佛性本体，用乾六爻的潜藏变化说明佛性变化。借乾坤刚柔阐释定慧止观："德行者，体乾坤之道而修定慧，由定慧而彻见自心之易理也。"智慧为刚，禅定为柔："乾即慧，坤即定。""男慧女定，不使偏枯。"同时，止观教法亦为乾坤修持法门："乾即观，坤即止。"智旭是禅佛教易学的集大成者，对我们今天重建统贯三教的"新易学"具有重要的启示作用。

让我们再来看一看易道与佛法有什么关系。易道广大，无所不包；佛法无边，一真法界。《周易》形式上是一个六十四卦的封闭系统，实质上是一个宇宙代数学，是一个开放的系统。不仅易道与佛理在体上相契，而且易的时数字与佛法的修行次第在功夫上也有相通之处。《周易》教人崇德广业，遏恶扬善，自强不息；禅佛教劝人慈悲为怀，自度度人，精进不止。两者在化世导俗上有异曲同工之妙。易理得禅道而深，禅道得易理而广，相得益彰而影响深远。易理所述之内圣外王之学，与禅道所诠之自利利他之途本来不二；乾坤并建，性修本来不二，因而禅易一为出世法，一为世间法，同归而殊途（刘泽亮：《从〈周易禅解〉看三教关系》）。

易理与佛理、易学与佛学是相通、相融的。当代有学者将八正道与八卦相对应：正见者，离卦也；正思维者，乾卦也；正语者，兑卦也；正业者，坤卦也；正命者，巽卦也；正精进者，震卦也；正念者，坎卦也；正定者，艮卦也。将"唯识学"中八识与八卦对应：眼为离，耳为坎，鼻为艮，舌为兑，身为巽，意为震，末那识为坤，阿赖耶识为乾。将佛学传入中土形成大乘八宗与八卦对应：华严宗者，乾卦也；法华宗者，坤卦也；净土宗者，兑卦也；禅宗者，艮卦也；密宗者，震卦也；三论宗者，巽卦也；唯识宗者，离卦也；律宗者，坎卦也。将释迦显化世间八相成道对应

第五章 易道：中华文化的精神主干

八卦之象：降兜率者，离卦也；入胎者，巽卦也；住胎者，艮卦也；出胎者，坎卦也；出家者，震卦也；成道者，坤卦也；转法轮者，兑卦也；涅槃示寂者，乾卦也。又将大乘佛学修行中的六度与六爻相对应，把乾卦卦辞中的元、亨、利、贞比作佛家涅槃境界中的常、乐、我、净四德。乾卦初九"潜龙勿用"，布施波罗蜜；九二"见龙在田，利见大人"，即忍辱波罗蜜；九三"君子终日乾乾，夕惕若厉，无咎"，即精进波罗蜜；九四"或跃在渊，无咎"，即持戒波罗蜜；九五"飞龙在天，利见大人"，即禅定波罗蜜；上九"亢龙有悔"，即般若波罗蜜；用九"见群龙无首吉，完成全部六度修行，成就佛果，亲证真如"，示寂入涅槃是也。其他如三易（简易、变易、不易）与佛教三学（戒、定、慧）相对应，三才（天、地、人）与佛学三界（欲界、色界、无色界）、成就佛果三身（法身、报身、化身）相对应，易学的五行与佛学的五位百法、五戒相对应。登地菩萨有十个层次，从初地至十地，对应十天干；佛陀所讲"十如是"对应《易传》之《十翼》，小乘缘觉从十二因缘（无明、行、识、名色、六入、触、受、爱、取、有生、老死）悟道而成辟支佛，预测用十二地支（子、丑、寅、卯、辰、巳、午、未、申、酉、戌、亥）的生克制化而定吉凶祸福（王殿卿《浅谈〈周易〉与佛学》）。以上对应，虽有牵强附会之嫌，但从根本道理来说，易学与佛学则是相通、相合的，因为宇宙根本大道本来就是相通、相合的。

宇宙大道的本原——"道体"，在《周易》中称为"太极"，亦即"太易""大易"；在佛家称为"真如"，亦即"一真""如来"。太极生阴阳两仪，一真生性相、心物、色空、体用两仪。性为阴，相为阳；心为阴，物为阳；空为阴，色为阳；体为阴，用为阳。性相一如，心物一元，体用合一，空色不二，此即佛学不二法门，亦即易学太极之道。至于佛家的"四圣谛""八正道""十二因缘"等都是为证悟"一真"而开设的，如同太极生两仪、两仪生四象、四象生八卦，不必——对应，只要本体、道体相同，生成原理相同就可以了，至于数字上是完全相同还是稍有差异都没有什么关系。

再从宇宙大道规律来看，易学和佛学都讲因果定律。佛学乃因果之学，纵观佛学三藏十二部经典，始终贯穿了因果主线。不信因果的人无法接受佛法，更不能修正佛法。《周易》同样也体现了因果定律，贯穿了因果主线。《周易》卦爻辞的基本体例是，先说一个事例，然后写上"吉""凶"的判断语。前面的事例即是因，后面的判断语就是果。每一个卦六根爻是一个因果过程，整个六十四卦也是一个因果过程，六十四卦卦序实际上就是一个因果链，前一卦是因，后一卦是果。《序卦传》对六十四卦的因果关系做了系统说明，天地万物，无始无终，因生果现，生生不已。六十四卦中无所谓好卦、坏卦，关键就在于原因。每一卦、每一爻的吉凶，实际上是自己的因决定的。

六、易贯儒道禅医

中华传统文化的基本结构是"一源三流"，如同中华大地的地理结构一样。中华大地的源头在青藏高原，从这里流出三条河流：黄河、长江、澜沧江；中华文化的源头是"易"，三流是儒、道、禅。

当代中国最大的危机是信仰的危机。我们中国人真的没有信仰吗？现代中国人靠什么安身立命？习近平总书记说："中华优秀传统文化是中华民族永远不能离别的精神家园。"所谓精神家园就是心灵获得安慰的地方、精神信仰寄托的地方。

1. 国学：中华传统文化的代称

什么是"国学"？简单地说就是中国传统学术文化。

19世纪末，面对西学和"欧化主义"的冲击，日本学界发出了提倡"国学"的呼声。1902年秋，流亡海外的梁启超、黄遵宪等人商议，想在日本创办《国学报》。1904年，邓实发表《国学保存论》，并于次年在上海成立了"国学保存会"，以"研究国学，保存国粹"为宗旨。当时旅居日本的章太炎主编《民报》时，曾举办"国学讲习会""国学振兴社"。

将国学看成中国固有的学术文化，是章太炎和邓实提出来的。显然此意义的"国学"就是"中国学"，是针对"外国学"而提出的，"国学"之兴亡与国家的兴亡紧紧联系在一起。这一定义，经过几代学者的努力坚守，已为大众所普遍接受。

"国学"如果按照《汉书·艺文志》的分类,可分为六类:六艺(六经)、诸子、诗赋、兵书、术数、方技(中医)。如果按照《四库全书》的分类,可分为四类:经学、子学、史学、文学。如果按照现代学科分类,可分为哲学、史学、文学、语言文字学、中医学、古代科学等。按照学术流派来说,主要有儒学、道学、佛学以及中医学等。不能把国学仅仅看成儒学。

从传统分类看,经典始终是排在第一位的,"六艺"——《易》《书》《诗》《礼》《乐》《春秋》这六部经典,是中国原创精神的主要载体,是中华传统文化的思想源头。被称为当代圣人的马一浮先生就说过:"国学者,六艺之学也。"他说的六艺是大六艺,也就是六经。古文经学派按时间先后排序,将《易经》排在六经的第一位。另一位当代圣人熊十力先生则出佛入儒,最后归宗于大易。

2. 一源三流:国学的基本结构

中华传统文化的基本结构是"一源三流",源头是"易",三流是儒、道、禅。

为什么《易》是中华文化的源?因为《易》在六经中起源最早。传说早在六七千年以前的伏羲就创作了八卦。目前最早的八卦图案是2006年5月在河南淮阳发现的,是离卦,刻在一个黑陶纺轮上,距今4500年。八卦是中华文化的基因,是中华文化的源头。先有八卦,后有《易经》。

《周易》经文(《易经》)学术界已认定为西周初年所作,传文(《易传》)为战国时期所作,从汉代开始历代都有解"易"之作(易学)。《易经》《易传》"易学"不仅是"易文化"形成的三个阶段,标志着中华文化从巫术到人文文化、科学文化的发展过程,从某种意义上说,《周易》成书的历史就是中华精神文化发生、发展的历史。

《易经》这本书,是世界四大元典之一。世界四大元典分别代表了四大文化。《圣经》是西方文化第一经典,《吠陀经》是印度文化第一经典,《古兰经》是阿拉伯文化第一经典,而《易经》作为东方文化的第一经典,不

易道主干

仅仅是中华民族，同时也是日本、韩国这些东方民族所尊崇的。韩国国旗就是太极八卦；日本民族叫大和民族，"大和"就是取自《周易》："保合大和，乃利贞。"日本的国教叫神道教，取自《周易》"神道设教"。如果将世界文化分为东、西方文化的话，那么西方文化可以用《圣经》来代表，东方文化可以用《易经》来代表。

距今3000年（西周前期）成书的《周易》经过了500年之后导源出春秋战国时期的儒家、道家及其他诸子百家，也影响了中国化的佛家。从学术源流看，孔子弘扬了《周易》乾卦精神，老子弘扬了《周易》坤卦精神。《周易》不仅是人类轴心时代唯一一本由符号系统与文字系统共同构成的经典，而且是唯一一本书儒家和道家共同尊奉的经典。儒家将《周易》奉为五经之首，道家将《周易》奉为三玄之一。

西汉末年，也就是公元前后，从古印度传来了佛教，它是从三条道路传来的——南传、藏传、汉传。此后，佛教就在中国生根、开花、结果。到了隋唐，佛教在中国形成了八个宗派，其中最具有中国特色的就是禅宗。我们绝不能说佛教源于《易经》，但禅宗受到《易经》的影响，我认为禅宗就是印度大乘佛教与中国三玄（易、老、庄）结合的产物。

"一源三流"可分解为八个字：易为主干，三教互补。我做了一副对联："易贯儒道禅，道统天地人。"其中"儒道禅"的"道"是道家、道教，而"道统天地人"的"道"则是"大易之道"。这个"大易之道"不仅深深影响了儒家、道家和中国化佛家，而且影响了中医理论体系的形成。如果加上中医，这副对联就是"易贯儒道禅医，道统天地人心"。所以说，中华文化表面上分出这么多家，实际上是互补的，有一条主线贯穿其中。

在中华文化的历史长河中，《易》是中华文化的源头活水。《易经》用源头的那一泓清泉，聚成奔涌不息的生命之水，汇成了悠悠五千年的中华文明。"大易之道"构成中华文明的主线和中华文化的支点。

3. 阴阳中和：中华文化的基本精神，可以用"大易之道"进行概括，即"阴阳中和"

《易经》究竟是讲什么的？我们看一看"易"这个字就明白了。"易"字

第五章 易道：中华文化的精神主干

有两种写法，其中一种写法像蜥蜴，蜥蜴最大的特点就是变化；第二种写法上面是日，下面是月，日是太阳，月是太阴，合起来"易"就是阴阳变化。《周易》说"一阴一阳之谓道"，阴阳变化、阴阳中和就是"大易之道"。可化解为三句话：宇宙周期变化的大规律，人类知变应变的大法则，人生为人谋事的大智慧。

阴阳中和的"大易之道"正是中华文化之道，是古圣先贤仰观天文、俯察地理、中通人事之后提炼出来的。

"中华文化的主干"究竟是什么？目前有三派观点，一是"儒家主干"说，二是"道家主干"说，三是"儒道互补"说。我是赞成"儒道互补"说的，准确地说是儒释道三家互补。但互补的交点在哪里？我认为就是"大易之道"，因此我提出"易道主干"说。通贯儒家、道家乃至中国化佛家的"大易之道"正是中国文化的主干，是中华民族的精神支柱！

"阴阳中和"，表明中华民族有两大精神，就是乾卦和坤卦、阳刚和阴柔两大精神："自强不息"和"厚德载物"。乾坤并健、阴阳中和、刚柔并济、儒道互补。

图 5-2　太极图

阴阳中和的"大易之道"可以用一张图来表示。这张图叫太极图，也叫阴阳图、八卦图、阴阳鱼图。太极图是"大易之道"最完美、最典型、

易道主干

最形象的表达方式。我在拙著《易图探秘》中对这张图的来龙去脉做了详细考证,发现这张小鱼头的太极图才是唯一正确的太极图。因为最早的太极图就是对伏羲八卦次序图的形象描述,它是可以量化的,它的八条半径就是对应从乾到坤八个卦,两个鱼眼就是坎离二卦。

这张图无比形象而准确地反映了儒释道三家的"中和"本质。三家都可以在这张图里找到各自的位置。

儒家在哪里?白的。道家呢?黑的。因为儒家崇尚阳,道家崇尚阴,这两家不是截然分开、绝对对立的,而是互相包容、有所交叉的,是阴中有阳、阳中有阴的。儒家的基本精神是乾卦阳刚的精神:自强不息、刚健有为、勇往直前、百折不挠、昂扬向上、变异创新、与时俱进、拼搏进取、勤劳勇敢。道家的基本精神是坤卦阴柔的精神:厚德载物、柔弱虚静、包容宽厚、自然无为、居下不争、谦虚谨慎、以柔克刚。佛家在太极图外面一圈,因为佛家讲究"空性",有"四大皆空""五蕴皆空""万法皆空"等说法。

儒、释、道三家又都在两只鱼眼或者S曲线上。两只鱼眼和S曲线表达了"中"的意思。黑鱼眼是阳中含阴,白鱼眼是阴中含阳,S线处在中间。三家都讲"中"。儒家是站在阳刚的立场上讲中,叫"中庸"——"不偏谓之中,不易谓之庸"。《中庸》曰:"中也者,天下之大本也。和也者,天下之达道也。致中和,天地位焉,万物育焉。"道家是站在阴柔的立场上讲中,叫"中道"——《道德经》讲:"万物负阴而抱阳,冲气以为和""不如守中"。佛家是站在空性的立场上讲中,叫"中观"——大乘佛学中观派以"八不(不生不灭、不断不常、不一不异、不来不出)中道"来解释空性。

简单总结一下,三家都讲"中":儒家讲中庸,道家讲中道,佛家讲中观。三家都讲"和",儒家讲仁和,道家讲柔和,佛家讲圆和。儒、释、道三家"你中有我,我中有你",圆融和谐,共同构成了中华传统文化"阴阳中和"的基本精神。

中华传统文化的基本结构,在"一源三流"的基础上,如果再深入探究的话,就可以总结为"一源三流,两支五经"。"两支五经"中的"两支"是指中国传统文化在当代社会的两个支撑点、两个落脚点,也就是说在当代社会还有两大学科最完整、最系统地保存了中华传统文化,那就是国医

第五章　易道：中华文化的精神主干

与国艺。国医和国艺还在现实生活中为大众服务，为大众所熟知。"五经"是指最能代表中华文化的五部经典，那就是《易经》《论语》《道德经》《六祖坛经》《黄帝内经》，其中《易经》是中华第一经典，其他四部分别为儒家、道家、中国化佛家、医家的第一经典。遗憾的是国艺没有留下一部可以与这五经并列的经典。

4."易"与"医"的关系——易道统贯医道，医道绍兴易道

从中华文化的结构看，儒释道偏于"形而上者"，是上层思想意识、精神信仰；中医药则偏于"形而下者"，关乎每一个人的生命，贴近每一个人的日常生活，是落地的。但中医又不是纯粹的"术"，中医还是"道"，是道术合一，中医的"术"是"道"的应用、"道"的体现。在当代社会，很多人已经不知道儒释道，但都知道中医，有病也会去看中医、吃中药。此外，中医还是将科技与人文融为一体的文化形态，中医除了吸收儒释道的思想精华以外，还吸收历代的科学技术成果，可以说中医学最全面、最完整地保留了中华优秀传统文化。而且中医学持续时间长达几千年，随着时代的发展而不断创新不断发展，至今长盛不衰。所以用中医这把钥匙可以打开中华文明宝库的大门。

"易贯儒道禅"是没有问题的，关键是"易"和"医"的关系如何，这里有必要重点介绍一下。

医与易是什么关系呢？明代医学家张介宾在他的《医易义》中说："不知易，不足以言太（大）医。"唐朝药王孙思邈也曾经说过，为医的最高境界就是苍生大医，他在《千金要方》中说："凡欲为大医，必须谙素问、甲乙、黄帝真经、明堂流注……又需妙解阴阳禄命、诸家相法及灼龟五兆，周易六壬并须精熟，如此乃得为大医。"

被称为中医扛鼎之作的《黄帝内经》成书于西汉中期，佛教是西汉末年传入中国的，也就是说，《内经》成书时，佛教尚未传入中国。《黄帝内经》中有春秋战国时的篇章，大量引用了《道德经》，当然也有儒家学说。但是到了隋唐时期的中医，那就受到了儒道佛的巨大影响，比如孙思邈的《大医精诚》中就有大量佛家的思想。

易道主干

《黄帝内经》简称《内经》，属内易，主要论述人体内阴阳变化的大规律；《周易》被称为外经，属外易，主要诠释人体外宇宙间阴阳变化的大规律。而内外是统一的、一体两面的，既可分又不可分。确切地讲，《周易》主论人体外，兼论人体内；《内经》主述人体内，兼述人体外。

《内经》主要采用阴阳平衡的概念，而阴阳最早起源于易，中医整体理论架构的基础就是阴阳，从始至终不离阴阳。中医按照阴阳理论来解决人体的所有问题。比如阴阳和五行，其实它们是一个概念，五行最早出自《尚书·洪范》，有人说最早将五行与阴阳合在一起的是战国的邹衍，其实比这还要早。五行就是两对阴阳加一个中土。在太极图中，阳最多的是火，阴最多的是水，阳气稍上升的是木，阴气微下降的是金，土在中央。

阴阳讲究的是中和，矛盾讲究的是对立。阴阳中和是中华民族的基本精神，它代表了中华民族的核心价值观，也是中国人的基本思维方式。儒家偏阳，道家偏阴，佛家空有，医家偏中，中医是现存的、唯一的集"儒道佛易"于一身又应用于人体生命科学的文化形态。

医道是对易道的继承和发扬，而且将易道发挥得淋漓尽致，不偏不倚。中医讲人体的组织结构，分阴分阳。按照身体部位分，上面为阳，下面为阴；前面是阳，后面是阴。中医所讲的脏腑也分阴阳，"心肝脾肺肾"这是五脏，"胆胃大肠小肠膀胱三焦"这是六腑，其中，心与小肠相表里，肝与胆相表里，脾与胃相表里，肺与大肠相表里，肾与膀胱互为表里。五脏是阴，六腑为阳。

"五脏"在《内经》中最早的写法是"五藏"，五藏有一个基本功能就是收藏，所以属阴。心要藏神，肝要藏血，脾要藏谷，肾要藏精，肺要藏气。六腑的基本功能是排泄，所以属阳。经络也分阳经、阴经，阳络、阴络。气血也是如此，气为阳，血为阴。只要把阴阳五行学懂，再学中医就会一通百通。

人体的生理功能也讲阴阳的升降出入，升为阳，降为阴，出为阳，入为阴，人体的病理变化也是如此。当我们看中医时，大夫会说阴虚或者阳虚，阴盛或者阳盛，阴阳再结合五行、五脏就会把病症分得很清楚，比如肺阴虚或肺阳虚。肾阴虚要吃六味地黄丸，肾阳虚要吃八味地黄丸。阴阳如果搞错了，那就全盘皆错。

第五章　易道：中华文化的精神主干

从以上可以看出，"阴阳"这一概念在中医里面是多么重要！《素问·生气通天论》中记载："阴平阳秘，精神乃治，阴阳离决，精气乃绝。"可以看出"阴阳中和"是中医养生疗病的重要原则！而"阴阳中和"也是"大易之道"的基本精神，更是中华优秀传统文化的核心价值！再从以《易经》为代表的"易学"和以《黄帝内经》为代表的"医学"的历史渊源上说，"易学"对"医学"影响极深。

从以上介绍可以看出，"易贯医道"也是没有问题的，也就是说——易道统贯医道，医道绍兴易道。

如果按照这样的结构模式，对联就应该是"易贯儒道禅医，道统天地人心"，这里就需要补充一家——医家（中医）。从文化背景看，隋唐以后的中医是儒释道三家智慧在生命科学上的最佳体现。当代社会中，中医最能反映中国文化价值观和思维方式，也是唯一还活着的一种科技与人文相结合的文化形态。医家在太极图的什么地方？在中间 S 曲线上。因为中医最讲阴阳的调中致和，简单地说就是"调中"，也可以说是"致和"，其实就是"调和"。

与儒家道家相比，中医则是不偏阴阳的。如果阴阳偏了则是病态，所以中医治疗的目的就是调和阴阳，达到阴阳不偏、阴阳平衡、阴阳调和，这样才会健康、快乐、长寿。就这一点而言，中医比儒家、道家更接近于"大易之道"，更能体现中华传统文化的核心价值。可以说，中医从人体健康这一最切近生命的领域，最完整地体现了"中和"的核心价值和思维方式。

《周易》说"保合太和，乃利贞"。"保合太和"，是中华民族最高的价值取向，"保"就是保持住，"合"就是阴阳相合，就是要保持全宇宙间万事万物阴阳和谐的最高状态。所以"和"又可以分为太和、保和、和合，还有一个非常重要的"中和"。简单地说，"太和"是最终目的，"保和""和合""中和"都是达到"太和"的手段。这其中的"阴阳中和"则是非常重要的一个手段，从某种意义上来说，"阴阳中和"也就是我们中华优秀传统文化的基本精神和核心价值。

如果说"大易之道"讲的是"太和"，那就可以总结说：易家讲"太和"，儒家讲"仁和"，佛家讲"圆和"，道家讲"柔和"，医家讲"致和"。

可以说，"阴阳中和"体现了儒释道医共同的价值观，是中华优秀传统文化的核心价值。

"阴阳中和"的基本精神与时代精神完全融通。当代世界的两大主题是和平与发展，我国一直在倡导建设和谐社会。和谐社会，以人为本。就人而言，阴阳中和表现为四个层面，第一是人与自然和谐，第二是人与社会和谐，第三是人与人和谐，第四是人的身与心和谐。

如果说"大易之道"讲的对象是"天地万物"，那就可以说：易家讲"人与天地万物的和谐"，儒家讲"人与社会的和谐"，佛家讲"人与心灵的和谐"，道家讲"人与自然的和谐"，医家讲"人的自身的和谐"。

"阴阳中和"的基本精神和社会主义核心价值观完全融通。中共十八提出了社会主义核心价值观，用24个字来表述：富强、民主、文明、和谐；自由、平等、公正、法治；爱国、敬业、诚信、友善。这24个字分别是针对国家、社会、公民三个层面说的。我个人认为，这24个字的核心在于：自由、平等、公正、和谐。这正是中华优秀传统文化的精华，也是普世的价值观，是天地之道的具体体现。"中和"就是中正、和谐，中正就是公正。至于自由、平等，正是道家、佛家所倡导的。

如果说"大易之道"讲的是"中和"，那就可以总结说：易家讲"中和"，儒家讲"中庸"，佛家讲"中观"，道家讲"中道"，医家讲"调中"。

七、学习国学的终极目的和现实功用

学习国学的终极目的，简单地说就是"修心"。修四个层面的"心"：天地之心、民族之心、组织之心、个人之心。

"天地之心"就是天道、天理。中华民族是有信仰的，那就是信"天"，"敬天法祖"，崇敬上天，效法祖先。"天"，有自然之天、伦理之天、哲学之天、宗教之天等多层含义。"天"这个字在甲骨文和金文里，是一个人上面一个脑袋，可见"天"的本义就是"头"，后来引申为自然界的最高处。由于"天"是至高无上的，就成为人们敬畏、崇拜的对象。在上古先民那里，"天"已成为皇天、昊天、天皇、天帝，被神格化、人格化为最高之神。"天"有意识地化生了万物和人，为宇宙万物的主宰者，具有无上的权威。

第五章 易道：中华文化的精神主干

由天子亲自主持的"祭天"成为华夏民族最隆重、最庄严的祭祀仪式。

《易经》第一卦就是乾卦，乾为天。《易传》说："大哉乾元，万物资始，乃统天。""天"除了最高之神的意义外，还有天道、天理的意思。天道就是天地之道、乾坤之道，就是中华民族两大精神，就是"阴阳中和"：平等、自由、中正、和谐。

"民族之心"就是中华民族之魂，就是中华文化。文化是一个民族的血脉和灵魂。

"组织之心"就是社会实体、机构单位的核心价值、基本精神，比如企业核心价值、大学精神、城市精神等。

"个人之心"就是个人的价值观，实际上就是个人的精神信仰。

这四个"心"是什么关系？表面上看是从大到小、逐层递减的关系，其实是一回事。这就是"天人合一"。"天人合一"其实是天人合道、天人同道、天人同理、天人同心。

儒家、道家、佛家无论哪一家都讲"修心"。儒家讲"正心"。《大学》讲格物、致知、诚意、正心、修身、齐家、治国、平天下。其中正心是关键，这个"心"就是"仁心"，有了"仁心"，才能推广开来，实现治国、平天下的目的。道家讲"清心"。老子主张清静无为，"致虚极，守静笃"。道家修的"心"是一种虚静之心、自然之心。这个"自然"不是大自然的意思，而是"本然"的意思。佛家讲"明心"。"明"的这个"心"就是慈悲心、虚空心，也就是人的本心，所以叫"明心见性"，明心就是觉悟，就可以成为佛菩萨。

如果说"大易之道"就是"修心"的话，那就可以总结说：易家讲"修心"，儒家讲"正心"，佛家讲"明心"，道家讲"清心"，医家讲"调心"。

所谓"修心"说到底就是重塑中华民族的信仰、找到个人安身立命的精神支柱的过程，大而言之，"修心"是中华文化伟大复兴的前提。

修心之后，人的生命才可以觉醒。

在我看来，中国传统哲学本质上是一种生命之学，是探索人生终极问题的学问，其根本目的是为了生命的觉醒，从而离苦得乐，实现健康、快乐、幸福的人生。中国人的生命之学乃至整个中华文化如果用一句话来概

易道主干

括就是："易道主干，三教合易"；细分开来就是："易魂佛心，儒风道骨，医艺并用，五经归元"。我发现古圣先贤为我们设计的生命觉醒之路其实并非难以企及，看起来有儒释道三条路，还有医、艺、武等多条路径，其实殊途而同归、一致而百虑，都汇总到"易道"上。"易道"不仅是中华文化的母体、是本源，而且是主干、是灵魂，从这个源头和主干上分出来了儒、道、禅以及医、武、艺等多个分支，每个分支都有各自的特征，但又都有"合一"和互相融摄的趋势。三教合一的"一"原来就是"易"。"红莲白藕青荷叶，三教原来是一家""儒门释户道相通，三教从来一祖风"。比如宋明理学是以儒为主融摄了道佛，全真道则以道为主融摄了儒佛，唐代以后在中国大地蓬勃发展的禅宗又以佛为主融摄儒道。而在日常的摄生养生中当然也借鉴应用了医、艺、武……无论哪一家，其思想来源均离不开易，其理论主旨均归宗于易。

因此，生命觉醒首先需要修习"易"学，因为从本体上说，易是"虚无"，即不易，"易无思也无为也""寂然不动，感而遂通"，是无极，是至简至易；从功用上说，易是"生生"，即"生生之谓易"，是无极生太极，太极生两仪，两仪生四象，四象生五行，五行生八卦；从结构上说，易是"阴阳"，即"一阴一阳之谓道"，而阴阳的细分是五行，五行的细分是八卦；从动因上说，易是"翕辟"，即"翕辟成变，刹那生灭，即用显体"；从修行上说，易是"洗心"，是"退藏于密"，万法皆由心造，"病由心生，病由心灭"；从思维上说，易是"取象"，用阴阳五行八卦之象推演宇宙生命规律；从价值上说，易是"中和"，调中致和，涵盖儒家中庸、仁和，道家中道、柔和，佛家中观、圆和；从境界上说，易是"太和"，是消除一切对立对抗、回归无极虚空的大圆镜智、大圆满境界。

归宗大易，可以无邪、无过，可以祛病，可以长生，可以崇德广业，这就是生命觉醒的力量！

国学常说"天人合一""大道至简""身国同治"这样的谚语，这说明我们优秀的传统文化不仅仅是"躲在书斋里面独善其身"的出世之学。恰恰相反，在历史上，国学的各门各派都在不同的历史时期对当时的现实社会产生了深远的影响，经过不断的实践和凝练，国学逐渐提炼出了一整套中华民族自己的治国理政的政治理念，国学正是实实在在的"走向现实社会、兼济天下"的入世之学。

在当今社会，国学依旧可以发挥重要的政治理念的指导作用。

中共十八大提出了社会主义核心价值观，用 24 个字来表述：富强、民主、文明、和谐；自由、平等、公正、法治；爱国、敬业、诚信、友善。这 24 个字分别针对国家、社会、个人三个层面说的。我个人认为，这 24 个字的核心在于中间层面：自由、平等、公正、法治。第一个层面偏于所达到的目标，中共十九大报告指出：社会主义现代化的奋斗目标是"富强、民主、文明、和谐、美丽"，增加了"美丽"，使得"五位一体"总体布局的建设目标有了——对接。第三层面则是针对每一个公民的道德规范而言，是个人的品德要求。而中间层面才是社会主义核心价值观的核心所在，其中自由、平等、公正无疑是正确的，而"法治"应该是实现核心价值最主要的手段。我个人认为应该改为"和谐"，也就是把第一层面的"和谐"放在这里。

我们上面讲到国学的基本精神有"中和"两个字，其实这两个字就可以概括社会主义核心价值观中间层面的 8 个字。"中"就是中正，也就是公正，"和"就是和谐。要"公正"必须"平等"，要"和谐"必须"自由"。所以社会主义核心价值观和国学的基本精神是一脉相承的。"社会主义核心价值观并不是天外来客，而是以优秀的文化根脉和精神基因作为源流，以现实的时代变革与社会发展作为导向，以崇高的理想追求和美好的生活愿景作为目标的。"

要挖掘出国学"自由、平等、公正、和谐"的思想根源，将国学基本精神和社会主义核心价值观有机结合在一起，然后在领导干部及社会各界中进行宣导教育，这样才能使社会主义核心价值观入脑入心。如果把这一核心价值观变成信仰，那么领导干部在治国理政、制定各项政策时就不会走偏、不会腐败，普通百姓在为人处事上也会行正品端。

今天我们讨论"国学在当代社会的价值"非常有必要。当代中国社会最大的危机是信仰的危机。"中华优秀传统文化是中华民族永远不能离别的精神家园"。我的理解，中华优秀传统文化是历代中国人的精神信仰。"文化自信"是一个国家、一个民族发展中更基本、更深沉、更持久的力量。所以我个人意见是，当代国学研究，应该凝练国学的基本精神，探讨国学基

易道主干

本精神与社会主义核心价值观的内在关系，将中华优秀传统文化和社会主义核心价值观作为当代中国人的精神信仰，以此实现中华民族的伟大复兴。

总而言之，当代国人学习国学的目的，就是要找到个人安身立命的精神信仰，就是要建设中华民族的精神家园。这才是国学在当代社会的最大价值。

综观易道与儒释道三教，都是圆融不二的。当今社会，人心浮躁，信仰危机，如何重建中国人的信仰体系？如何回归精神的快乐家园？如何构建和谐社会、和谐世界？我想完全可以从"易道"中找到合理可行的答案。"易道"是中国人贡献给世界、贡献给未来的宝贵财富。

我们的使命是发掘"易道"的内涵，再现"易道"的价值，构建以"易道"为核心的、融贯儒道佛三教的"新易学"，为中国人重建精神支柱贡献自己的心力！

当前，中国大地正在开展一场轰轰烈烈的"现代化"运动，所谓现代化，说到底就是人的现代化，是文化观念的现代化。在实现现代化的过程中，关注作为中华文化主干的"易道"的转型与提升问题，关注"易道"在中国历史进程中的正负面效应的评价与整饬问题，就显得更加重要。

第二节　易道本体观念

本体论学说在西方和中国有不同的内涵和演变史。西方本体论经历了四个阶段。

古希腊哲学家亚里士多德将形而上学看成"第一哲学"，是"关于存在之存在"的学说，"是通过经验研究事物的第一原则和原因的科学"。(《形而上学》) 亚里士多德并没有提出"本体论"这一概念，而只提出"形而上学"概念。亚氏的形而上学实际上就是本体论。这是本体论的第一阶段，即经验阶段。

第一次提出"本体论"概念的是高克兰纽，时间是 1613 年。鲍姆迦登将本体论定义为"对事物的最普遍和最抽象的推断的科学"，从而进入本体论的第二阶段，即超验阶段。

黑格尔在《哲学史讲演录》中将"本体论"看成"论述各种关于'有'的抽象的、完全普遍的哲学范畴"。黑格尔本体论标志第三阶段，即反超验阶段。

现代西方本体论进入第四阶段，即新经验阶段。

从西方各阶段关注的重点看，古希腊罗马时期关注本原本体，文艺复兴到 19 世纪关注实体本体，19 世纪以后则关注本质本体。

与西方本体论有所不同，中国古代本体论是探究天地万物产生、存在、发展变化的根本原因和根本依据的学说，所以本体论又称为"本根论""本原论"。

近代哲学大师熊十力先生在《体用论》中将"本体"定义为：

本体是万理之源、万德之端、万化之始。

本体即无对即有对，即有对即无对。

本体是无始无终。

本体显为无穷无尽的大用。

中国古代对宇宙生命本源——本体的认识，因各家各派的不同而有不同的观点。老子最早将"道"提升至哲学本体论范畴，《易传》继承了老子的"道"本体说，但作为本体意义的"道"的内涵都不同于老子。

一、易学各派的本体观

1. 阴阳为本体

《周易·系辞传》说："一阴一阳之谓道。"将"阴阳"看成宇宙的本体，"阴阳"又是什么？《易传》虽没有直接解释，但从有关论述中可以看出，"阴阳"即阴阳二"象"，阴阳二"气"（见图 5-3）。

易道主干

陰陽

图 5-3　阴阳本体观

《易传》将"卦"分为"阳""阴",将"爻"分为"刚""柔","阴阳""刚柔"就是"二气"。

《彖辞传》解释"咸"卦说:咸,感也。柔上而刚下,二气感应以相与。

"二气"指阴气、阳气,是对阴阳刚柔的解释。《易传》共 6 次提到"气"字,在《乾·文言传》中提到"同气相求""阳气潜藏",在《系辞传》中提到"精气为物",在《说卦传》中两次提到"山泽通气",都是对卦象、爻象的解释。这一观点为后世象数派易学家及部分义理派易学家(如张载、王夫之)所继承。

战国时期,"阴阳"与"五行"结合,并被用来说明宇宙的本体。其后,以阴阳五行解说《周易》就成了象数派和义理派共同采用的方法。分而言之,以阴阳解《周易》始于《易传》,以五行解《周易》始于西汉孟、京。自从京房将阴阳五行纳入卦爻以解《周易》以后,不少象数派、义理派大家都继承了这一学风。

西汉扬雄将五行生成数配以时间方位,纳入《太玄》图式中,一、六共宗在北方,二、七为朋在南方,三、八成友在东方,四、九同道在西方,五、五相守在中央。这个图式被北宋易学家命名为"河图"。这种将易数与五行联系起来的做法,其实始于京房以前的刘歆《三统历》,只是他还没有将卦爻与五行联系起来。

东汉郑玄吸收他们的观点,认为《系辞》所说的天地之数,就是五行数,其中"天一、地二、天三、地四、天五"是五行生数,"地六、天七、地八、天九、地十"是五行成数,生成数要互相配合。他还以五行生成之数配以北南东西中五个方位，表示一年气候变化。他认为大衍之数来源于天地之数，阴阳奇偶之数可推衍为五行生成数。以五行相生说为中心构建了一个作为万物生成法则的宇宙时空数理模型的本体模型。

北宋五子之一的张载主气本论，认为"气"的运动变化，就其一阴一阳相互推移来说就是"道"，就其阴阳变易神妙莫测来说就是"神"，就其变易无穷尽来说就是"易"。不但以阴阳二气的推移解释六十四卦的变易，而且以此解释天地万物形成的过程，指出：阴阳"盖相兼相制，欲一之而不能"（《正蒙·参两》），在"阴阳兼体"说基础上又提出"一物两体"说，前者认为宇宙万物都兼有阴阳对立的双方，后者认为太极之气兼有阴阳两方面而成为一体。

南宋朱熹提出"易只是一阴一阳"的命题，认为六十四卦以及整部《周易》只是阴阳的相交相推，又进一步指出阴阳二气的变易法则一是流行，二是对待（《朱子语类》卷六五）。阴阳"流行"即推移，如阴阳互变、动静互变、昼夜更替、寒暑往来等；阴阳"对待"即交错，如天地定位、山泽通气、阴中有阳、阳中含阴等。"流行"亦即"一气"，指阴阳对立面的相互转化；"对待"亦即"二气"，指阴阳对立面的相互定位。如果说前者强调的是统一，那么后者强调的就是对立，两者相互作用，缺一不可。

明代方以智父子从易学中提出"两间皆气"说，认为天地之间充满了气，一切有形和无形的东西都是气化产物。大一之气、元气自身分化出阴阳二气，阴阳二气相互转化出五行之气，五气凝聚成形即为五材，五材又隐藏五气，五气各具阴阳之性，阴阳各在五行之中。方氏还在《周易时论合编》中提出"阴阳体用互藏""五行互藏互化"说。阴阳互为体用，互相包涵，阳藏于阴之中，阳以阴为体，阴以阳为用，构成一个不可分离的整体。这种以实体为阴、以功能为阳，功能和实体相互渗透、转化的观点，说明任何物体都有两重性，发前人之未发。五行各具特性，不仅相生相克，而且互藏互化。如水火土三行性能的互藏互化形成海水。五行之气相互包涵，一行之中各具四行，自然物性的差别就在于所禀五行的强弱多少不同。五行又归之于水火二行，更推崇火，专论《五行尊火为宗说》，视火为事物运动变化和生命的源泉。

清初王夫之以阴阳二气解说卦爻，提出"阴阳实体"说，阴阳二气为卦爻象、天地万物的本体。认为卦爻象之所以有刚柔之分、吉凶之别，就是因为基于阴阳二气变化法则。阴阳是体，卦爻象是用，"阴阳实体，乾坤其德也"（《张子正蒙注·乾称》），认为乾坤两卦体现阴阳二气的德性、功能，并以此推出阴阳二气也是天地万物的本体，一切物质、精神现象，都依赖于阴阳二气，然后才能存在和变化。他还进一步提出"阴阳实有""阴阳无增减""阴阳协于一"的观点。

总之，以阴阳解读卦爻揭示了卦爻的本质，以五行解读卦爻扩展了卦爻的内涵范围。中国历代杰出思想家大多借卦爻论阴阳五行，进而构建起自己的理论体系。

2. 乾坤为本体

《易传》已开始将乾坤卦象看成万物的本体，这从《易传》对乾、坤两卦卦象的解释中可以证明。《系辞传》说：

> 乾坤，其《易》之门邪？
>
> 乾坤，其《易》之蕴邪？乾坤成列，而《易》立乎其中矣。乾坤毁，则无以见《易》，《易》不可见，则乾坤或几乎息矣。
>
> 夫乾，其静也专，其动也直，是以大生焉。夫坤，其静也翕，其动也辟，是以广生焉。是故阖户谓之坤，辟户谓之乾。一阖一辟谓之变，往来不穷谓之通。
>
> 夫乾，天下之至健也，德行恒易以知险；夫坤，天下之至顺也，德行恒简以知阻。

乾坤二卦不仅是"易"的门户，而且是宇宙万物的门户。乾坤在《易经》中是阴阳、天地、刚柔、辟阖、健顺的总称。《彖辞传》将乾坤看成宇宙万物的二"元"：

> 大哉乾元，万物资始，乃统天。
>
> 至哉坤元，万物资生，乃顺承天。

朱熹《周易本义》："乾元，天德之大始，故万物之生皆资之以为始也。"坤元"此以地道明坤之义，而首言元也"，说明乾坤二象是万物赖以创始、赖以生成的始基和本原。

汉以后象数学派将卦象看成是"考天时察人事""通乎万物"的依据，并进一步将"象"解释为"气"，从而导致了气本论学派的形成。

3. 气为本体

汉代、宋代象数学派以"气"解说《周易》卦爻象和卦爻辞，将易学的象本论提升为哲学的气本论，形成了中国气本论学派。就整个中国哲学史而言，气本论的主要阐发者正是象数派易学家。

汉代孟喜提出"说易本于气"，京房认为阴阳"二气相感而成体"，刘歆《三统历》将太极解释为"元气"，认为"太极元气，函三为一"。《九家易》在解释作为卦象及宇宙万物的"乾元""坤元"时说："元者，气之始也。"

宋代易学家周敦颐《太极图说》以"气"立论，认为不动的太极生出阴阳二气，二气变动生出五行之气，二五之气交感化生万物。作为气学派代表的张载则明确提出"凡象，皆气也"，"气"是宇宙万物的本体，张载的气体论是在对《周易》的解说中建立起来的。南宋朱震以"气"解释"太极"，将"气"看成"天地之根本，万物之权舆，阴阳动静之源"。

明清易学家来知德、方以智、王夫之等在解释《周易》卦爻象、卦爻辞及"太极"概念时明确提出了气为宇宙本体的观点，从而形成了中国思想史上气本论学派。

从某种意义上说，中国文化就是气本论文化。

4. 无为本体

西汉末年成书的《易纬》在论述宇宙本体和宇宙生成时说：夫有形生于无形，乾坤安从生？故曰：有太易，有太初，有太始，有太素太易者，未见气也；太初者，气之始也；太始者，形之始也；太素者，质之始也。

易道主干

(《易纬·乾凿度》)

在宇宙生成的四阶段——"太易""太初""太始""太素"中,"太易"是第一阶段,是宇宙万物的本体,"太易"即是"无"。郑玄解释:"太易,无也;太极,有也。太易从无入有。"

《易纬·乾坤度》说:"有形始于弗形,有法始于弗法。"郑玄注:"有形之类生于无形者也。"可知《易纬》继承了《道德经》以"无"为本体、以"无"为"道"的思想,将宇宙本体看成"无",是无气、无形。

魏晋义理派易学家王弼在解释《周易》大衍义时,以玄学观解释"太极",认为宇宙的本体"太极"是"无","天地万物皆以无为体"。韩康伯也说"太极者,无之称""道者何?无之称也,无不通也,无不由也"。"无"是"太极",是"道",是宇宙万物的本原。

这一派是对老庄"道"为"无"的本体论的继承与发展。

5. 理为本体

《易传》已开始关注"理"的范畴,曾8次提到"理"字。如《说卦传》说:

和顺于道德而理于义。

穷理尽性以至于命。

将以顺性命之理。

《系辞传》说:

易简而天下之理得。

"理"是《易》的根本,是"道"的代称。"理"与道德、性命息息相关。

到了后世,义理派易学家和数学派易学家,则将"理"提升为一个本体论范畴。宋代程颐、朱熹是其代表。

程颐认为象数是"理"的显现,"有理而后有象,有象而后有数",象数是显著的,理是微隐的;象数为用,理为体,"体用一源,显微无间"。"理"

不仅是阴阳往来屈伸的"理",而且是"天理",是事物所以然之理,是仁义礼智之理。程颐以这个"理"为宇宙的本原。

朱熹将程氏学说加以扩展,提出理、太极、道属于名异而实同的范畴。"理"即太极,"《易》者,阴阳之变,大(太)极者,其理也"。"理"又分为动静,"太极为体,动静为用"。"理"是根本,气是由理而生的,"理本气末",有理才有气。"理"的内容还包涵仁义礼智的伦理,朱熹称为人的本然之性,"性是实理,仁义礼智皆具"。将伦理本体化,完成了理一元论的理学体系。

宋代数学派易学家邵雍、张行成、蔡氏父子,以"数"为易学本原,进而将"数"与"理"相结合,建构了哲学上的"理数"本体论。"数"实际上就是表示万物生成变化的"理"。这个"理"是宇宙万物的本体。

6. 心为本体

最早提出心为本体的是北宋易学家邵雍,他在解释"太极"时提出"心为太极"的命题,"心在天地前,天地自我出",什么是"心"?邵雍说:"心"为"先天之学""心一而不分,则能应万物"。"心居人之中",心分为"圣人之心""天地之心",实际上"天地之心"即"圣人之心"。

程颢以"心"解易,认为《周易》"只是人为天地心。是心之动,则分了天为上、地为下,兼三才而两之,故六也",又提出"道心"说,认为作为宇宙本原的"天理"就是"道心"。南宋陆九渊从"心即理"出发,反对区分人心、道心:"心一也,人安有二心?"又继承程颢解《易》的方法,提出"人皆有是心,心皆具是理,心即理也"。陆氏的"心"即孟子的仁义礼智四端之心,并由此推出"宇宙便是吾心,吾心便是宇宙"的哲学命题,进而认为易理与人心不容有二,卦爻之义即吾心之理,蓍卦之德即圣人之心。万物皆在我心中,此心便是理(易理),便是宇宙的本体。

南宋杨简继承并发挥陆九渊心学思想,在对《周易》的解释中,提出"天地之心即道,即易之道,即人,即人之心,即天地,即万物,即万事,即万理。"以一个"心"字统贯了易道、天地、万物、万事、万理。认为天地之心就是人之本心,"人之本心至神至明,与天地合一",本心就是"道心",就是"易道"。这是从《易传》《易》,无思也,无为也,寂然不动,感而遂通天下之故"中体悟出来的,杨简说:"唯无思故无所不明,唯无为故无不应。凡易之道。皆此道也,皆大易之道也。""道心"静寂而不动于意,不受具体万物变化的影响,与人的本心一样,本然存在于一切事物之中,构成宇宙万物的本体。

以上所述有关宇宙本体的各派观点,基本上都是通过对"易""道""太极"的解释而形成的,可以说"易道"本体论几乎涵括了中国哲学的全部本体论思想。

二、易道宇宙生成论与结构论

中国哲学不仅重视对宇宙本原、本体的探讨,而且更注重对宇宙生成与结构规律的探讨,也就是说"道"不仅有本原、本体的意思,而且有法则、规律的意思。《易传》说"生生之谓易",可见宇宙生成问题是《易》重点探讨的问题,《易》的哲学就是生命的哲学。

张岱年先生认为,《易传》所谓"道"即变化中的常则。一阴一阳,对立而迭运乃变化之常则。《易传》所谓的"道,非指宇宙之究竟本根,道即一阴一阳,乃分阴分阳而后有,而非阴阳之所从出;为阴阳之所从出者是太极,而所谓道非即太极。此一阴一阳之道,是无形体的,变易的历程亦无形体。这就是《系辞上传》说的"故神无方而易无体"[①]。

我们认为易之道不仅仅指变化的常则,还包括宇宙变化的本根(即"太极")。如同《道德经》之道,即指本体的"道",又指规律的"道"。就变化的常则而言,《周易》六十四卦爻象辞系统即可看成一个阴阳变易的系统,《易传》将事物变易的动因归纳为阴阳之间相摩、相荡,即阴阳对立面的相互作用;将事物变易的规律归纳为阴阳之间的相反、相覆,即对立事物、对立面之间的相互转化、循环往复。

在论述宇宙生命规律时,《系辞传》说:

是故易有太极,是生两仪,两仪生四象,四象生八卦。八卦定吉

[①] 张岱年:《中国哲学大纲》,中国社会科学出版社,1982年,第28页。

凶，吉凶生大业。

即遵循太极→两仪→四象→八卦的生成路线一生二、二生四、四生八，按2的倍数无限增长，2是事物生成的基数。一般认为这与《道德经》"道生一，一生二，二生三，三生万物"的生成模式不同，《道德经》以3为事物生成的基数。《易传》崇尚2，《道德经》崇尚3。我认为《易传》与《道德经》并不是两个生成系统，《易传》的2指阴阳，《道德经》的3并不是在阴阳之外加上一个具体的东西，3只表示阴阳之间的中和、沟通，即"万物负阴而抱阳，冲气以为和"，是阴阳二气的相"冲"，即相互作用。而《周易》恰恰是描述阴与阳之间的各种摩荡、冲合关系，《周易》八卦即是阴阳二爻的三次组合，六十四卦即是阴阳二爻的六次（2×3）组合，因而《周易》虽未言3，实则隐含了3。《周易》和《道德经》共同构成了以阴阳（2）为基础、以阴阳之间的相互作用（3）为动因的宇宙生命生成模式，这个生成模式正是中华传统哲学宇宙生成论思想的集中体现。

中国的宇宙生成论又是与宇宙结构论紧密相连的。太极、两仪、四象、八卦即是宇宙生成模式，又是宇宙结构模式。"一分为二"是宇宙构成的基本法则。

《周易》卦爻系统即是阴阳两类符号的组合系统，代表了宇宙万物两两构成的复杂情况。邵雍根据《易传》八卦构成学说，掺杂儒家、道家思想，建立了一套宇宙构成模式，自称"先天学"。以"加一倍法"即"一分为二"法解释八卦、六十四卦的形成和结构，进而解释宇宙万物的形成和结构。他创立了先天八卦、六十四卦次序图、方位图，次序图重在表述他的宇宙生成论，方位图重在表述他的宇宙结构论。两者又是一体关系，以方圆合一图为代表，该图是宇宙的时间和空间的结构模式，表示天地万物和人类社会处于这一结构模式中。

此外，后世易学家还以河图、洛书、卦爻图、太极图等说明宇宙万物的生成、变易与结构。易学宇宙生成论、结构论是中国思想文化宇宙生成论、结构论的主要代表。

易道主干

第三节　易道思维方式

"易道"思维方式，是建立在《易经》卦爻符号模型之上的，以取象、运数为思维方法，以外延界限模糊的"类"概念为指谓对象，对宇宙万物做动态的、整体的把握和综合的、多值的判断，它构筑的是一套生命哲学、整体哲学，以生生不息、整体和谐（"生生之谓易"，天地人"三才"圆融，天人合一，"保合太和"，阴阳调中）为最高价值理念，偏重于循环变易、动态功能与意象直觉。易道由此折中了儒、道乃至佛的思维定式和价值取向，将儒家的人道观与道家的天道观合二为一。"易道"作为易学最本质的内核，易道思维方式不仅决定了传统文化的面貌和走向，而且决定了中华民族特有的生活方式、价值观念、伦理道德、审美意识及风俗习惯。"易道"不仅贯通了儒、道、释，同时也贯通了传统文化的各层面、各学科，如政治、伦理、艺术、建筑、天文、历法、数学、中医等，整体步入一种大的和谐。

"易道"所揭示的思维方式不同于西方地中海文明圈的思维方式。在那里"天人相分"的主导思想带来了"知识"与"价值""感性"与"理性""自然"与"社会""主观"与"客观"的分离与对立，基督教具有"上帝"与"人""此岸"与"彼岸"不可逾越的宗教信仰，近代以机械唯物论为特征的工业文明正是其必然结果。在东方、在中国，则完全是另一番景象。这里是一个"超凡"而不"脱俗""此岸"接通"彼岸"的"圣境"。纵然"天"曾一度被奉为有意志、有道德属性的最高主宰，但"天"不是西方的人格化意志，更没有与世人隔绝对立，"天"是与人"合一"、与人"相参"的。佛教漫延华土之际，大乘的"佛性"本体逐渐与中国的"天"相结合，变成了"天人同体""佛我一体"，这个"体"后来又成了宋明儒家的伦理本体。于是不需要出家离俗，即可成"圣"、成"佛"。这种特有的思维方式已凝化为一种超宗教的精神力量，渗透到中国传统的人伦常理之中，

第五章　易道：中华文化的精神主干

只是为"百姓日用而不知"。

易道的思维方式对中华民族性格的形成，对中华文化本质的确立以及中华文化各学科体系的建构，都起到了决定性的作用。

一、易道思维的形式

关于"易"的思维形式，学术界有不同观点，有人认为"易"是直观思维（直觉思维），有人认为是形象思维（意象思维），有人认为是逻辑思维（抽象思维），一般认为兼而有之，我认为易的思维形式与上述三种形式虽有一些相同之处，但差异性也很明显。

主张《周易》是直观、直觉思维者，认为《易经》中的卦爻辞大多是前人生活经验的记录，出于个人体验而不是一般的事理或原则，这种体验成为后人判定事物和推测未来的比照范例，《易经》的应用者正是依照直观的思维方式去运用《易经》的。[①]《周易》直观思维的优点是高度重视经验而又不堕入经验主义，"形而下"与"形而上"直接合而为一。[②]《周易》作为一个预测吉凶的认识系统，由于认知能力的局限而带有神秘性，因而表现为一种典型的、超理性的、得意忘象的直觉思维，具有非逻辑的偶然性、象外得意的顿悟性、内省直觉的灵感性特色。[③]

主张《周易》思维是形象思维者，认为《易经》的创制者是通过卦象来预测、判定事物的，这是形象思维的萌芽，《易传》汇总并扩展了八卦卦象的象征意义，提出了八卦之间相互关系的象征意义，并以此解说六十四卦的象征意义，赋予爻象以种种蕴义。[④]《周易》形象思维通过符号系统和框架结构去表述世界和认知世界，可概括为观象、得意、类情三

[①] 朱伯崑主编：《易学基础教程》，广州出版社，1993年。该著作将"直观思维"列入易学五种思维方式之首。
[②] 刘纲纪：《易学思维的三大特征》。将"直观理性思维"列为易学思维三大根本特征之一。
[③] 罗炽：《易文化传统与民族思维方式》，武汉出版社，1994年。
[④] 朱伯崑主编：《易学基础教程》，广州出版社，1993年。该著作比较了"形象思维"与"直观思维"的异同，认为两者都以事物形象为媒介，而直观思维具有对印象进行整体平移的特点，形象思维具有对印象进行拆装、组装的特点。

个方面。①

主张《周易》思维是逻辑思维者，认为《周易》用易学遵循了分类、类推及思维形式化的逻辑法则。②有专家提出"《周易》逻辑"的概念，认为《周易》逻辑以观象取类、名物取譬的方式来界定概念的含义，以主客相参的吉、凶、悔、吝为基本的判断形式，以多维发散可能盖然为推理方法，是一种迥异于外延型逻辑的另一种逻辑。③

有学者认为《周易》是辩证思维、整体思维，④这是就思维的内容特征而言的；还有学者认为《周易》是神话思维、本体论思维、功能思维，这是就思维的主客体关系而言的。本书均不将它们归入思维形式来讨论。

我认为，《周易》思维是融合直觉、形象、逻辑三种思维形式而又不完全等同于这三种思维形式的特殊的思维类别。⑤

《周易》直观思维与一般直观思维的最大区别在于：后者是依据自身的直观体验对事物的前景进行判断，而前者是依据初始占筮者所规定的卦爻象辞的直观体验进行判断。虽然两者都以直观体验和感觉为依据，但后者是直接的，前者是间接的。同样，《周易》的直觉、灵感思维往往是在卦象比类的基础上进行的，或是在依据卦象思维的锻炼中产生的（首先是"据象"，然后才"忘象"），而一般的直觉思维、灵感思维往往不依据某一实象，具有突发性、瞬间性。

《周易》之形象思维不是以自然界及人类社会具体事物的形象为思维媒介，而是以卦象、爻象为思维媒介。卦象是《周易》思维的放射源，而一般形象思维则以物象为思维放射源。《周易》形象思维不同于艺术形象思维，后者之"象"有强烈的情感因素，是直接表现形态、动作的活生生的艺术形象；而前者之"象"则是经过抽象、整饬的"卦象"，以客观、冷静、系

---

① 徐志锐：《论〈周易〉形象思维》。认为《周易》采用形象思维的方式来表述理性哲学。
② 徐志锐：《论〈周易〉形象思维》。认为《周易》采用形象思维的方式来表述理性哲学。
③ 周继旨：《周易与中国传统思维》，张其成主编《易经应用大百科》，东南大学出版社，1994年。
④ 蒙培元主编：《中国传统哲学思维方式》，浙江人民出版社，1993年。
⑤ 张其成：《易学象数思维与中华文化走向》，《哲学研究》1996年第3期。

统反映对象为特色，表现事物运动的轨迹与内在联系。

《周易》之逻辑思维不同于西方形式逻辑思维，前者采用外延边界模糊的"类"概念——卦象符号与卦爻辞文字（而非西方外延边界清晰的属性概念），对指谓对象做动态的、先验的、综合的判断推理（而非西方重属性分析和因果演绎推理、二值判断）。卦象是《周易》逻辑的先验模型。卦象之"象"又不同于抽象之"象"，后者是抽去了一切具体形象的概念范畴，而前者既来源于万事万物之象，是对物象事象的抽象与整饬，又蕴含经过整饬的物象、事象，它是个"空套子"，但这个"空套子"实际上蕴藏着万事万物。

对《周易》这种特殊的思维形式，目前还没有一个恰切的名称，本文姑且命名为"象数思维"。它的特点是：以"卦象"为思维出发点和先验模式，以取象、运数为思维方法，以具有转换性能的"象数""义理"两种信息系统为思维的形式和内涵，以外延界限模糊的"类"概念对指谓对象及其发展趋势做动态的、整体的把握和综合的、多值的判断。

从本质上说，象数思维是一种模型思维、先验思维。

二、易道思维的方法

易学思维的方法可分为两种：取象运数法、取义明理法。

1. 取象运数法

取象法指在思维过程中以"象"为工具，去认识、领悟、模拟客体的思维方法，有人称为唯象方法或意象方法。取象的方法是《周易》最重要的方法，以至于《易传·系辞传》说："易者，象也；象也者，像也。"

取象法依据的"象"是"卦象"符号，"卦象"可以象征、模拟宇宙万事万物。如果从总体上划分，卦象所取之"象"可分为实象与虚象两种。实象指有形的、实在的物象，虚象指虽无形但可以感受的事物之象。《易经》的卦名、卦爻辞可理解为对卦象取象法的第一次提示。《易传》所谓的"观象制器""观象玩辞"说明取象不仅可以启发人们进行发明创造，而且可揣

易道主干

摩事物及其发展趋向，引申出为人处事的原则。《易传》认为卦象显示了天地自然特定的形态、位置、性质、功能、轨迹、纹理，通过取象法可以领悟、认识天地自然的这些特征。

《周易·说卦传》总结并扩展了八卦的取象意义。如乾卦象征天、父、君、圜、金、玉、马、健、寒……坤卦象征地、母、布、釜、牛、顺、吝啬、均……其中除乾卦的健、寒，坤卦的顺、吝啬是取乾、坤的属性、义理外，其余的皆为物象。

易学取象的方法以爻象、卦象及易图为放射源，以宇宙万物在人脑中的印象为中介，将卦爻象与印象相比照，通过印象使卦爻象与宇宙万物之象联系在一起。这种取象不仅仅是对实象的具体摹写，不仅仅是对外部形象的结构比类，更重要的是从功能、属性出发，凡是功能、属性相同，即使结构、形态不同的物象也可归属为同类，纳入同一卦象。

《周易》在取象的同时还取"数"，取数法指以"数"为媒介，认识、推断或预测事物及发展变化的方法。易学之"数"主要有：

（1）天地之数

天一，地二；天三，地四；天五，地六；天七，地八；天九，地十。天数五个，地数五个；天数总和为二十五，地数总和为三十，天地数总和为五十五。

（2）大衍之数

大衍之数为五十，抽出"一"为太极，分二以象天地两仪，挂一以象人（人与天地合称三才），揲四以象四时，归奇以象闰。乾之策数为216，坤之策数为144，共为360，为一年之日数。经过四营而成易，十八变而成卦。

（3）爻数

揲蓍四营三变后所得之数为六、七、八、九，六为太阴，八为少阴，七为少阳，九为太阳。以九、六分别代表阳爻和阴爻；以初、二、三、四、五、上分别代表六爻的位置。一卦六爻记为：初六、六二、六三、六四、

六五、上六；初九、九二、九三、九四、九五、上九。

（4）卦数

分六十四卦次序数和八卦次序数，前者在通行本《周易》中为乾一至未济六十四，后者《周易》中没有。北宋邵雍创先天八卦之数：乾一兑二离三震四巽五坎六艮七坤八；后天八卦之数：离九坎一震三兑七坤二巽四乾六艮八中五，还有先天六十四卦之数。

（5）河洛数

依据朱熹、蔡元定的观点，洛书由九数组成：戴九履一、左三右七、二四为肩、六八为足、五居中央；河图由十数组成：一六居北、二七居南、三八居东、四九居西、五十居中。

在《周易》及后世易学中，一直存在"由数定象"和"由象定数"两派之争。《易传·系辞传》说："极其数，遂定天下之象。"《说卦传》说："参天两地而倚数，观变于阴阳而立卦。"认为揲蓍的结果带来数的变化，数变造成象变，数决定象；对天地进行数的分析，然后再确立卦象。这似乎是主张由数定象（数在象先），但《易传》对"象"的强调又大大超过"数"。后世以刘牧为代表的数学派主张"象由数设"，以朱震为代表的象学派主张"数由象设"，这种争论一直持续到明清。

其实就《周易》本身而言，"象"和"数"是密不可分的。有人认为"象"偏向于定性，"数"偏向于定量，但就其本质看，《周易》运数法中的"数"绝不是纯粹表示数量的，更多地带有"象"的特征，即更偏向于定性。

如奇数为天数，为阳；偶数为地数，为阴。大衍之数中，"一"为太极，"二"为两仪，"四"为四时，九、六为太阳、太阴。爻数则表示爻的位置和性质，卦数不仅代表卦的次序，而且代表了卦的位置、属性。河洛数更多地具有五行性质和功能。

"数"和"象"的统一，是象数思维的特点。以这种思维方法考察事物变化的过程与规律，无论是自然还是人类社会都具备了可感知的形象的性质和数量的规定性。这种"数"往往不表示确定的数量，但有的场合下也可表示确定的数量。如京房卦气说中四正卦初爻数主管二至二分，各为一日八十分之七十三。再如后世依易数占测也经常将所得之"数"看成特定的实指之数。

可见"数"与"象"一样，可分为虚数与实数，分别代表抽象的意义（与"象"类同）与实指意义。

2. 取义明理法

取义明理的方法在《易传》中得到广泛的运用，八卦被赋予八种基本属性（见图5-4）。

历代义理学派从这一基本属性出发，认为卦爻的属性、功能是最重要的，卦爻代表的具体事物并不重要。王弼认为，只要说出卦的功能属性，就等于说出了具有这一类属性的所有事物，又何必一定要把卦象固定在一个个具体事物上呢？如乾、坤分别代表刚健和柔顺两类性质的事物，不能把乾、坤固定在马或牛上。王弼对汉象数易学的取象说进行抨击，强调物象、事物背后的义理，认为义理才是统括物象、事象的根本。

乾——刚健　坤——柔顺　震——运动　巽——顺入
坎——险陷　离——明丽　艮——静止　兑——喜悦

图5-4　八卦八种基本属性

这种取义明理的方法，概括了众多同类事物的本质，使表面上看起来显得纷乱没有关联的众多事物，被义理这根线串了起来，因而不但简练、明快、清晰，而且十分合用，意义深远。实际上取义法是对取象法的深层次发展。取象的依据就是"义理"，就是动态功能，也就是说，为什么天、圆、玉、金、马、父、君这些事物（象）能归入"乾"卦？就是因为这些事物（象）背后有一个共同的"义理"，那就是它们有着共同的功能、性质，即刚健、向上。因此可以说"象"本身即隐含"义"，否则就不可能将"象"归"类"，只是象数派偏重于具体有形的"象"，而义理派偏向于无形的、本质的"义"。或者说，象数派关注的是"义"之"象"，义理派关注

第五章 易道：中华文化的精神主干

的是"象"之"义"。

自从王弼开创了否定象数、强调义理的义理派易学之后，这种明快的学说立即带来了一股清新之风，使得汉代象数学再也没有能够真正地继承发展下来，不仅晋、唐时期的易学以义理为正宗，即使是象数学大兴的宋代也不是纯言象数，而是借象数而阐发义理，这一点在邵雍、刘牧、张行成、蔡沈的图书学、先天学中得到了充分体现。① 清代虽一度复兴汉易，然已非汉易原貌，纯言事象、物象的"象数学"从魏晋以后可以说就完结了，而兼言事象、物象之"义理"的"象数学"却蓬蓬勃勃地发展起来，不但以象数为第一位的象数学派主张"象数"，是为了"尽物之形""尽物之体"（邵雍《皇极经世书·观物内篇》），并将事物内在的义理、自然法则称为"内象、内数"（邵雍《皇极经世书·观物外篇》），或称为"大象"（方孔炤、方以智《周易时论合编》），提出"假象以寓理""理数不相离"（来知德《易经来注图解》），而且以义理为第一位的义理学派也主张"象数"和"义理"是"体用一源，显微无间"的关系，"因象以明理"（程颐《答张闳中书》），"假象以显义"（程颐《易传·乾》），"有是理，则有是象"（朱熹《朱子语类》卷六十七），认为两者不可分割。可见两派在对待象数和义理的体用关系上是相同的，只是在对待何者为体、何者为用的观点上有所不同，象数学派以象数为体、义理为用，义理学派以义理为体、象数为用。

如果说取象运数主要是象数学派采用的方法，那么取义明理则主要是义理学派采用的方法。晋代韩康伯认为《周易》一书即是"托象以明义"，八卦、六十四卦及其卦爻辞象征事物变动之理，从中可以探求出天地人事的义理——自然运行之理、人事治乱之理、因时而动之理。

宋代程颐是义理学派的代表，他将"理"——"天理"作为易学的最高范畴，认为"理"可以统率象、数、时、位，"理"是第一位的本体，"有理而后有象"，因此从象数时、位中可以取出义理。如解释乾卦初九爻辞"潜龙勿用"：

> 乾以龙为象。龙之为物，灵变不测，故以象乾道变化，阳气消息，圣人进退。初九在一卦之下，为始物之端，阳气方萌，圣人侧微，若

---

① 张其成：《象数哲学研究》，北京大学博士论文，1997年6月。

> 龙之潜隐，未可自用，当晦养以俟时。

这是从乾为"龙"的有形之"象"上推导出乾道变化不测，主阳气消息、圣人进退的无形之"义理"。又从初九爻居下的有形之"位"（"象"）上推导出事物始端、阳气方生、圣人当潜隐不用的无形之"义理"。

南宋理学大师朱熹以取义明理的方法，对《周易》做了系统的研究，提出"易只是个空的物事"，卦爻象和卦爻辞是表现事物之理的抽象公式，从这个符号框架可以抽取出事物之义理，又可以代入事物之义理。他首次区分经传，认为《易经》本为卜筮之书，而《易传》重在明义理，《经》与《传》又有内在联系。提出"存体应用，稽实待虚"的观点，以所占事情之理为"实"（因理早已存在），以所占之事情为"虚"（因事情还没有到来）；以能涵括事物但无形迹可见之理为"体"，以能应和事物而有形迹可见之事为"用"。"理定既实，事来尚虚"，"理"早已确定，所以为"实"，为"体"；"事"尚未到来，所以为"虚"，为"用"。"稽实待虚"即考察实理，以等待事物的到来。"存体应用"即存在事物的本体，以应和事物的功用。

朱熹将卦爻象和卦爻辞看成有两层意义，一是作为"实"和"体"的事物的义理，即抽象的意义；一是作为"虚"和"用"的具体的、个别的事项，即具体的意义。易学研究的目的就是从卦爻辞、卦爻象中考察出所蕴含的义理，即从具体意义中体会出抽象意义。朱熹认为程颐将一爻当一事一理，三百八十四爻只当三百八十四事理，说得固然好，但却远远不够，卦爻象辞实际上包括了万事万物一切事理。如乾卦不只限定在说"人君"，而且也是在说"庶人""众人"，因而"易不是限定底物"，而是"空的物事"。这就大大发展了程颐的"假象显义""假象明理"说，成为应用取义明理法的代表。

三、易道思维模型

不论是取象运数还是取义明理，都离不开"卦爻"这个基本模型。取象运数法是从卦爻象辞中提取出具体的、实在的事和物，取义明理法是从卦爻象辞中提取出抽象的、无形的义和理。其立论依据都是卦爻象辞，也

第五章　易道：中华文化的精神主干

就是说，卦爻象辞已经成为一种模拟、认识客体世界的既定框架，即成为一种"思维模型"。

所谓"模型"，是人们按照某种特定的目的而对认识对象所做的一种简化的描述，用物质或思维的形式对原型进行模拟所形成的特定样态，模型可以分为物质模型与思维模型两大类。

通过模型来揭示原型的形态、特征和本质的方法称为模型法。[1]

物质模型是以某种程度、形式相似的模型实体去再现原型，它既可以是人工构造的（如地球仪、船模），也可以是从自然界获取的（如动物、植物标本）。物质模型是模拟实验赖以进行的物质手段。思维模型是客体在人们思想中理想化、纯化的映象、摹写，而不是认识的物质手段。思维模型是人们在头脑中创造出来的，并且运用它在思维中进行逻辑推理、数学演算和"思想实验"，可分为形象的（唯象的）模型和符号的（标志性的）模型，前者是以理想的或想象的形态去近似地反映客体的一种思想形式，后者是借助专门的符号、线条等，并按一定的形式组合起来去描述客体。卦爻（阴阳）五行是一种典型的符号模型、思维模型。

卦爻是"象数"的最基本形式，因而易学的这种思维模型又可称为"象数模型"。

象数模型是一种思维模型，而不是物质模型。就认识方法论而言，中西方的根本不同点就在于中国人偏向于"思维模型"的方法，西方人偏向于"物质模型"的方法。而中国人的"思维模型"法正是以象数"思维模型"为代表的。

象数模型既用于对宇宙万物的分类与形式化，也用于对宇宙万物的类推与模拟。我认为"象数"模型可分为三级，第一级为卦爻阴阳模型，第二级为河图洛书（含五行）模型，第三级为太极图模型。三级模型是同质异构关系，可以互相转换、互相沟通，河洛模型与太极图模型可看成对卦爻模型的阐释和发挥。卦爻模型是象数思维的元模型。

卦爻模型最基本的符号是阳爻"⚊"和阴爻"⚋"，阴阳爻的三次组合

---

[1] 根据维纳《控制论》，模型的方法即功能模拟的方法，是控制论主要方法之一，模型和原型之间必须满足三个条件：类比性、代替性、外推性。模型可分为两类，一类是实体模型（物质模型），一类是符号模型（理想模型、思维模型）。

易道主干

构成八卦（$2^3=8$），阴阳爻的六次组合构成六十四卦（$2^6=64$），六十四卦也可看成由八卦的两两相重构成（$8^2=64$）。六十四卦是《周易》的基础模型（《周易》书中没有八卦符号），这个模型不仅包含六十四卦的卦象符号，而且包括它的排列次序。卦爻辞及《易传》则可看成是对这个模型的文字说解或内涵阐发。

六十四卦首二卦是乾卦和坤卦，为天、地，为宇宙生命之"元"，它是众卦的父母，不仅在宇宙万物中起决定性作用，而且也是万物运动变化的根本性原因。《易经》的乾坤二卦，到《易传》被称为"阳""阴"，并把"一阴一阳"看成"易道"。

乾坤—阴阳既有生成论意义，也有结构论意义，是象数思维的基点，其余六十二卦可看成乾坤二卦的交合与展开。根据孔颖达的观点，六十四卦是按照"二二相耦，非覆即变"的原则排列的，即两两一组，后一卦是前一卦的覆卦（反复颠倒构成的卦）或对卦（阳爻变阴爻、阴爻变阳爻构成的卦），反映事物向其反面转化的思想，也反映六十四卦内在的因果连续关系。六十四卦分上经、下经，上经三十卦，下经三十四卦。上经重在自然现象，下经重在人文现象。上下经又可分出若干阶段，象征事物进化的次序、阴阳消长的过程。

六十四卦最后两卦是既济卦和未济卦，表明万事万物一个周期的完结，下一个周期的开始。

虽然对六十四卦次序有不同的分段和不同的认识，应该说作为一个整体，六十四卦是宇宙生命变化规律的完整的符号系统，也是理想的符号模型。

两汉时期，以孟、京为代表的象数派提出卦气说、纳甲说，对卦爻元模型进行新的阐释。卦气说将八卦、六十四卦与天文、历法相结合，二十四节气、七十二候配纳于卦爻之中；纳甲说将八卦、六十四卦与天干（以甲为首）、地支、五行等相配合，大大扩展了卦象的取象范围，也增强了卦爻模型的应用功能。

北宋邵雍创"先天易学"，将八卦、六十四卦重新排列组合，创立"先天八卦方位图、次序图"。"先天六十四卦方位图、次序图""后天八卦方位图、次序图"等不同模型，其本意是在说明一年节气的变化，进而说明万物的兴衰、社会治乱、世界终始，体现了阴阳推移变易的宇宙思想和时空统一的宇宙模式。

卦爻模型经过汉、宋二次大整合，逐步走向成熟化、程式化。这种使思维沿着确定的程式做定向式辐射的结果，一方面使思维领域大大扩展，另一方面又限制了思维更自由的扩展；一方面使思维形式化、简明化，另一方面又使思维烦琐化、机械化。

分类和类推是易学思维模型的功能性体现，是以《周易》为代表的中华文化认识宇宙的重要方法。《周易》强调"观象取类""类族辨物""各从其类"，按不同的特性将万事万物分成不同的"类"。人要想认识宇宙万物是困难的，而要单个地、分离地去认识指谓对象则更是难上加难，《周易》采用分类和类推的方法，"方以类聚，物以群分"（《周易·系辞传》），"同声相应，同气相求"（《周易·乾卦·文言传》），无穷无尽的宇宙万物被分成有限的若干"类"，"类"成了沟通相关事物的纽带。只要性质、性能、功用、形象、结构相同或相近、相似的事物，都可归为同"类"，同"类"的事物可以沟通、逾越。在上述诸条件中，性质与功能的因素是最重要的。

分类和类推重在从动态上、整体上把握世界，"类"的外延是弹性的，这与西方外延型逻辑的"概念"有所不同，"类"是从某物向它物发散延伸的空间关系（"位"）、从某物前后变化的时间关系（"时"）、从某物与他物的总体联系，加上主体的直觉、经验、体悟而形成的非外延型逻辑"概念"。《周易》和先秦各家一样，都重视"类"的问题。《周易》中的"象"（卦象）实质上就是"类"。

《周易》象数的"类"主要有以下几种。

（1）两仪——阴阳两类

这在象数分类中是最重要的，也是最基本的，邵雍、朱熹称为"一变为二""一分为二"法。源于卦象的阴爻和阳爻，阴阳爻是六十四卦的基础，阴阳两仪是宇宙万物的基础。不仅万事万物可以分为阴阳两类，而且同一事物也可分为阴阳两面。

（2）八卦八类

将宇宙万物分为乾、坤、坎、离、震、巽、艮、兑八类。按《说卦传》

的说法，这八类的属性分别为健、顺、陷、丽、动、入、止、悦，也就是说如果具备其中的某一属性，就可归入相对应的某一类（卦象）。《说卦传》中列举了大量的事物。

（3）五行五类

严格地说，《周易》是不讲五行的，最早讲五行的是《尚书·洪范篇》，但帛书《周易》已开始以"五行"解《易》，从西汉开始，象数派更是把八卦与五行相结合，后世易学中的河洛学说即是一种五行分类，如河图中一六为水、二七为火、三八为木、四九为金、五十为土，一二三四五为五行生数，六七八九十为五行成数。我认为五行分类与两仪分类并不矛盾，五行可看成两对阴阳（水与火、木与金），而土居其中只是起到调控作用，它不占四方、不占四时，却统领四方、统领四时。五行分类促进了阴阳八卦相互之间的联系，使阴阳八卦形成了一个生克制化的有机系统。

分类是《周易》模型思维方法的起始和基础，类推（比拟、模拟）是《周易》模型思维方法的应用和目的。

上文已概述了象数思维的元模型，此外还有五行模型、干支模型、河洛模型、太极模型。它们是在思维过程中逐步形成的相对稳定的公式、范式或法则。这种公式、法则普遍适合于任何事物，而不是仅仅局限于某一具体事物、具体内容。

在卦爻元模型中，卦爻象数（甚至卦辞、爻辞）只是一个形式、符号，是一个不关涉事物的具体内容的框架，但它与近代符号逻辑学并不可等同。它虽然不关涉某一事物的具体内容，但却关涉宇宙生命的整体内容；它虽然不关涉某一事物的发展趋势，但却关涉宇宙万事万物总体的变化规律。因而某一事物的具体内容、发展规律可以在宇宙生命的整体内容、总体规律上得到类推、类比。这正是象数模型的主要功用，即引导、限定思维的方向，启发、比照思维的途径和结果。

第五章　易道：中华文化的精神主干

第四节　易道价值观念

　　以《周易》为原点的易道，它的内涵的确定是通过《易传》完成的。《易传》赋予卦爻符号以价值观念，其后历代易学加以丰富和发展。易道最高价值观念应该说就是"太和"的观念和理想。

　　《周易·乾卦·彖传》提出"太和"思想，认为"乾道变化，各正性命，保合太和，乃利贞。首出庶物，万国咸宁"。"太和"观念可以说是对卦爻的价值理想的解读。

　　《易经》卦爻辞在确立吉凶时一般是看该爻是不是得"中"得"正"，如果得"中"一般为吉。可以说整部《周易》始终贯穿了尚"和"崇"中"的思想。《周易》认为"生"是"天地之大德"，"生"又是"阴阳合德"的结果，是阴阳两种对立属性相摩相荡并达到"和"的时位才形成的。"合"与"和"就是要排斥两端，就是居"中"、得"中"、应"中"。《易传》在解读卦爻时用了"得中""应中""当中""行中""中行""中正""正中"等概念，认为这些基本上都是吉象，这是就"位"（空间）而言，如果加上"时"（时间），如果是"时中"那么就必是大吉大利无疑。

　　《周易》是生命哲学（"生生之谓易"），"中和"是生命赖以形成、存在、运动的基础（"天地氤氲，万物化醇；男女构精，万物化生"），也是进行"吉凶悔吝"价值判断的前提。

　　"合"的要求是很高的，要作一个"大人"必须要四"合"："与天地合其德，与日月合其明，与四时合其序，与鬼神合其吉凶"（《周易·乾卦·文言传》），能先"合"，然后才能"和"。

　　从《周易》卦爻来看，也表现了"和"的特征，这可以从卦爻的对称上考察出来。六十四卦处处体现对称规律。阴爻和阳爻构成卦象的对称。分为相反的两元素之间相对——反对，相同的两元素之间相对——正对。

易道主干

六十四卦每一卦自身又构成一个由下而上的对称结构，各卦之间横向、纵向，均可构成对称结构，所以刘纲纪先生称为卦象结构的对称美。[1]

这种对称规律，其实不仅是"美"，而且是"真"，是"善"，是三位一体的价值理想。

"太和"观念是上古"天人合一""物我合一"观念的发展，也是先秦儒、道及其他诸子、各家价值理想的汇总。

《尚书》以《尧典》开篇，而尧的德行之大者，就在于能"协和万邦"。《左传》有"九合诸侯，如乐之和，无所不谐"，《国语》有"和宁百姓""和协辑睦，于是乎兴"，《周礼注》有"以和邦国，以谐万民"，对宇宙自然、人类社会和谐完善的追求，是中国先民的终极理想。

先秦道家对自然和谐仰慕至极，老子说："万物负阴而抱阳，冲气以为和"（42章），"知和曰常，知常曰明"（5章）。这种"和"又具体体现在"人法地，地法天，天法道，道法自然"（25章）的行为规范和要求之中。庄子说："古之治道者，以恬养知……知与恬交相养，而和理出其性"。（《庄子·缮性》）以"和理"为人的本性。

先秦儒家提出"仁"的范畴，所谓"仁"实质上就是调和人与人之间的关系，"和"既是达到"仁"的手段，又是实现"仁"的最高境界。孔子说："君子和而不同，小人同而不和。"（《论语·子路》）孔子的弟子有子说："礼之用，和为贵，先王之道斯为美。"（《论语·学而》）孔子还主张"知和而和""以礼节之"（同上），"和"要用"礼"来调节和规范，"和"以"礼"为前提，"礼"以"和"为目的。

先秦儒家的"中庸"思想可以说是"和"的另一表述。孔子提出"中庸之为德也，其至矣乎！"（《论语·雍也》）思孟学派将它提升为天下的"大本"和"达道"。《中庸》说："喜怒哀乐之未发谓之中，发而皆中节谓之和。……致中和，天地位焉，万物育焉。"

《易传》是对儒、道两家思想的调中，它提出的"一阴一阳之谓道"，其实就是指对"阴阳"对立面的调和，它把一卦六爻看成天、地、人三才之道的和谐统一。把乾坤阴阳的"合德"，看成"以体天地之撰，以通神明

---

[1] 刘纲纪：《周易与中国美学》，载张其成主编《易经应用大百科》，东南大学出版社，1994年。

之德"(《周易·系辞传》)。

《易经》卦爻的内涵、先秦诸子的思想，经过《易传》的总结、提炼，形成了"太和"的最高价值观念，对汉以后中国文化的价值观起到导向的作用，并成为中华文化的最高价值理想。

除"太和"的最高价值观念之外，"易道"还包括了有关阴阳尊卑（儒家阳尊阴卑，道家阴尊阳卑）、吉凶判断等价值理念。研究这些价值理念对于中华文化本质的认识无疑是必要的。

第五节　中华传统科学的实质

《周易》宇宙变易理论与象数思维模式——易道，对中华传统科技产生巨大影响。从某种意义上说，"象数"学也就是中国传统科学，"象"是天文学、生命学、医学；"数"是数学、历法学、音律学。

《四库全书总目提要》说，"易道"可以"旁及天文、地理、乐律、兵法、韵学、算术，以逮方外之炉火"，这是一种奇特的文化现象。至于象数对传统科技的主导作用是促进了还是阻碍了我国古代科技文化的发展，应该加以客观分析。

一、自然科学

如果按《易传》的说法，中华民族早期的重大发明，如农具、舟楫、衣裳、服牛乘马、杵臼、弧矢、宫室、棺椁、书契等，都是依据卦象的启发而发明的（《系辞传下》），这种说法显然令人难以相信，不过它告诉我们取象思维在古代科技发明中的作用，依据卦象——物象对发明器具进行模拟，是发明创造的关键。下面对传统自然科学（我将"生命科学"从中分出）各门类进行简要评介。

1. 天文

古代天文学的目的可以说是为了"与天地合其德，与日月合其明，与四时合其序，与鬼神合其吉凶。先天而天不违，后天而奉天时"（《周易·乾卦·文言传》），因而天文必然又与历法（"四时"）、地理（"天地"）、神灵（"鬼神"）合为一体而难以分割，这也正是中国科学整合、系统、同一、互动的特点。

古代观测天文、制定历法是以易学象数符号为工具的。公元前1100年左右，中国已开始观测星辰出没方位以掌握季节变化，如黄昏见"大火"（即心宿二）在东方就是耕种季节。《尚书·尧典》："日中，星鸟，以殷仲春……日永星火，以正仲夏……宵中，星虚，以殷仲秋……日短，星昴，以正仲冬。"即黄昏时洛阳城日落后一刻的时间见鸟星（星宿一）在正南方，即是春天第二个月，余以此类推。

古代为了认识星辰和观测天象，把天上的恒星几个几个地组合在一起，这种恒星组合称为星官，在众多星官中，最重要的是"三垣二十八宿"。

三垣，即紫微垣、太微垣、天市垣。它们的名称曾在《开元占经》中辑录的《石氏星经》（三国魏人石申著作）和唐初的《玄象诗》中出现。《史记·天官书》中也可见到和这三垣相当的星官，只是名称不同。可见，至迟在汉代就有了三垣区划。

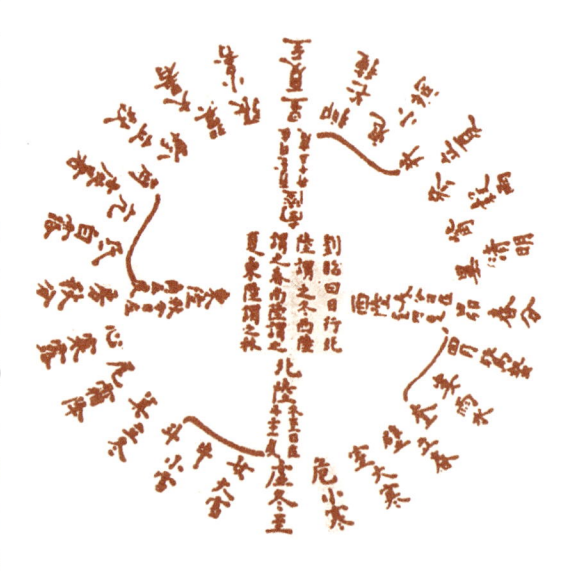

图 5-5　日行二十八宿图

二十八宿，分为四象，每象为七宿。东方青龙七宿为：角、亢、氐、房、心、尾、箕；北方玄武七宿为：斗、牛、女、虚、危、室、壁；西方白虎七宿为：奎、娄、胃、昴、毕、觜、参；南方朱雀七宿为：井、鬼、柳、星、张、翼、轸。二十八宿中的部分星宿在春秋时期的《诗经》《夏小正》等书中已有记载，《尚书·尧典》中有"四仲中星"的记载，从所记天象推算，大约在殷末周初（公元前十三、二世纪），因而有人认为二十八宿大约产生于这个时代，但有争议。最早记载二十八宿的可靠文献是《吕氏春秋》《礼记·月令》《周礼》等，它们产生的时代最早在战国中期（公元前四世纪）。1978年夏，湖北随县发掘出战国初年的一件漆箱，盖上有二十八宿的名称，还有与四象相对应的图像，则把文献证据提前到公元前五世纪。如从《吕氏春秋》等文献所记载的天象推算，则可提前到春秋中叶（公元前七世纪）。

当时并没有与卦爻象数相配，但不能说与象数没有任何关系，实际上二十八宿分四象正是一种广义的象数思维。

比二十八宿更早的是十二支。在殷墟甲骨文上已有十二支的记载，反映公元前1400年已有十二地支的象数的分类。郭沫若认为十二地支是观天象而产生的，也有学者认为是描述十二朔望月的有关星象产生的。将十二支用于天区的划分，即"十二辰"。汉代以后十二辰用于记时，此为左旋。"十二辰"沿天赤道从东向西将周天等分为十二部分，分别用子、丑、寅、卯、辰、巳、午、未、申、酉、戌、亥表示。

与此相对应的是把黄赤道带自西向东划分为十二部分，称为"十二次"。十二次的名称依次是：星纪、玄枵、娵訾、降娄、大梁、实沈、鹑首、鹑火、鹑尾、寿星、大火、析木。十二次与十二辰的划分方向相反，其他则一致。

古代还将天象与地理对应起来（体现"天人合一"思想），《周礼·春官·保章氏》以星土辨九州之地，"对域皆有分量"。地上的州国与星空区域互相对应分配用以占卜各地的吉凶祸福、属星占范围，称为"分野"。分野有十二次分野、北斗分野、九州分野、二十八宿分野、五星分野、十干分野、十二支分野等。

这种划分同样体现"象数"思想。将以上划分与卦象直接联系起来的是汉代经学家。如郑玄创立"爻辰"法，将十二地支、二十八宿与乾、坤二卦十二爻交错相配，阴阳十二爻配十二地支（十二辰），再将二十八宿按四象对应于四方。其地支按顺时针方向排列，二十八宿按反时针方向排列。

另有人又将其与分野对应（见表 5-1）。

表 5-1　十二爻、十二辰、二十八宿、分野对应表

十二爻	坤六四	乾初九	坤六三	乾上九	坤六二	乾九五	坤初六	乾九四	坤上六	乾九三	坤六五	乾九二
十二辰	丑	子	亥	戌	酉	申	未	午	巳	辰	卯	寅
二十八星宿	斗牛女	虚危	室壁	奎娄胃	昴毕	觜参	井鬼	柳星张	翼轸	角亢	氐房心	尾箕
分野	吴扬	齐青	卫并	鲁徐	赵翼	晋益	秦雍	周三河	楚荆	郑兖	宋豫	燕幽

天文的星官组合划分从一个特定的角度体现了象数思维的整体、分类思想，为后世象数学开辟了道路。

2. 历律

中国古代由于农业生产的需要，希望知道日、月、星辰变化规律对昼夜、朔望、季节的影响，因而根据天象制定历法。《尚书·尧典》记载，帝尧命羲和掌管天文，观察日月星出没周期，为民授时。这就是上述的"日中星鸟，以殷仲春"的方法。

中国自古采用以月亮的视运动而定出朔望月，从月圆到月圆或从新月到新月以定"月"，约 29 天；以日影长度的回归即以中午日影最短的一天（夏至）或中午日影最长的一天（冬至）到下一个夏至日或冬至日定"年"，为 365 日左右，称一个回归年；以今日日出到明日日出定"日"，为十二时辰。

夏代已产生天干十进制记日法。殷代历法以干支记日、朔望记月、太阳回归记年，这就是以太阳、月亮的运动制作的阴阳合历。大约西周时

期将沿黄、赤道的周天恒星分为二十八宿,此后又把一周天分为十二次、十二辰,设想"太岁"在天上由西向东运行,每年移行一辰,称"太岁纪年法",又采用二十八宿体系纪时。春秋时期采用"四分历",战国时各诸侯国采用"六古历",亦为"四分历",秦以后采用颛顼历,汉武帝时制定"太初历",《淮南子·天文训》中已有二十四节气的完整名称,西汉后期又有"三统历",其后历代都有历法。①

与天文星官划分一样,最早历法并没有与卦爻结合,但亦组成了早期的"象数学"。将历法纳入易学体系是汉代的象数家孟喜、京房。

孟、京的卦气说将四时、十二月、二十四节气、七十二候与卦爻相配合。

以十二消息卦为例,以复到坤分别配子月(11月)到亥月(10月)、冬至到大雪(每卦配两节气),十二卦七十二爻每爻各主一候。以此表示四季寒暑变迁、昼夜长短更替、节气物候变化是有周期节律的,这种阴阳消失的节律呈正弦曲线变化过程。

音律在古代是与天文、历法密切相连的,凡一切天文历法有关的事项都与音律有关。《史记·律历书》说:"王者制事立法,物度轨则,壹禀于六律,六律为万物根本焉。"早在西周时代音乐就有一定的发展,并已出现五声音阶、七声音阶和十二律等。十二律与五声、七声音阶配合如表5-2。

表5-2　十二律、五声、七声音阶配合表

十二律名	黄钟	大吕	太簇	夹钟	姑洗	仲吕	蕤宾	林钟	夷则	南吕	无射	应钟	清黄钟
五声音阶	宫		商		角			徵		羽			清宫
七声音阶	宫		商		角		变徵	徵		羽		变宫	清宫

古代最早记载生律方法的书是《管子·地员》。生律法为"三分损益"

---

① 张其成主编:《易经应用大百科·历法》,卢央、邓家璜撰,东南大学出版社,1994年。

易道主干

法，三分损益法就是将一个振动体（例如弦），在长度上均分为三段，如果取其 2/3，等于去 1/3，就称为三分损一；如果均分为三段，又加上 1/3，即取 4/3，称为三分益一。如此三分损一、三分益一，继续推出各律，就称为三分损益法。振动体三分损一（即 2/3 部分）所发之音，比全弦长所发之音高纯五度；三分益一（4/3）所发之音比原长所发之音低纯四度。低纯四度与高纯五度是相互转位的，所以这种律制就是五度相生律（见图 5-6）。

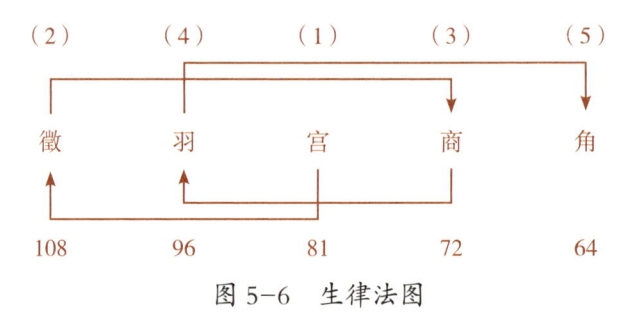

```
  (2)    (4)    (1)    (3)    (5)
   徵     羽     宫     商     角
  108    96     81     72     64
```

图 5-6　生律法图

各律的定法，最早见于《管子·地员》，它只讲了宫商角徵羽五音的定律法。首先是定宫音"先主一而三之，四开以合九九，以是生黄钟小素之首以成宫"。用数式表示就是：$1 \times 3^4 = 9 \times 9 = 81$，这 81 是黄钟宫音的律数，由宫音三分益一，得 108，（即 $81 \times 4/3$）为徵，由此取其 2/3（$108 \times 2/3 = 72$）生商音，由商三分益一（$72 \times 4/3 = 96$）而得羽音，由羽三分损一（$96 \times 2/3 = 64$）得角，将这一生律法用图 5-6 表示。

这里所说的律数 81、108 等是振动体长度的比数，与管的长度有关，凡管或弦等发音体愈长则音愈低，愈短则音愈高。这一生律的次序还表示了一种调式，叫作"五声徵调式"，是中国民族调式的一种，是由一律出发，向上连取四律而成，若把各律轮流作为主音，可以构成五种五声调式。

在《管子·地员》之后，有《吕氏春秋》，把三分损益法由五律推到十二律，使调式的范围扩大，可以在十二律上进行"旋宫"。《吕氏春秋》说：黄钟生林钟，林钟生太簇，太簇生南吕，南吕生姑洗，姑洗生应钟，应钟生蕤宾，蕤宾生大吕，大吕生夷则，夷则生夹钟，夹钟生无射，无射生仲吕，其生法亦为三分损益法，称："三分所生，益之一分以上生；三分

第五章　易道：中华文化的精神主干

所生，去其一分以下生，黄钟、大吕、太簇、夹钟、姑洗、仲吕、蕤宾为上；林钟、夷则、南吕、无射、应钟为下。"（见表5-3）。

表5-3　十二律的律数

相生次序	（1）	（8）	（3）	（10）	（5）	（12）	（7）	（2）	（9）	（4）	（11）	（6）
律名	黄钟	大吕	太簇	夹钟	姑洗	仲吕	蕤宾	林钟	夷则	南吕	无射	应钟
律数	81	76	72	67.6	64	60	57	54	50.7	48	45	42.7

《吕氏春秋》推求的律数与《管子·地员》不同，两数比较后即可看出：黄钟（宫）、太簇（商）、姑洗（角）之律数相同，但徵音和羽音的律数，《管子》比《吕氏春秋》高一倍，《吕氏春秋》说明上生是三分益一，下生是三分损一。其实三分益一是振动体长度加长，则其振动频率降低，音高降低，今日谓之向下生；而三分损一则相反，应是音高上升，今日谓之向上生。在十二律上，每次上生一个纯五度，或下生一个纯四度（是纯五度的对位），都包括八个律（例如：黄钟到林钟，林钟到太簇），所以中国古代把五度相生称为"隔八相生"。

后来，象数家用易学象数表示三分损一法则，绘成纳音图，使人一目了然，易记易算。

六律用乾六爻代表就是：乾初九黄钟，乾九二太簇，乾九三姑洗，乾九四蕤宾，乾九五夷则，乾上九无射。

六吕用坤六爻代表就是：坤初六林钟，坤六二南吕，坤六三应钟，坤六四大吕，坤六五夹钟，坤上六钟吕。

阳律（逢九）生阴吕（逢六），则三分损一，即九变六；阴吕生阳律，则三分益一，即六变九。这样就可以简化为"九六相生"法则，初九生初六，初六生九二，九二生六二，六二生九三，九三生六三，……不致紊乱。

乾初九黄钟之律管古时定为九寸，则所生之坤初六林钟的律管长 $9 \times \left(1-\frac{1}{3}\right)$ =6寸，坤初六林钟生乾九二太簇之律管为 $6 \times \left(1+\frac{1}{3}\right)$ =8寸，乾九二太簇生坤六二南吕的律管为 $8 \times \left(1-\frac{1}{3}\right) = 5\frac{1}{3}$ 寸。按此推算，乾上六无射，管长 $4\frac{6524}{6561}$ 寸，坤六三应钟之律管长 $5\frac{3}{27}$ 寸；坤上六仲吕，管长 $6\frac{12974}{19683}$ 寸。古代要计算分母为五位数的繁分数，是相当复杂的。《汉书·律历志》对这一损益相生法则做出了象数解释："黄钟初九，律之首，阳之变也。因而六之，以九为法，得林钟初六，吕之首，阴之变也。皆参天两地之法也。上生六而倍之，下生六而损之，皆以九为法。九六，阴阳夫妇子母之道也，律娶妻，而吕生子，天地之情也。"《汉书·律历志》还认为黄钟九寸，林钟六寸，太簇八寸，三个整数有"三统之义"，对此做了神秘主义解释："十一月，乾之初九，阳气伏于地下，始著为一，万物萌动，钟于太阴，故黄钟为天统，律长九寸。""六月，坤之初六，阴气受任于太阳，继养化柔，万物生长……故林钟为地统，律长六寸。""故太族（簇）为人统，律长八寸，象八卦。""三统相通，故黄钟、林钟、太族（簇）律长皆全寸而亡余分也。"这些说法十分神秘牵强，实则十二律损益相生的规律，并不是通过易学象数发现的。湖北随县出土的曾侯乙编钟，共 64 只钟，每个甬钟有两个乐音，其音域可跨五个八度。音阶结构同现代 C 大调七声音阶极为相似，说明在战国时期古人对乐律的掌握完全符合科学道理，那时的乐律并未附会以易学象数。

　　明代科学家朱载堉在世界音律史上，首次建立十二平均律的数理理论，对我国乐律发展做出了重大贡献。二千多年来，由于未能完满解决十二平均律的正确比例问题，阻碍着乐器上的旋宫转调。朱载堉将传统的数学改用阿拉伯数字，使计算精确到小数点后 25 位，终于取得了十二平均律的正确比例 1.059463……即今通用的十二平均律的等比数列中的 $12\sqrt{2}$。他的计算方法就是："盖十二律黄钟为始，应钟为终，终而更始，循环无端……是故各律皆以黄钟……为实，皆以应钟倍数 1.059463……为法除之，即得次律也。"（《律吕精义·内篇》）朱载堉为了取得这一数据，不取三分损益法，首创用算盘开高次方根的运算。

　　明代医家张介宾在《类经图翼》中引用了朱载堉归纳的古代有关"三分损益"生律的两种方法：一种是十二律吕各依据方位，在子午以东属阳，子午以西属阴；一种是六律数奇属阳、六吕数偶属阴（见图 5-7）。[①]

[①] 张其成主编：《易经应用大百科·音律》，卢央、邓家璜撰，东南大学出版社，1994 年。

图 5-7　三分损益生律法

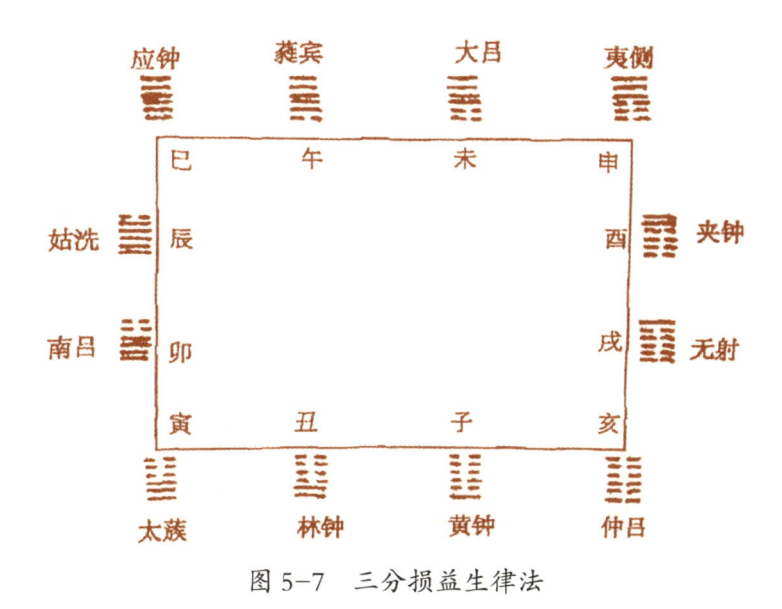

3. 数学

易学象数学中，"数"不仅是其重要的组成部分，而且充当着中国文化的重要角色。古代文化中有"历数""律数""运数""礼数""气数"等。《周易》卦爻辞涉及了爻数，《易传》又提出了"天地数""大衍数""万物数""倚数""逆数""极数"等概念。

我在第二章中已简要介绍了这方面的内容。这里再有选择地介绍一下后世对它们的解释。

（1）大衍数

《周易·系辞上》说"大衍之数五十"，是用以揲蓍演卦的基数。这个数颇令人费解。难解之源是大衍之数（五十）与天地之数（五十五）相差五。大衍之数五十，五十由何而来？为什么其用四十有九？

京房及《易纬·乾凿度》认为五十是十日、十二辰、二十八宿相加而得（10+12+28=50），去一不用，是因为天之生气是以虚来实，所以只有四十九。

马融认为，易有太极，谓北辰也。太极生两仪，两仪生日月，日月生

易道主干

四时,四时生五行,五行生十二月,十二月生二十四气。北居位不动,其余四十九转运而用。即1(北辰、太极)+2(两仪)+2(日月)+4(时)+5(行)+12(月)+24(节气),共为50。北辰因居中不动,故去一为四十九。马融的这个讲法较之京房,把天文、历法四时、五行、月、节气等概括一尽,而不用京房二十八宿之说。

刘歆认为:"是故元始有象,一也;春秋,二也;三统,三也;四时,四也;合为十,成五体。以五乘十,大衍之数也。"(《汉书·律历志》)"元始有象",指世界最元始时有了物象,就是"一",这个"一"是整体之一。春、秋指年,甲骨文只以春秋称年,而少见"夏冬"。"三统",指《三统历》。四时,指四季。刘歆不仅确定了"大衍之数"为五十,并且和京房、马融等一样,明确了"五十之数"的具体内容和"去一"不用的原因,按《三统历》月法之实=2392。这个数的来历是:$2392=(49×2×3×4+19+1)×2$。

可见,刘是将四十九(即五十减一)这个数,作为他历数的重要因子来看待的。

荀爽认为:"卦,各有六爻,六八四十八,加乾坤二用(即用九、用六),凡有五十。初九,潜龙勿用,故用四十九也。"荀说似乎最能就卦而言数。但《周易·乾卦》"潜龙勿用"系就爻位而加描述,不能据之以去一爻。

崔憬认为,八卦之数相加为五十。"艮为少阳,其数三;坎为中阳,其数五;震为长阳,其数七;乾为老阳,其数九;兑为少阴,其数二;离为中阴,其数十;巽为长阴,其数八;坤为老阴,其数六。"(《周易集解》引)即$3+5+7+9+2+10+8+6=50$。

程颐《易说》认为:"大衍之数五十。数始于一,备于五。小衍之而成十,大衍之则为五十。五十,数之成也。成则不动,故损一以为用。天地之数五十有五,成变化而行鬼神者也。变化言功,鬼神言用。"程颐把"五十"与"五十五"两数分得很清楚:五十为大衍之数,是成数。卜筮时之所以要去一,用四十九,目的在改变"成则不动"。"五十五"为天地之数,是变化之数,所以"有得""有合",还可与"五行"相化成。

朱熹认为大衍之数五十是河图中宫数五乘以十而得。他又在"天一、地二"一条中注云："就此章而言之，则中五为衍母，次十为衍子。"五乘以十，依然是五十。朱熹还认为大衍之数用四十九为理势之自然，不是人的理解力所能改变的。

这是认定"大衍之数为五十"的一家之说，但也有不少易学家认为大衍之数为五十五。根据有二：一是《周易·系辞传》中所谓的天地之数是五十五，由"天数五、地数五"衍化的天地数之和也是五十五；二是《河图》之数也是五十五。

数五十五只用四十九之说的理由也不尽相同。

郑玄认为："天地之数五十有五，以五行气通，凡五行减五，大衍又减一，故四十九也。"

姚信、董遇认为："天地之数，五十有五者，其六以象六画之数，故减之而用四十九。"（《周易正义》孔颖达疏）

姚配中认为："天地之数五十五，减其小数五以象五行，用其大数五十以演卦，故曰：'大演之数五十。'五十者，参天两地；减五，亦参天两地；减一，象太枢也。"（《周易姚氏学》）

金景芳认为，大衍之数五十有五是自然数，筮法是人为的。只有用四十九根蓍草方能在四营三易后得到六、七、八、九而形成卦。

对"大衍数"进行数理解释的主要方法有：以勾股定理解释、以数图解释、以同余式解释等。

近代杭辛斋《易数偶得》用勾股定理对"大衍数"进行解释，并作大衍之数勾股图（见图5-8）。

杭辛斋还用一个9×9=81的方格图以说明大衍之数五十是阴阳各半，图中一三五七九阶梯阴阳各半，且各二十四，中间的"一"是阴阳各半，合而为四十九。

宋代秦九韶在《数书九章》中首次研究大衍数的数学结构，他将这类问题归结为"大衍数"，今董光璧等人将它归

图5-8 大衍之数勾股弦图

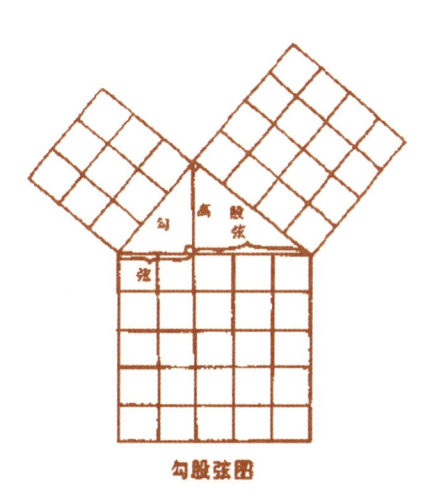

为"同余式"问题。[1]

（2）策数

策是用蓍草制成的筹码。由大衍之数的分析可知，各派对大衍之数组成的理解各不相同，用四十九的理由也各不相同，但却有一个共同的归宿，即都要归一于"四十九"这个数字。

四十九就是用《周易》之法进行卜筮时所需要的策数。

《连山易》用九十七策，以八为揲；《归藏易》用三十六策，以三为揲；《周易》用四十九策，以四为揲。其作用都是为了卜筮时能通过揲、挂、扐得出卦爻来。

不同的卦爻对应不同的策数。

在《周易》筮法中，若经揲蓍之后所得的策数为三十六，则为老阳，因为 36= 老阳数 9×4（乘以 4 是因为揲蓍时每四根一数）；

若策数为二十八，则为少阳，因为 28= 少阳数 7×4；

若策数为二十四，则为老阴，因为 24= 老阴数 6×4；

若策数为三十二，则为少阴，因为 32= 少阴数 8×4。

阳爻以九代表（策数为三十六），乾卦六爻全都是阳，故乾之策数：$36 \times 6=216$。

阴爻以六代表（策数为二十四），坤卦六爻全都是阴，故坤之策数：$24 \times 6=144$。

乾坤二卦合为三百六十策（216+144=360），与一年三百六十日（约数）之数相当。乾为天，坤为地，天地变化一年一循环，故乾坤两卦之策数象征天地变化——循环之日数。

万物策数也可由此推算而来。

《易经》上下篇，共六十四卦三百八十四爻，阴爻、阳爻各一百九十二，以三十六乘以一百九十二，得六千九百一十二；以二十四乘以一百九十二，得四千六百零八，合计为一万一千五百二十，象征着万物之数。

---

[1] 董光璧：《易图的数学结构》，上海人民出版社，1987 年；《易学科学史纲》，武汉出版社，1993 年。

第五章 易道：中华文化的精神主干

乾坤策数、万物策数的推算尚有另外的方法。

《汉书·律历志》有一段话，解释了策数来源，将它用数字表示为：

3×3=9，9×2=18，18×4=72，72=3×3×2×4，72×3=216（乾之策），72×2=144（坤之策），72×9=648（即阳用九），72×6=432（即阳用六），648+432=1080（即用九用六两数之和相加），1080×8=8640（八卦小成），8640×8=69120，69120×2=138240（八卦大成），138240×19=2626560（与日月会），2626560×3=7879680（与三元会），7879680×3=23639040（太极上元），23639040÷（19×9×6）=2×11520（万物策数）。

这些数字具体说明了《周易》阴阳策数、万物策数的来源。

近人沈喜登、杭辛斋等有不同的解释，见杭辛斋《学易笔谈》。

（3）河洛数理

宋代将汉以前产生的明堂九宫图（见图5-9）、五行生成数图命名为"河图""洛书"。自此对河洛数理的解释成为古代象数学家的热点。

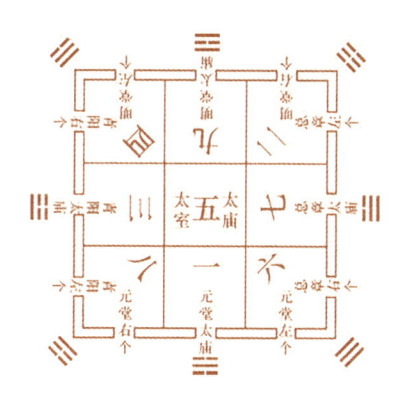

图 5-9 明堂九宫图

南宋杨辉著《续古摘奇算法》（1275年），始将河图、洛书作为数学对象加以研究，发展河洛数图，构造了20个纵横图，包括三行、四行、五行、六行、九行、十行的纵横图，并且还提出数学构造洛书数图的十六字口诀，即"九子斜排，上下对易，左右相更，四维挺出"，以及其他数图的排法，如四行纵横图的"换易术"。

元人张理著《易象图说》，强调纵、横、斜相加皆十五。

易道主干

  明王文素的《算学宝鉴》(1524年)和程大位的《算法统宗》(1592年)等数学书也记载了不少纵横图。清代江永与众不同,大概出于数学图的对称美,硬是把流行的不对称之河图数"变体",形成两幅对称的河图。这两幅河图变体图,使河图也具有纵横数相等的对称美。前者纵横皆30,后者纵横皆33,是两个十字形纵横图。①

  其实对九数图、十数图的数学建构和分析早在汉代就已经开始,只是那时还不叫"河图""洛书"罢了。

  西汉末年成书的《易纬·乾凿度》将筮法四营数六、七、八、九用于说明气的运动变化规律,并将这种奇偶与阴阳对应规则推广,规定阳气变化流向为一、七、九,阴气变化流向为二、六、八。认为阴阳数的九、六配伍和七、八配伍皆十五,"太一取其数以行九宫,四正四维皆合于十五",构造了一个规则的数字图。

  西汉扬雄的太玄五行图,除以数表示方向外,还表示季节。只是他的数图纵横数不等,不具对称美。东汉郑玄将天地数与五行对应,通过一番解释提出:天一生水于北、地六成水于北,地二生火于南、天七成火于南,天三生木于东、地八成木于东,地四生金于西、天九成金于西,天五生土于中、地十成土于中。于是一、六代水示北方,二、七代火示南方,三、八代木示东方,四、九代金示西方,五、十代土示中央。它是十字形排布的数图,纵向合数与横向合数不等,也是不对称的。

  东汉数学家徐岳著《数术记遗》记载的数学方法,有积算数、太一数、两仪数、三才数、五行数、八卦数、九宫数、运筹数、了知数、成数、把头数、龟算、珠算、心算等,"九宫数"和"太一数"被列入其中。关于"九宫算","阳动而进,变七之九,象其气之息也;阴动而退,变八之六,象其气之消也。故太一取其数以行九宫,四正四维皆合于十五"(清张惠言《易纬略义》),而东汉张衡则认为九宫说和卦气说都属于占术之类。他上疏说:"臣闻圣人明审律历以定吉凶,重之以卜筮,杂之以九宫。……且律历、卦候、九宫、风角,数有征效,世莫肯学。"(《后汉书·张衡传》)

  南北朝时期甄鸾于《数术记遗》中以神龟形象注九宫说:"二四为肩,六八为足,左三右七,戴九腹一,五居中央。"此说完全合"九宫数"排列。

---

① 董光璧:《易学科学史纲》,武汉出版社,1993年。

唐代王希明在《太一金镜式经》中也说："九宫之义，法以灵龟，以二四为肩，六八为足，左三右七，戴九腹一。"但却把太一"行九宫"改为"行八宫"。其行宫顺序也改为乾1、离2、艮3、震4、兑6、坤7、坎8，而且八宫方位也完全不袭汉代，就数字规律性而言，八宫数与九宫数几乎一样美。八宫数比九宫数稍逊，但仍然有两种对称性：四正四维皆为10，四边皆为15。[1]

其后北宋邵雍以"数学"著称，他创作的《皇极经世书》，以元、会、运、世为计时单位，规定了一套运算法则。他还发明了万物之数、太阳、太阴、少阳、少阴、太刚、太柔、少刚、少柔之体数、用数，等等。

近代杭辛斋对"易数"多有发明。

限于篇幅，从略。有兴趣的读者可参阅董光璧《易学科学史纲》、李标《易学与数学》[2]等。

二、生命科学

我认为《周易》是中国传统生命哲学的代表，中医、气功是中国传统生命科学的代表。或者说，《周易》是中国传统生命科学的哲学基础。[3]以阴阳五行、河洛八卦为代表的"象数"模型，是医易模拟人体生命的理论模型。中医在"天人合一"观念的指导下，将人看成一个"小宇宙"，人体生命与宇宙自然不仅同构、同序，而且互通、互动，人与天一样受到阴阳五行"象数"的支配。阴阳五行的象数模型，既是中医对生命机体的分类，又是中医生理、病理的基本模式。五脏六腑、十二经脉、五运六气正是这种模型的再现与运用。研究这一模型对中医理论本质的揭示，对中医的形成与发展的再认识，无疑都具有重大意义。因为它深层次地解答了中医为什么没有一开始就走向机械、还原、分析之路的根本原因。

从实质上看，作为一种动态模型，"象数"模型大体上是适合人体生

---

[1] 董光璧：《易学科学史纲》，武汉出版社，1993年。
[2] 张其成主编：《易经应用大百科》，东南大学出版社，1994年，第491页—520页。
[3] 张其成：《周易与中医学》《中医、气功与生命科学》，《健康报》1996年5月24日第2版、8月23日第2版。

易道主干

命根本规律的,换言之,生命的功能、生命的运动基本上符合"象数"模型。但也应看到,象数模型毕竟主要是对天道运动大规律的模拟,还不可能完全揭示人体生命的具体结构功能规律,如果认为只要研究象数模型,就可以替代研究人体结构功能模型,那么就必将导致医学、生命科学的异化,对此应有一个正确的认识。我们的任务就是从生命运动本身出发,结合"象数"规则,不断修正、完善人体生命模型,最终揭示人体生命运动之谜。当然,这绝非朝夕之功,但这是我们人文科学、医学科学、生命科学工作者共同面临的光荣任务。

1. 中医理论本质与人体生命模型

在中医理论体系中,至今仍有一些问题难以合理解释。如:为什么要将人体进行阴阳两仪分类和五行分类?"二"和"五"之间有没有深层次的联系?"左肝右肺"究竟应该怎样解释?十二经络的定型和三阴三阳的命名是在什么背景下完成的?"经络"到底能不能通过实证、实验的办法找到寸口脉、尺肤脉?面诊有无结构规律?六经传变、病愈日决病有何理论基础?等等。要深层次、客观地解释这些问题,光从这些学说本身的内涵去考察、分析是远远不够的,必须从形成这种学说的思维方式的视角进行考察,舍此别无他途。

中医理论体系之所以在世界文化史上卓然独立,其根本原因就在于它拥有一套有别于印度医学、西方医学的思维方式,这种思维方式实质上是《周易》所创立和代表的中华文化特有的。唯有援易入医,以易训医,才能揭示中医理论的实质。这也正是中医理论研究的必由之路。

(1) 脏象学说与易象类分

《黄帝内经》以阴阳五行类分人体脏腑,对"象"的分析注重功能、轻视实体,即以功能为"象";采用易象分类原则,以阴阳五行整体划分世界,即以阴阳五行为"象"(见图5-10)。

第五章　易道：中华文化的精神主干

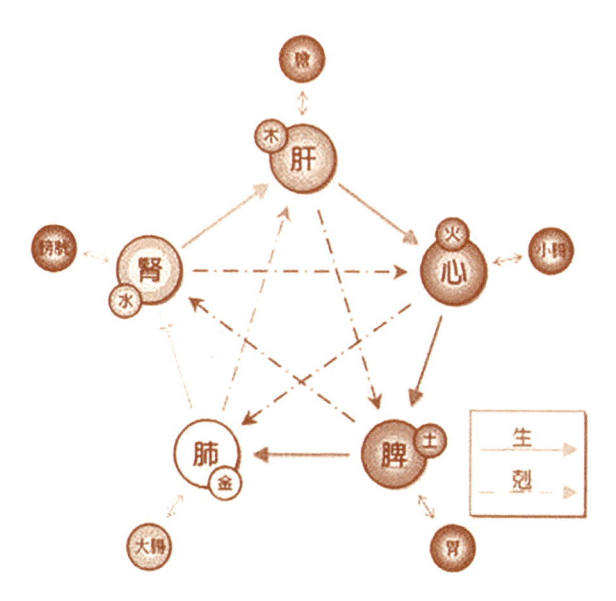

图 5-10　阴阳五行人体脏腑

为什么以阴阳分类？这是《周易》阴阳太极象数思维（形象思维、直觉思维、类比思维）的体现。《易经》卦爻符号、《易传》阴阳观念充分反映了动态、整体的阴阳思维哲学。

中医学吸收并发展了《周易》"阴阳"概念。在《素问·阴阳应象大论》中以"阴阳"应象为依据，构筑藏象学说。认为天地自然及人体生理、病理，万千形象皆与阴阳之象相对应。以动态、功能之象构筑藏象，成了中医学对人体进行观察的根本方法，具体地说就是以表示事物行为功能的动态形象为本位，以形体器官和物质构成为辅从的方法。

为什么《黄帝内经》又以五行分类？阴阳（太极八卦）与五行有没有关系？是否为两个不同的体系？

先让我们来看一看《黄帝内经》的有关论述。《素问·金匮真言论》："东方青色，入通于肝，开窍于目……其味酸，其类草木，其畜鸡，其谷麦，其应四时，上为岁星……其音角，其数八……其臭臊。"这段文字，以五行论述五脏所属，其中"鸡、羊、牛、马、彘"乃源于《周易·说卦传》，"八、七、五、九、六"乃是河图五行之成数，是直接受《周易》象数思维影响的产物。

277

易道主干

《灵枢·九宫八风篇》首次提出八卦、八方、八风与人体脏腑、病变部位相对应，与五行归类原理相同。

虽然阴阳八卦基数为"二"，五行基数为"三"，两者之间存在明显差异，但阴阳八卦和五行形成的思路是基本相同的，在《易传》中已有融合趋势，《黄帝内经》则沿着这一思维模式进一步发展。五行应看成两对阴阳（金与木、水与火）加上中土，中土起到调节、平衡阴阳的作用。"二"为对立、冲突，"三"为中和、调节，两者互补。八卦、六十四卦是"二"（阴爻、阳爻）和"三"（天、地、人三才）的统一体；太极图也是"二"（阴鱼、阳鱼）和"三"（阴、阳加上中介线）的形象图示。[①]

《素问·六节脏象论》："心者，生之本，神之变也，其华在面，其充在血脉，为阳中之太阳，通于夏气。"这一段文字通过生、神、华、充、通等概念揭示和界定五藏，依据五行的动态功能及属性类分组织器官及相关自然事物。其中五藏、五行又分别与阳中之太阳，阴中之太阴，阴中之少阴，阳中之少阳、至阴相配属，太阳、太阴、少阳、少阴为"四象"，正是"阴阳"的高一层次（$2^2=4$）划分。《灵枢·阴阳系日月》阐述了同样道理："心为阳中之太阳，肺为阴中之少阴，肝为阴中之少阳，脾为阴中之至阴，肾为阴中之太阴。"均体现阴阳四象与五行的相通性。

至阴中土的作用是十分重要的。《素问·太阴阳明论》认为中土具有统领、调节水火、木金这两对阴阳的功能，反映了河洛八卦象数动态模式中央五、十的重要性。河图中央"五""十"，其中"五"是四方生数（一、二、三、四）变为四方成数（六、七、八、九）的中介，生数加"五"即为成数。"五"为生数之极，"十"为成数之极。洛书配属八卦，独中五无卦可配，称为"中五立极"，中五不占四方而统领四方。脾藏不独立于四时而统治四时，与之相符。《素问》中已大量引用河洛之数，说明阴阳八卦与五行、河洛之间可互换、互通，"二"和"三"紧密联系。

"左肝右肺"问题是中医脏象学说中一个不易被人理解的问题。《黄帝内经》的这种认识与人类早期观点不同，古文《尚书》《吕氏春秋》等均认为肝属金、肺属火、脾属木、心属土、肾属水，依五行配方位原则，肝在

[①] 张其成：《中医理论体系起源探讨》，《医古文知识》1994年第2期、第3期，另译载日本《中医临床》1995年第1期、第2期。

西边（右边）、肺在南边（上边）、脾在东边（左边）、心在中央、肾在北边（下边），这是从五脏解剖位置立论的，与五脏实际位置大体吻合。《黄帝内经》作者受《周易》重功能、轻实体的象数思维影响，发现这种配应与五脏的生理功能不符，于是改变了五脏的五行配属。"左肝右肺"反映了人体脏腑功能的、动态的特性，而不是形体上的解剖位置。这种方位其实是《易传·说卦传》记载的后天八卦的方位。后天八卦方位中，离卦居南（上）配心，坎卦居北（下）配肾，震卦居东（左）配肝，兑卦居西（右）配肺，巽卦居东南（左上）配胆，艮卦居东北（左下）配脾，坤卦居西南（右上）配胃，乾卦居西北（右下）配肠。

（2）经络学说与六爻模式

《黄帝内经》十二经络的定型和三阴三阳的命名同样是在易学象数模式的深层次作用下确立的。

《灵枢·经脉》十二经脉与早期医家对经络的认识有所不同。1973年出土的湖南长沙马王堆帛书《阴阳十一脉灸经》作十一脉：（足）钜阳脉、（足）少阳脉、（足）阳明脉、肩脉、耳脉、齿脉、（足）太阴脉、（足）厥阴脉、（足）少阴脉、（手）钜阴脉、（手）少阴脉。马王堆帛书《阴阳十一脉灸经》早于《灵枢·经脉》，无"手""足"冠词，足三阳三阴完备而手三阳三阴不完备（缺"手厥阴"脉），手三阳名称不以"钜阳、少阳、阳明"命名。

由十一脉发展为十二脉，由不完全的阴阳命名发展为三阴三阳对称的命名，《周易》六爻模式起了一定作用。

《周易》六十四卦由六爻自下而上排列而成，是一个由低到高、由下至上、阴阳迭用的逐级递进过程，下位为始点，上位为终点，到上位则折返而下，再从初位（下位）开始一个新的演变过程，如此周而复始，反复无终。手、足六经与六爻不仅数量相合，而且阴阳结构相似、功能相同。六经各分为三，可能受六爻分三阴位、三阳位的影响。六经三阳经与三阴经的次序表示人体由表及里、由浅入深的不同层次。六爻的排列与六经的流注均是交错跌宕进行，其演进过程均表现出由外及里、由少到多的规律，呈现循环往复的周期性。

《黄帝内经》还提出了三阴三阳的位置及"开、阖、枢"问题（《素问·阴阳离合论》），说明三阴三阳的方位是阴阳交错的，如同六爻阴位阳位交错排列一样。所谓"开、阖、枢"，医易学家张介宾认为，太阳、阳明、少阳分别为三阳之表、三阳之里与表里之间；太阴、厥阴、少阴分别为三阴之表、三阴之里与表里之间，亦是遵循六爻三阳爻与三阴爻下位、上位、中位的模式。

有人认为，六经方位是河图四生数（见图5-11）交会组合的结果。河图四生数为一、二、三、四（即五行四生数），其中一、三为阳数，两阳交会为太阳，位于东北艮位；二、四为阴数，两阴交合为太阴，位于西南坤位。一、四合化于西北乾位，主阳明；二、三合化于东南巽位，主少阳；一、二合化为少阴，三、四合化为厥阴。阴从于阳，故少阴在北坎位，厥阴在东震位。六经方位与河图四生数交变化生三阴三阳的方位契合。马王堆帛书十一脉中手六脉只有钜阴、少阴是以"阴"命名的。为什么只此二脉以"阴"命名？也是为了配应九宫八卦之需，足六脉配八方，缺的是正南、正西，正南离心，正西兑肺，所补正巧是手少阴心脉、手太阴脉。

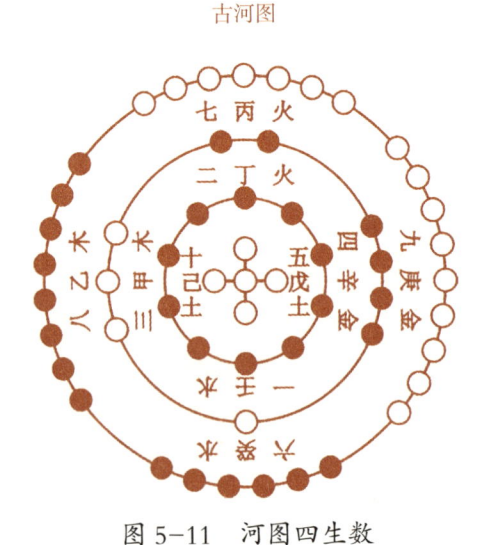

古河图

图 5-11　河图四生数

虽然这种推算方法还有待进一步商榷，但六经受河洛易卦象数模式的启迪这种基本观点当是毋庸置疑的。

第五章　易道：中华文化的精神主干

至于六经传变、六经与藏府的配应，也是一个象数思维发展过程问题。《素问·热论》仅提到三阳三阴六经，《灵枢·经脉》等篇则有十二经脉及其与藏府的完整配应。实际上，六经中手厥阴心包经的概念，对于生理、病理与临床诊治都没有什么特殊的意义和独立的价值，它与心是实为一体的关系。《黄帝内经》增加这条经脉，并不是从实体形态出发，而是动态功能与阴阳思维相互作用的产物，只是为了填补阴阳理论框架的空缺，从而集中体现了阴阳对立统一的整体对称之道。

十二经脉在发展过程中，又进一步与时间因素相结合。《灵枢·阴阳系日月》说："寅者正月，生阳也；主左足之少阳；未者六月，主右足之少阳；卯者二月，主左足之太阳；午者五月，主右足之太阳；辰者三月，主左足之阳明，巳者四月，主右足之阳明……申者七月，生阴也；主右足之少阴；丑者十二月，主左足之少阴；酉者八月，主右足之太阴；子者十一月，主左足之太阴；戌者九月，主右足之厥阴；亥者十月，主左足之厥阴。"《素问·阴阳别论》："人有四经十二从……四经应四时，十二从应十二月，十二月应十二脉。"唐初杨上善解释："四经，谓四时经脉也。十二顺，谓六阴爻、六阳爻相顺者也。肝、心、肺、肾四脉应四时之气，十二爻应十二月。"(《黄帝内经太素·阴阳杂说》)[1]将十二经脉与东汉郑玄的"爻辰说"相对应，从而使十二经脉与十二月、十二从、十二爻有了时空上的联系。

十二经络是在中国传统文化——以《周易》为代表的整体思维、象数思维——背景下产生的，是个文化学概念，体现了重功能（循经感传）、轻实体（形体结构）的特点，因而，有必要对目前大力提倡并实行的科学实证方法进行反思，用这种方法去寻找、求证这种不是（至少不完全是）靠实证方法发明出来的经络，我认为这是步入了一个误区，如不从研究方法上加以修正，尽管花费大量人力、物力，到头来仍很可能一无所获。

（3）诊断辨证学说与八卦全息律

中医诊断辨证学说同样受到《周易》思维模式的影响，《黄帝内经》对面部诊、尺肤诊、寸口脉诊等均有论述，体现了"有诸内必形诸外"的整

---

[1] 杨上善：《黄帝内经太素·阴阳杂说》，人民卫生出版社，1965年，第46页。

体观念，即人体内外环境信息的对立统一思想。面部、尺肤、寸口正是相对独立的全息元，它反映着内脏及整个人体健康或疾病的信息。我经过研究证明，中医诊断（全息元诊断）充分体现了后天八卦全息结构规律。

《灵枢·五色》提出面部与人体脏腑肢节的全息诊断法，将面部不同部位与脏腑肢节相对应，是遵循后天八卦模式而形成的。依照后天八卦方位，即左颊为震卦，主肝；颜（额）为离卦，主心；鼻为坤卦，主脾胃；右颊为兑卦，主肺；颐为坎卦，主肾。后世医家对面诊做了一些调整，则完全依据后天八卦方位将面分为八部位而与脏腑相配应。①

尺肤诊是切按尺肤的诊病方法。《素问·脉要精微论》将尺肤分成内外、左右、中附上、上附下、上竟上、下竟下等不同部位，依八卦原理分别与人体脏腑肢节相对应。

《黄帝内经》还记载了寸口脉诊法，《难经》进一步发展，到王叔和《脉经》则蔚为大观。寸口脉实为尺肤诊的缩影，以左手寸、关、尺分候心、肝、肾，右手寸、关、尺分候肺、脾、肾（命门）。李时珍将脉象、脉位、五脏、六腑统一起来，联系卦象，建立脉象整体系统。可见中医脉诊是在《周易》宇宙统一全息观及象数功能结构模式的指导下逐步发展起来的。

中医的诊断方法日益丰富，舌诊、鼻诊、耳诊、肢诊、手诊、足诊、腹诊、第二掌骨侧诊等相继出现，这些诊断方法的理论基础都是《周易》整体观、全息观，其具体部位与脏腑、肢体的对应关系均符合后天八卦结构规律。

我经过研究发现，手、足、腹、舌等二维（面性）全息元依据二维后天八卦的结构规律反映人体信息，脉、第二、第五掌骨侧等一维（线性）全息元则依据一维后天八卦结构规律反映人体信息。②

在中医辨证学说中，《黄帝内经》提出八纲辨证，《伤寒论》提出六经辨证。八纲辨证以表里辨别疾病之部位、寒热辨别疾病之性质、虚实辨别疾病之量数，而所有疾病则只有阴阳两大类，表里定位、寒热定性、虚实定量，均是阴阳总纲的反映，均包括在"阴阳"之中。八纲辨证是易学阴阳

---

① 张其成：《面相手相是非谈》，《人民日报》1996年9月20日第9版。
② 张其成：《人体全息结构律初探》，《海峡两岸医易学术论文专辑》1991年，《中华气功》1995年第1期。

八卦学说的具体应用。

六经辨证中太阳、阳明、少阳、太阴、少阴、厥阴六经排列次序源于《黄帝内经》，两者比较，《黄帝内经》以六经阐明自然界和人体之间气化活动规律，《伤寒》则以六经阐明伤寒病传变的气化活动规律。张仲景在总结病例时发现，疾病的发生、发展和其他事物一样，经历着始生、渐长、盛极、渐消、始衰、渐复的循环过程，呈现卦爻六位模式规律。在六位启发下对六经分证加以发挥，将疾病发展各阶段以六经归纳，发现麻黄汤证与桂枝汤证总是出现在疾病初期，白虎汤证和承气汤证大多出现在疾病极盛期，小柴胡汤证往往出现在邪正进退对峙期，从而将各方证归结为六经证，并总结出各经证的特点及传变规律。

《伤寒论》还提出了阴阳两大证型的病愈日说，《辨太阳病脉证并治法上》说："发于阳者七日愈，发于阴者六日愈。以阳数七、阴数六故也。"阳数七、阴数六取自河图之数，即五行之成数，亦是《周易》六爻与六日来复及五行循环理论的体现。

《伤寒论·伤寒例》中提出外感病决病法。直接采用后天八卦图模型，建立四时、八节、二十四气、七十二候观测外感病学说，以乾坤阴阳爻的消长取象比类说明一年四时阴阳变化规律及外感病发病规律。

（4）运气学说与易学象数

《黄帝内经》七篇大论（《天元纪大论》《五运行大论》《六微旨大论》《气交变大论》《五常政大论》《六元正纪大论》《至真要大论》）比较集中、全面地介绍了中医学理论基础——气化学说，即运气学说。从篇幅字数看，约占《素问》全书的三分之一。从内容上看，主要详细归纳和说明气候变化与物候、病候及诊断、治疗之间的关系。

运气学说是我国古代研究天时气候变化，以及气候变化对生物（包括人）影响的一种学说，实质上它是易学象数的具体运用。在易学整体思想指导下，运气学说将自然气候现象和生物的生命现象统一起来，将自然气候变化和人体发病规律统一起来，从宇宙的节律上来探讨天人关系、气候变化与人体发病的关系。

运气学说以《易》的"天人合一"观为指导思想，以五行、六气、三阴三阳为理论基础，以天干、地支为演绎工具。具体地说就是以五运配天干推算年岁运，以六气配地支推算年岁气，以二者结合说明天时、地理、历法、音律等与人体、生物生长化育、疾病流行的关系。其步骤分为：推算大运、主运、客运、主气、客气、客主加临等。

《周易·说卦传》以八卦模式将一年的运气流变分为八个季节，每卦配季，主 45 日。汉易卦气说以四正卦配四时，其爻主二十四节气，其余六十卦主六日七分，其爻主 $365\frac{1}{4}$ 日。《易纬》进一步以八卦分属五色五气，以黄道二十四节气定量标定岁气流变，提出八卦气验说。

《黄帝内经》遵循易学思维方式，继承并发展象数学说。在汉易卦气说、爻辰说基础上，根据我国黄河中下游常年平均实际气候状况和"天六地五"的格局，提出"六气"季节划分从黄道大寒点开始，每隔 365.26/6 天为一季，定量标定岁气的流变。

运气学说采用以干支格局推演的六十甲子年气运周期。《素问·天元纪大论》："天以六为节，地以五为制。周天气者，六期为一备，终地纪者，五岁为一周。……五六相合而七百二十气，为一纪，凡三十岁；千四百四十气，凡六十岁，而为一周。"指出天气变化以六个 10 年为调制周期，地气变化以五个 12 年为调制周期，二者会合周期为 30 年，完整周期为 60 年。当今有人研究认为，六十年气运周期来源于朔、近月 413.32 天相似周期与回归年会合周期，即 $365\frac{1}{4}$ 天 ×60=12$\frac{7}{19}$ 朔望月 ×60，它表明以冬至点为参考系的日地月三体运动的最小相似周期为六十年（天文周期）。周天气六岁一周来源于对点月与回归年的会合周期，即 41.33 天 ×53 ≈ $365\frac{1}{4}$ 天 ×6，它表明每隔六年周期对点月 A-B 或 B-A 周与冬至会合。终地纪五岁一周来源于邻点月与回归年的会合周期，即 34.44 × 53 ≈ $365\frac{1}{4}$ ×5，它表明每隔五年邻点月 A-B 周、C-B 周、B-D 周、D-A 周与冬至会合。[①]

运气学说客运与客气分步的依据亦有天体运动背景。客运以中运为初运，循五运相生次序，逐年初运推迟一运，每年运行五步。客气则以司天

[①] 朱灿生：《太极（阴阳）——科学的灯塔》，《南京大学学报》（自然科学版），1985 年第 3 期；傅立勤《干支纪年和五运六气的天文背景》，《中国医药学报》，1986 年第 1 期。

第五章 易道：中华文化的精神主干

为三之气，依三阴三阳次序，初之气逐年推迟一气，每年运行六步。客运一步七十三日五刻，客气一步六十日八十七刻半。客气、客运逐年终始不同，是年度气候差异的成因，它的天文背景是极移钱德勒周期。客气、客运每年推迟一步，反映了回归年与钱德勒周期的比差关系。[1]

以上这种以现代科学解释运气学说的观点尚有待进一步论证，不过，五运六气的六十年周期及五年、六年、三十年周期与太极易卦原理是相符的。

运气学说中干支被重新赋予阴阳五行属性。《素问·五运行大论》："丹天之气，经于牛女戊分；黅天之气，经于心尾己分；苍天之气，经于危室柳鬼；素天之气，经于亢氐昴毕；玄天之气，经于张翼娄胃。所谓戊己分者，奎壁角轸，则天地之门户也。"这种天干化五运的规定与一般所指天干五行属性（甲乙属木、丙丁属火、戊己属土、庚辛属金、壬癸属水）不同，其原因是根据天象变化而来。天干方位与二十八宿方位配合所得的天干化运为：甲己土运、乙庚金运、丙辛水运、丁壬木运、戊癸火运。对于丹、黅、苍、素、玄五色天气，今人有不同理解，有人认为五色天气的出没没有恒定不变的规律，只是古人不足为据的传说，十干化五运亦是臆想；也有人认为五色天气可从日体上、中、下三位与日运的升降来观察。我认为，十干化五运、五色天气同样是八卦模式推衍的产物。明代医易大家张介宾《类经图翼》载有"五天五运图"（见图5-12），以十天干、十二地支、四卦表示方位，其中乾、坤、巽、艮表示四隅方位，十天干两两相合表示四正方位（戊己居中不用），即震（东）、兑（西）、坎（北）、离（南）四正位，又依次代表春分、秋分、

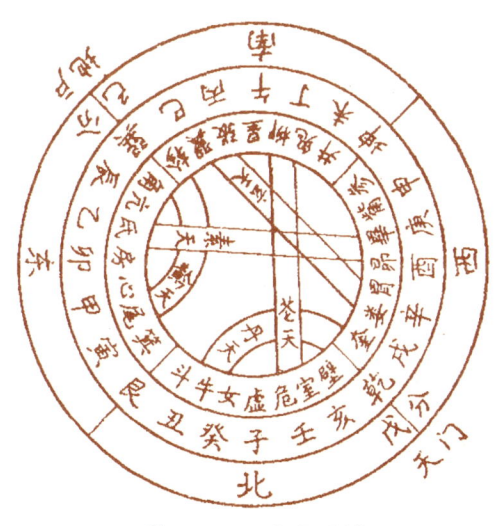

图5-12 五天五运

---

[1] 郑军：《太极太玄体系》，中国社会科学出版社，1992年。

冬至、夏至。所谓天门、地户指春分、秋分为气候转折点，由阴转阳的节气为天门、由阳转阴的节气为地户。天门居乾位，由正西兑卦（阴卦）转到西南乾卦（纯阳卦），由阴转阳；地户居巽位，由正东震卦（阳卦）转到东南巽卦（阴卦），由阳转阴。至于为何以五天配五色，我认为未必实有其事，但也不是主观臆断，而是古人根据易理象数所作的合理想象。

其实《素问》七篇大论中已经直接引用了象数概念，干支五行自不待言，河图生成数、洛书九宫数等亦有引用。如《六元正纪大论》："（甲子、甲午岁）热化二，雨化五，燥化四。""（乙丑、乙未岁）灾七宫。湿化五，清化四，寒化六。"文中列出六十年司天、中运、在泉之数，其中"化×"之数为五行生成数，即河图生成数，"灾×宫"之数为洛书九宫数。这段文字不仅涉及天干地支的推衍，而且关系到河洛数理的应用。由此，根据每年的干支推测出天时气候对人体的影响。

总之，中医理论体系是在以《周易》为代表的中华文化独特思维方式指导下，以象数为模型构筑起来的，因而一味地用现代自然科学的方法、用西方医学的方法、用实证及实测的方法来衡量中医、比较中医，势必会犯方法论的错误，其结果不仅无助于揭示中医的本质，有人还会因此自轻自怨，甚而否定中医、反对中医。对此，我们不能不加以反思。

2.《周易》循环思想与生命圆形理论

《周易》首次用文字与符号双系统全面地论述了宇宙生命的圆形运动规律。所谓圆形运动，是指首尾相衔、周而复始的运动、变化形式。循环思想对传统生命科学产生了重大影响，从某种意义上说，传统生命科学就是以圆形理论为基础建构起来的。[①]

（1）生命的圆形运动

就对人体生命科学的贡献而言，首推中医与道家。中医和道家认为，人的生命存在的最首要条件是"气"，气的运动是人体生命最基本的运动方式。中医概括"气"的两方面含义：一是指构成人体和维持人体生命活动

---

① 张其成：《开放的圆》，《中国中医基础医学杂志》1997年第3期。

的极细微的物质，一是指脏腑经络等组织的生理功能。生命的存在在于不断地与周围环境进行物质能量的交换，这种交换必须依靠气的各种机能活动。气的运动使人体与外界环境构成一个循环沟通的大圆，在这个大圆中人是圆心，天地宇宙是圆周，气的出入循环将圆心与圆周连接在一起。气的基本运动形式是"升降出入"，在人体内，它是通过各个脏腑的功能活动和脏腑之间相互协调关系来体现的。如肺司呼吸，有宣有降，宣清导浊；肺主呼气为出，肾主纳气为入；心火下降，肾水上济；肝主升发，肺主肃降；脾主升清，胃主降浊。升降出入必须相对平衡，否则就会致病。可见体内升降出入也是一种圆形运动。气还沿全身经络进行循环，更表现为圆运动形式。

气是维持人体生命活动的根本，中国古代学者普遍重视"气"的功用，经过由主体推认客体的一体思维，使"气"变成一个具有世界本原意义的哲学范畴。"气"是物质、功能和信息三者的统一，是生命活动的源泉。气功就是在这种对生命的科学认识和文化背景下产生的。道家所倡导的内丹功，实际上属于太极气学，它将生命的本质看成气的周天太极运动，其中任督脉的小周天循行又是根本之根本。内丹功就是对太极气学的实践。

"气化"循环运动是中国医家、道家乃至儒家（主要是气学派）所共同强调和遵循的。此外，中医还十分重视血、精、津液的作用。认为精、津液与气一样既是生理活动的产物，又共同协作维持人体生命活动。

血液循行于脉管之中，流布全身，内至五脏六腑，外达皮骨筋肉，灌溉一身无所不及，对全身组织器官起营养和滋润的作用。血的运动形式是在周身内外上下作环周运行。气为血帅，血为气母，气能生血、行血、摄血，血能载气，气血配合不停地沿周身循环运动。

所谓"精"，狭义专指肾中之精。可转化为"气"，为先天之气，这也是道家丹道功的第一步"炼精化气"。精为气母，亦为血母，精血在全身周行不息。

被称为"生命活动之海"的津液，是体内一切正常水液的总称。津液的循行与输布是以三焦为通道，以肺、脾、肾为主的许多脏腑相互协调配合的结果。整个过程呈现循环不息的圆运动形式。

气、血、精、津液之间是相互作用、相互依存的，气是维持人体各种机能活动的动力，精、血、津液皆由气的作用而化生，它们之间互相依存和转化，共同处于一个统一体中，保持着一定的动态平衡。它们相对平衡的周环运动维系着人体生命的过程。

明代张介宾以伏羲六十四卦圆图说明人的气血流行过程（见《类经附翼·医易义》），清代唐宗海把气血过程概括为"坎离既济""水火交替""运行上下"的生化过程（《医易通论》）。人的脏象、经络是圆形结构，流行于其间的气血作相应的圆形运动。

中医子午流注、灵龟八法、飞腾八法虽是按时取穴针灸的方法，实际上是以气血的循环流注为理论依据的。子午流注认为随着时间（"子午"）的变化，人体十二经脉气血流注以及在十二经脉的五腧穴上所呈现的气血盛衰也发生周期性变化，这种周期主要有以十天干表示的十日周期、以十二地支表示的一日十二时辰周期。灵龟八法和飞腾八法则依据八卦、九宫原理，认为人体奇经八脉的气血流行与汇合呈现周期性。前者依据日和时辰的天干、地支，取穴运算周期为 60 天；后者依据时辰的地支，取穴运算周期为 5 天。

从人体的生长衰亡的过程看，也呈现易卦循环规律。张介宾认为："自复至同人，当内卦震离之地，为阴中少阳之十六，在人为二八；自临至乾……在人为四八；自姤至师……在人为六八；自遁至坤……在人为八八。阳生于子而极于午，故复曰天根，至乾为三十二卦，以应前之一世；阴生于午而极于子，故姤曰月窟，至坤为三十二卦，以应后之半生。前一世始于复之一阳，渐次增添，至乾而阳盛已极，乃象人之自少至壮。后半生始于姤之一阴，渐次耗减，至坤而阳尽以终，乃象人之自衰至老。"（《类经附翼·医易义》）以伏羲六十四卦说明人生周期。

此外，十二消息卦也可以用来说明人的出生至衰亡的过程。有人认为，复卦代表生命出现了一分阳，即卵细胞受精后开始细胞分裂的状态；临卦代表胎儿继续发育；泰卦代表胎儿发育成熟，十月怀胎，一朝分娩；从泰卦至乾卦为青少年时代；从乾卦至否卦为青年到中年时代；从否卦到坤卦为中年到老年时代。另有人认为，复卦为人初生至十岁之时，以后每一卦为十岁，至乾为六十岁，为人最鼎盛之时，其后阳气渐衰，经姤、遁、否、观、剥至坤，共一百二十岁，为人之寿限。还有其他配应方法，我认为

第五章　易道：中华文化的精神主干

十二消息卦表明宇宙生命由一阳始生（复）到阳气极盛（乾），转入阳气渐消、阴气渐盛（从姤开始），到阴气极盛（坤），再转入一阳复生（复）的循环规律，不必机械地加以配应，十二卦只代表人生的十二个变化阶段，可以将每卦看成十岁，也可看成五岁、七岁或八岁，[1]可以将泰以前三卦看成出生以前的状态，也可将乾以前六卦看成出生以前的状态，当然也可将十二卦都看成出生以前或以后的状态。十二消息卦可用来说明任何一个阴阳消长的变化过程。

　　根据现代生物节律学说，人体具有 PSI 三节律——体力节律（physical）、情绪节律（sensitive）、智力节律（intellectual）。人体生物节律曲线是正弦曲线，即 $y=f(x)=\sin x$，在时间轴（x 轴）给出一个 x 值，必定在 y 轴得到相应的 y 值，即人体机能活动值，然而无论是高潮期还是低潮期，相邻日期的人体机能值并无明显差别，人体生物节律每一周期中高潮期与低潮期往往是重复交替、循环往复的。易卦模型科学解释了数学模型中两种临界日的不同含义，说明人体生物节律并不存在函数对应关系，而只是一种循环的变化趋势。

　　圆形是生命运动的最基本形式，圆运动具有一定的层次性。人体与外部世界的一切生化系统时时进行的气化循环运动是最高层次的大圆运动（大循环），周身上下内外气血、津液的升降出入是次高层次的圆运动（次循环），而体内各脏腑经络组织器官的气血、津液的不同生化过程是较低层次的圆运动（小循环），还有更低层次的圆运动（微循环）。大循环中包含小循环，环环相扣，圆圆相通。不同循环圈有不同的作用。每一循环圈并不是固守不变的，也不是完全封闭的，每一循环都有一个开放的口，从而使一个循环跨入另一个循环。就"气"的循环而言，任督脉小周天的循环可跨入全身大周天的循环，由小周天进入大周天，是一种升华，是一个圆切入另一个圆，其本来的圆并未损坏。同一个圆循环中也可融入新的内容，而产生量变或质变。如果新内容与原循环不抵触，只是数量的变化，则仍属原循环圈。或使原循环圈进入更高层次的循环圈，实现"螺旋式上升"，或使原循环圈退化、下降，进入次一级循环圈，如新内容导致原内容发生

---

[1]《黄帝内经素问·上古天真论》提出"天癸"说，女子以七岁为周期，二七而天癸至，七七而天癸竭；男子以八岁为周期，二八而天癸至，七八而天癸竭。

质变，则打破了原循环圈。如果新内容致使原循环圈失衡，则进入病态的循环圈。由小周天循环进入大周天循环，是螺旋式上升。如人体内正常的气的周环运行遭阻滞或逆乱，则脏腑经络的协调统一就被破坏而发生多种病变，进入病态、失衡的循环圈。

现代生物学生物钟学说研究生物的周期性节律，已发现的日节律、超日节律、亚日节律、月节律、年节律，即是生物运动的各种"圆"。中国运气学说亦认为气候变化与生物生态有五运周期、六气周期及十天干、十二地支、三十干支、六十干支等周期的节律性变化。这些都是生命与宇宙大循环运动的不同小循环的反映。

从大宇宙角度看，循环的圆形运动比起单纯的上升或下降、出或入的直线运动更为普遍、更为根本，同样，生命的圆形运动是生命发生、发展、变化的最基本形式。

（2）生命的圆形结构

中国医学与气功学以圆形理论为指导观察人体生命的结构。中医脏象学说以五行生克的圆形动态结构为基础，五脏六腑配属五行，依木火土金水顺行次序构成相生的圆形结构，依隔行次序构成相克的圆形结构，此外，人体的五窍、五体、五情与宇宙的五时、五化、五色、五味、五音、五方等又统纳于这个循环的圆形结构中，形成交错复杂的圆形动态网络。

在人体结构学说中，中国的人体科学强调的是动态结构，而非静态结构。这个动态结构模式即太极象数模式，五脏在人体中所处位置是：上为心、下为肾、左为肝、右为肺、脾居中央。这与西方的实体解剖医学大相径庭，不少人据此攻击中医不科学，殊不知中医采用的是动态的太极象数模式。这个模式的基本结构为：离火居上（南）、坎水居下（北）、兑金居右（西）、震木居左（东）、坤土居中央，以五脏配应之，恰好是中医五脏方位。就"左肝右肺"而言，配应左边的震木、右边的兑金，而左震木主升，右兑金主降，这与肝主升发、肺主肃降的生理功能也是完全一致的，脾胃为坤土，居中央，调控四方。可见五脏系统是一个升降循环、生克制化的动态圆形结构系统。中国人体生命理论注重动态、注重联系，因而应该说更接近于活体的"人"的本质。

中医经络理论认为人体有十二经脉、奇经八脉、十二经别、十二经筋等，是运行全身气血、联络脏腑肢节、沟通上下内外、调节体内部分功能活动的通路，是人体特有的组织结构和联络系统。十二经脉的分布规律是凡具有表里关系的经脉，均循行分布于四肢内外两个侧面的相对位置，并在手或足相互交接。手三阴，从胸走手，交手三阳；手三阳，从手走头，交足三阳；足三阳，从头走足，交足三阴；足三阴，从足走腹胸，交手三阴。具体为：手太阴→手阳明→足阳明→足太阴→手少阴→手太阳→足太阳→足少阴→手厥阴→手少阳→足少阳→足厥阴→手太阴。构成"阴阳相贯，如环无端"的闭合循环之"圆"。奇经八脉与脏腑没有直接的络属关系，相互间也没有表里关系，但与十二经脉交叉贯穿，对十二经脉起到统帅督导、分类组合的作用，其中任脉与督脉的连接成为全身经络的主导，任脉总任全身之阴经，督脉总督全身之阳经。冲脉调节十二经气血；带脉围腰一周，约束诸经；阴跷脉、阳跷脉主一身左右之阴阳；阴维经、阳维经维系三阴、三阳经。奇经八脉与十二正经相交叉，与络脉、经别、经筋相沟通，构成纵横交错的循环网络。

道家丹道理论中，小周天路线沿任督脉分为下丹田、尾闾、夹脊、玉枕、泥丸、黄庭及上下鹊桥（三田、三关、二桥）八处关口，构成人体中轴圆形结构。

生命的圆形结构与圆形运动是密不可分的。圆形结构理论突出了人体各结构的内在与外在的联系，其结构是动态的，是与功能紧密结合的。而西方人体理论注重静态解剖，注重局部分析，割裂人体各部位、各器官、组织的必然联系，将人体肢解为无关连的各个局部，可以说这是一种线性结构的人体理论，只适用于死体，而不适用于活体。与之比较，中国人体科学堪称活体科学。圆形结构较之线形结构更符合人的结构特性。

（3）生命的圆形炼养法

既然生命的结构、生命的运动都是圆形的，那么增强生命体质、延长生命寿限的炼养方法也应该符合"圆"规律。实际上中国道家、医家乃至佛家、儒家的养生原则与方法正是遵循了"圆道"生命规律，"圆形养生"可以说是中国养生法的精髓和中国养生理论的合理概括。

易道主干

被称为"万古丹经王"的《周易参同契》，以日月气候的变化周期来说明人体信息运动规律。《参同契》说："周流行六虚，往来既不定。""五六三十度，度竟复更始。""寅申阴阳祖兮，出入终复始。""如是应四时，五行得其理。"分别概括了朔望月、日辰、年时的变化周期，实以此论述丹道运行的周期与节律。《契》言天实指人体，《契》中的"黄道""子午""朔望""日辰""年时"或指任督，或指火候，或指丹药。日、月、年是周期循环的，人体丹道火候也是周环消长的。此后东晋葛洪《抱朴子》，魏夫人《黄庭经》，唐代钟离权、吕洞宾《钟吕传道集》，直至北宋张伯端《悟真篇》，将丹道理论不断发展，使内丹术臻于完善。内丹术包括"炼精化气，炼气化神、炼神还虚"三个阶段，从先天之"虚"到后天之"虚"是一个人循环。在炼精化气阶段，行小周天。于活子时时，精气神发动，在意念作用下，内气起于下丹田，沿督脉逆行而上，至泥丸上丹田再循任脉顺行而下，复至下丹田循行一周，为炼药一次，完成一次人体中轴圆炼养。在炼气化神阶段，行大周天。起于正子时，沿全身经络作环周运行，范围比小周天广，其循行路线或走十二正经，或走奇经八脉，或交叉网状运行，虽因人而异，但均不离周环运行。在炼神还虚阶段，以上丹田为"炉"，以天地宇宙为"鼎"，人与宇宙合而为一，超越语言思虑，纯由意想而成，以达到"出神"而趋于物我同化，常定常寂，一切归元。此时宇宙与人已构成一个圆融无碍的大圆，宇宙与人的信息能量循环交通，人成为具有六神通功能的宇宙人。

道家气功强调一个"逆"字，所谓"顺则成人逆成仙，只在其中颠倒颠""九还七返""返本还元"，提出了人体生化的可逆性原则。如果从"圆"的实质上考虑，逆向与顺向不仅不矛盾，而且恰好合而为一。圆上任何一点互为顺逆、互为终始、互为因果，顺行向前与逆行向后只是视觉角度的不同，而没有本质的差异。气沿任脉由上而下为"顺"、沿督脉由下而上为"逆"，两者相连，构成中轴圆。顺向是逆向的终点或始点，逆向也是顺向的终点或始点。

被现代公认并举世称誉的"太极拳"是太极八卦理论在武术健身方面

第五章 易道：中华文化的精神主干

的运用，是以一理（太极之理）、二义（阴阳之义）、三变（阴阳运动及其变化）、四妙（妙用至神之道）创造出来的富有哲理性的拳术。在手法上以掤、捋、挤、按、采、挒、肘、靠为八卦，步法上以进、退、顾、盼、中定为五行，合为十三势，一切都讲究贯穿圆活。无论是养气蓄劲，还是讲招运式，都是在做圆形运动。太极拳静中寓动、动中寓静，含劲而吐柔，虚领顶劲，气沉丹田，阴阳相合，实质上正是一种动静相合的气功。事实证明，圆形运动、圆形功法是强身健体的最佳锻炼方式。

人是一个自控系统，其中心神是这个系统的控制中枢，对人体各部分具有反馈作用。气功是一种通过自觉锻炼意识，提高心神自我调控功能的养生修炼方法。气功的关键在于炼"神"，即优化心神，激发心神的自我调控功能。"心为君主之官"，心神管理形体四肢，发布命令传导到形体四肢及各组织器官，而形体四肢及各组织器官的感觉又反馈给心神，这种反馈调节是一种双向传导，构成一个闭合回路。"反馈系统中的因果链……只是加了一个反馈环路，因而变成循环的因果关系"[1]，可见气功心神的反馈调控是以循环的因果链为基础的，从而表现为以心神为圆心、以反馈回路为直径的圆运动形式。

就整个生命过程而言，虽然至今还无法证明一个人会"逆向"回归到婴儿状态，但通过气功锻炼使某些生化指标向童真方向返还，从而延年益寿，这种事例也是不胜枚举的，应该说从终点真正回归到始点的圆形循环，在生命过程中是不存在的，"圆形"乃是对循环运动的形象、宽泛的表述，是事物运动大规律的写照。如果将生命巨系统的运动形式看成一个大圆，那么其中又包含无限多的小圆，使人体某些指数复返或接近于婴儿，使生命过程中的某些小圆更接近于真圆，正是生命科学追求的目标。

---

[1] 贝塔朗菲（Bertalanffy）：《一般系统论》，社会科学文献出版社，1987年。

易道主干

第六节　中华文化的理念特征与走向

《周易》是中华文化的源头和活水，儒家尊为"六经之首"，道家奉为"三玄之一"。

《周易》和易学对中华文化究竟有什么特殊贡献？为什么说《周易》及易学体现了中华文化的面貌，决定了中华文化的走向？

我认为最根本的原因在于它开创了一套有别于西方的思维方式。思维方式是民族文化行为中普遍、长久起作用的思维方法和思维习惯，是一定的社会人群在接收、反映、加工外界信息过程中所形成的思维定式。每个民族都有自己整体的思维偏向，从而形成该民族特有的思维类型。思维方式的不同可用以说明民族文化的区别及民族社会的差异。思维方式是人类文化现象的深层本质，对人类文化行为起支配作用，并代表一个民族的文化心理素质的特征。

《周易》象数思维方式是中华思维方式的元点和代表，决定了中华民族特有的行为方式、价值观念、审美意识及风俗习惯，它不仅渗透到最深层次的民族心理素质，而且渗透到浅表性的实用操作层面；不仅影响了中国的哲学、形而上学，而且对自然科学各学科也有重大影响。

那么易学象数思维，即中华文化理念有哪些特征？易学象数思维又是怎样影响中华文化的本质和趋向的呢？我想从以下几点加以概述。

一、周流——循环变易

"周""易"二字可理解为"周环、循环"与"变化、运动"，《周易》可看成专论宇宙万物周环变易规律的著作。在卦爻象数元系统里，第一级符号阳爻和阴爻（$2^1=2$）是相互循环转化的，阳爻"九"转化为阴爻"六"，反之亦然;第二级符号四象(2^2=4)——太阳、少阴、少阳、太阴也是互相转化的;第三级符号八卦(2^3=8)和最高级符号六十四卦(2^6=64)中每一卦都在做循环运动,任何一卦都可变成另一卦:在两卦一组中,前后两卦可以通过"覆"和"变"两种方式相互转化;任何一卦可通过爻变的方式变成其余六十三卦,[1]从而形成六十四卦整体大循环。从《周易》六十四卦卦序看,首为乾、坤二卦,末为既济、未济二卦,即蕴含宇宙变易一个周期从乾坤、阴阳开始,到既济、未济结束("既济"意为"已经渡过","未济"意为"没有渡过"),"既济"是上一周期的结束,"未济"是下一周期的开始。如此周而复始,循环不已。

《周易》文字系统在对卦爻符号的解释中,明确提出周环变易的观点,如《易经》泰卦九三爻辞:"无平不陂,无往不复。"复卦卦辞:"反复其道,七日来复。"《易传》则反复强调:"一阖一辟谓之变,往来不穷谓之通。""原始反终,故知死生之说。""变动不居,周流六虚。"《系辞传》还列举日月往来、寒暑往来的例子,说明"往者屈也,来者信(伸)也。屈信(伸)相感而利生焉"。

《易经》卦爻象、卦爻辞首先提出循环变易的观念,经过原始道家、原始儒家的发挥,到《易传》总其成。后世道、儒均遵从这种思维观念。

循环变易观对整个宇宙宏观世界来说是基本合理的。整个宇宙存在永恒的大循环,而各种物体也存在暂时的小循环。这种循环是以阴阳象数的对立转化为基础的,包含着不断变化、"革故鼎新"的进步思想。同时也增强了中华文化前后承接的亲和力和稳定性。其负面影响是过分强调了循环,轻视创新发展,将循环看成运动的唯一形式而看不见其他形式(如直线形式、非升降形式等),缺乏历史进化发展观念,从某种程度上维持了封建社会的统治秩序(如三纲、五常的永恒性),致使中华民族沿袭因循、模仿、重复的习惯思路,缺乏创造、创新精神,缺乏应有的活力,缺乏否定意识,造成了社会发展的缓慢,甚至倒退。

---

[1]《易林》依据《周易》六十四卦次序,将每一卦变为其余六十三卦,有一爻变、二爻变、三爻变、四爻变、五爻变、六爻变等多种形式,六十四卦共变为四千零九十六卦。

易道主干

二、太和——整体和谐

《周易》卦爻是一个整体，八卦、六十四卦为二级全息系统。八卦是阴阳二爻三维组合体，六十四卦是阴阳二爻六维组合体。后者六个爻位上二爻为天道、下二爻为地道、中二爻为人道，天地人三才融为一体。卦爻符号模型是事物呈现运动模式，筮法数字模式是事物潜在运动模式，对天地的推演、时间的发展、宇宙阴阳规律的变化做整体模拟，对万事万物的生成、分类、变化、运动做系统描述。六十四卦模式以"六爻""六位"关系为基础，以时、位、中、比、应、乘等为原则和标准，给人们提供一个从时间、空间、条件、关系全方位分析问题、认识事物的思维方法。

易道的"一阴一阳"既说明人与自然具有对立性，也说明其具有和谐性、统一性。"刚柔相推而生变化"表示对立面的相互推移、相互转化、相互依存。《易传》将"保合太和"看成"易"的最高理想境界。人与自然、主体与客体的相互对立与和谐、感应与交流被《周易》有机地统一起来，成为《周易》的基本思维理念，开创了中华文化"天人合一"的整体思维特征。

与儒道两家的整体和谐观相比，儒家强调"中庸"，偏向于将自然人化；道家强调"混沌""素朴"，偏向于将人自然化。而《易》则强调人与自然的对待感应、对等交流，又不抹杀各自的对立、独立的特性。只是在后世的发展中，《易》整体和谐的一面被强化，而独立、对等的一面被弱化。董仲舒强调"大一统"思想，经后代统治者的大力宣传，"大一统"思维方式成了中华民族的精神主干。

《周易》"太极"是阴阳整体对待和谐的最高概念，也是象数思维的理性提炼（宋明以来的阴阳鱼"太极图"是太极观的形象写照）。随着大一统思维的不断深化，"太极"被视为至尊的"一"，世界万物起源于"一"，全国定于一尊，就是皇帝。这种思维方式在调和矛盾、巩固民族团结、稳定国家政治、增强民族凝聚力、维护并促进统一、防止并结束分裂方面起到了积极作用。但同时民众的斗争性、独立性被遏制，迎合或促成了封建君主专制统治，形成了一元化政治结构。

整体、求同的思维偏向，重视主体作用，对问题的探讨往往从内因、主体出发，只求内部世界与外部世界的适应、协调，缺乏对外部世界的改造、发展。形成内向、忍让、依赖的民族性格，如安分守己，逆来顺受，保守退让，模棱两可，缺乏独立、竞争、果断、直率，只求"随大流"，个性、主体意志被削弱甚至泯灭。

三、功用——动态功能

易学象数模型是动态、功能模型，无论是取象方法还是运数方法，都是以动态、功能的一致性为条件的。只要功能相同、属性相同，即使是结构不同、形态不同也可归为同类。这种思维观念对中国文化尤其是科学技术影响深远。

中国传统医学以表示行为功能的动态形象为本位，以形体器官和物质构成为辅从，将人体生理、病理的一切"象"都归属为阴阳两大类。中医五脏六腑、十二经络都是依据功能、动态思想建构的。如"左肝右肺"，显然与实体结构不符，但却与肝主升、肺主降的属性相符，也与河洛八卦左为震木为肝、右为兑金为肺的功能模型相符。[①]

中国古天文四象二十八宿的排列、星移斗转的周期，古地理分野坐标系统，历法物候阴阳变化节律，古乐律律吕损益的法则，等等，都遵循了易学象数的动态、功能模型。

象数思维重动态、重功能，必然导致轻结构、轻静态，致使中华文化形成重道轻器、重神轻形的基本格局。对中国科技造成的负面影响则是实证、实测、分析科学不发达。

四、意象——直悟联想

《周易》的"卦象"是一种意象，含有主观的想象与主观意念，是知觉形象与主观意识的结合，既有形象的指示义（实象），又有抽象的内涵义（虚象）。卦象有两种作用，一是模仿，一是象征。对万事万物的模仿只是

[①] 张其成：《从易学象数模式看中医理论实质》，《南京中医学院学报》1994年第6期。

易道主干

一种手段，目的是用卦象符号来象征抽象的哲理、法则。

意象思维是古代中国认识宇宙的基本方法。战国秦汉时期，天文历法气象往往与人事吉凶政治形势相比附，汉代则与卦象联系在一起，其后经久不衰，成为在民间流行甚广的"术数之学"。至于先天八卦图、后天八卦图、河图洛书、太极图等，则代表了中国宇宙论、本体论、结构论的模式。

意、象结合，"立象以尽意"的观念，导致中国艺术、美学与"象"的观念联系起来，而不再只是与声和言相连了，使得中国的艺术具有对人的存在的感受与反思相关的"意"与符合美的形式规律的"象"有机统一的特点。

卦象符号的意象思维带来了"玄象尽意"的玄想思维。王弼以"忘言""忘象"达到"得意""得象"，玄想思维方式导致了审美意象方式的兴起。

《周易》的直觉思维是建立在对卦象的比附、类推基础上的，在对卦象的提取、选择中需要直觉、悟性和灵感。直觉体悟成为中华文化特色之一。庄子提出"心斋""坐忘"，佛家主张"般若""悟性"，道学家追求"尽性""体认"。由于过分强调直觉思维，只注重对整体的感觉，从而忽略了实证与分析，使中国传统科学量化程度不高，对事物的认识往往失之模糊、粗略而笼统。从正面看，它锻炼了中国人的思辨能力和对事物的领悟能力，具备一种从整体动态上把握宇宙生命的智慧，往往更富有想象力和创造力。意象直觉观念既造成民族性格中跳跃性、玄想性、感悟性的一面，又带来不求甚解、不重因果关系的一面。[①] 易学象数思维对中华文化的影响是深层次的，也是复杂的。如何整饬、修正象数思维的偏差，是中华文化"现代化"的一个重要课题。

---

① 张其成：《论〈周易〉思维及其偏向发展》，载《周易研究》1994年第1期。

结 语

中西文化：从大冲突到大融合
——当代新易家的使命

通过上述分析可以看出，"易学"是根植于"易道"（思维方式、价值理念）之上，统贯人文文化与科学文化，统贯儒家与道家的科学文化，从某种意义上说，"易学"就是中华文化（包括人文文化与科学文化）的代名词。

从"易学"角度讨论世纪之交中西文化如何由大冲突走向大融合的问题，意义重大而且前途明朗。易学"弥纶天地""兼容并包"的个性正是中西文化大融合的借鉴。

观照20世纪一百年来中西文化交流的历史，令人感慨万千。可以说五四运动以后，中国文化的主流是对西方文化的输入、借鉴、认同，而在西方却似乎走的是另一条路。

西方不少科学家、哲学家对中国文化倾注了极大兴趣，提出了另一番新颖的观点。

应该说18世纪初叶，德国著名数学家莱布尼茨（G.W.Leibniz, 1646—1716）是从易学出发认识中西文化交流意义的首倡者，他在看到伏羲六十四卦方位图和次序图时，惊异于与他的二进制理论相吻合，从而引起对中华文化的极大兴趣和高度赞美。可以说莱布尼茨是西方有机自然主义哲学的起始者，其后西方渐渐开始关注中国文化的有机、整合的哲学。

英国哲学家、数理逻辑学家怀特海（A.N.Whitehead, 1861—1947），虽然没有从易学上对中国文化进行过专门研究，但他自己也承认他的机体哲学同中国的有机哲学之间的协调性："在这样的一般状态下，机体论哲学似乎更接近于印度的或中国思想的某些色彩，而不是西亚或欧洲思想的色彩。一方面视过程为根本，另一方面视事实为根本。"[1] 怀特海将中国文化特色

---

[1] 怀特海：《过程与实在》，贵州人民出版社，2006年。

的"审美文化""价值文化"与西方文化特色的"科学文化""逻辑文化"综合起来,把整个世界抽象为事实世界与价值世界,通过心极将两者连接起来。在宇宙本体论上,他提出心物交关论。由物极言,实有在时空之中;由心极言,实有具有自身价值。这与孔孟、老庄、程朱、陆王的"心与物等性质交融论"[1]是一致的。对怀特海与《周易》的比较研究,美国唐力权先生撰有专著《周易与怀特海之间》,该著认为它们基本上是一种"场有哲学",场有哲学阐述一种相关性、相对性原理,这种原理否定绝对,"所在相对的两极都是互为依存而非可以独立的存在"[2]。

德国著名哲学家、存在主义创始人海德格尔(M.Heidegger, 1889—1976),对中国老子的"道"有独创的理解,他不是将"道"理解为西方传统存在论所说的"理性""精神"之类,而是理解为最本源的存在论域,理解为超越了古希腊的"逻各斯"(logos)或他自己讲的"在"或"Ereignis"("观看中的自身缘起")的本源,从而同太极文化中主客统一、物心统一的中道思想相一致。

在20世纪上半叶,与相对论一起构成现代物理学理论基础的量子力学,涉及因果律与物质实在的哲学问题。量子力学因果律反映的是一种新型的因果性——几率因果性。量子力学中代表量子态的波函数是在整个空间定义的,态的任何变化是同时在整个空间实现的。量子世界存在一种全局因果性或整体因果性,可以从整体上同时决定相关体系的行为。

量子力学的创始人或代表人物、丹麦科学家玻尔(N.H.D.Bohr, 1885—1962)、德国科学家海森伯(W.K.Heisenberg, 1901—1976)、奥地利科学家泡利(W.Pauli, 1900—1958)等在中西文化思想的冲突与融合上都提出过重要见解。

玻尔选用中国的太极图作为他的族徽图案,并加上"对立即互补"的铭文,认为他倡导的并协原理与太极图互补思想完全吻合,他认为波—粒二象性的描述是并协互补的,时空描述和因果描述相互排斥又相互补充。

---

[1] 唐君毅:《中西哲学思想之比较研究》,正中书局,1947年。
[2] 唐力权:《周易与怀特海之间——场有哲学序论》,此书曾以论文形式连载于1986年—1987年中国台湾《哲学与文化》杂志,1990年6月,中国台湾黎明文化公司出版;1991年3月,辽宁大学出版社出版。

结 语

海森伯提出"测不准原理",用"潜能"(Potentiality)来解释量子力学的"几率波",把"概率"、倾向或可能性看成"潜能","甚至可以拿'潜能'这个词来代替'态'这个词"[①]。"潜能"是借用了怀特海的概念,怀特海将价值论引入这个概念当中。量子力学把这个概念带回到物理科学中,使得量子论对于本体论也像对认识论一样重要。在这一点上,海森伯的物理哲学同怀特海的物理哲学有一个共同的因素。海森伯也深信东方传统哲学思想与现代科学思想之间有本质上的联系。

泡利提出东西方两种对立的极端概念:一个是西方式的客观世界概念,它不依赖于任何观察主体而遵循某种自身固有规律而运动着;另一个是东方式的主体概念,它是物我一体、天人合一,而不再面对客体与客观世界。泡利认为东西方在人类思想史上同样富有成果,是互补并协的,人类思想总在这两极中摆动。

如果说在上述中西文化互补并协的认识上,量子物理科学家们还只是建立在对中国哲学文化的基本了解基础上,那么英国科学家李约瑟(J.Needham, 1900—1995)、奥地利物理学家卡普拉(F.Capra, 1938—)、比利时科学家普里高津(I.Prigogine, 1917—)则对中国的科技、哲学、文化投入了更大的热情和精力,并提出了中西文化比较方面更为全面、科学的论点。

李约瑟终身从事中国科技史研究,其巨著《中国科学技术史》饮誉全球。他认为中国科技思想有一个重要特点,就是"有机自然主义"。他说:"中国的自然主义具有很根深蒂固的有机的和非机械的性质……最后,几乎全部中国自然哲学的最重要的特点之一,是它那欧洲人关于有神论与机械唯物论的无休止的辩论的免疫性——这一对立命题在西方是还没有完全解决的问题。"[②]他把现代科学定义为"中国的有机论和西方的机械论之间的一种协调和统一"。他尤其称赞道家思想:"欧洲思想史何以没有显示出与道家的综合体系真正相似的体系,这是一个耐人寻味的问题。我常常感到,如果我们对这个问题能有一个完整的答案,那么,欧亚两大文明各自的机

[①] 海森伯:《物理学和哲学——现代科学中的革命》,商务印书馆,1981年。
[②] 李约瑟:《中国科学技术史》,第二卷,《科学思想史·作者的话》,科学出版社、上海古籍出版社,1990年。

制大部分就全昭然若揭了。"①

卡普拉在《转折点》一书中认为,当代科学处在一个"转折点"上,"物理学已发生了数次观念革命,它们清楚地揭示了机械论世界观的局限性,并且走向有机的、生态的世界观,这种世界观与一切时代的神秘主义和古老传统(即中国思想传统)显示出一致性"。他在另一著作《物理学之道》中把《易经》看成"中国思想和文化的核心"。"它们被看成在自然与人之道的形成中所表现出来的宇宙原型。"② 卡普拉吸收了中国古代《易经》和道家阴阳互补、平衡、循环观念以及道家自然无为的思想,构造新的世界文化模式,认为未来世界文化模式是一个东西方文化平衡的文化,是一个人文文化与科学文化平衡的文化模式。

普里高津的耗散结构理论"对自然界的描述非常接近中国关于自然界中的自组织与和谐的传统观点"③。

不仅耗散结构理论、自组织理论符合中国的自然哲学思想,而且当代科学许多新学科、新理论,如协同论、突变论、系统论、信息论、超循环论、混沌论、分形论等,都与古代中国的太极思想相符合。

回顾20世纪一百年的历史,我们看到西方科学家对以太极哲学思想为代表的中国科学文化的认同与回归,玻尔对太极图的精深理解,李约瑟为探索中国科技的源流奉献大半生精力,乔治·萨顿对于东方伟大思想发出热情呼唤,具有理论革命色彩的普里高津和哈肯两大学派已指明其科学方法论的取向与中国传统的一致性。

然而,在西方对于中国太极哲学文化并非都是赞美之辞。德国著名社会学家马克斯·韦伯(Max Weber, 1864—1920)认为,禁欲的新教精神是西方发展出理性资本主义的主要动因,而中国和东方国家由于缺乏像新教伦理这样一种价值体系,所以无法产生现代资本主义。

在中国占统治地位的正教——儒教,始终固守传统主义观念,对世界所采取的是适应而不是改造的态度;作为异端主流的道教,崇尚"无为"

---

① 同上书,第二卷《科学思想史·道家与道家思想》。
②《现代物理学与东方神秘主义》,灌耕据卡普拉《物理学之道》编译,四川人民出版社,1983年。
③ 普里高津:《从存在到演化》,《自然杂志》第3卷第1期。

结　语

与巫术，而无力扭转儒教的传统主义。结果是儒教的传统主义连同它的"君子不器"理想，使得社会经济无法朝向西方资本主义的道路发展。①

更令人震惊的是，1993年美国哈佛大学约翰·奥林战略研究所所长塞缪尔·P.亨廷顿提出，新世界人类的最大分歧及冲突将主要来源于不同文明的歧义，而不再是出于意识形态或经济状况的差别。他认为，当前冲突的核心将是西方与伊斯兰——儒教文明之间的矛盾。出于维护西方利益的基本立场，他主张限制儒教与伊斯兰国家的军力扩张、价值观输入，利用儒教国家与伊斯兰国家的分歧和矛盾。②

东西方文化、文明是大冲突还是大融合？已越来越引起人们的关注。

我们还是把眼光收回到东方、收回到中国。

20世纪的中华民族是一个多么灾难深重、多么动荡不安，又是多么抗争奋进的民族！就文化思潮而言，一二十年代就有五四运动、科玄论战。在"科玄论战"中，当时北京大学教授张君劢发起了以儒家传统对抗新文化运动中的科学实证论运动。在强烈的民族文化危机意识的刺激下，一部分以承续中国文化之慧命为己任的知识分子，力图恢复儒家传统的本体和主导地位，重建宋明理学的"伦理精神象征"，并以此为基础来吸纳、融合、会通西学，建构起一种"继往开来""中体西用"式的思想体系，以谋求中国文化和中国社会的现实出路。这种哲学和文化思潮，被称为"现代新儒学"。③倡导"现代新儒学"者，当然就是"现代新儒家"。现代新儒家是"中国现代文化保守主义的主流派"④，七十年来已有三代人薪火相传：从梁漱溟、熊十力、冯友兰，到唐君毅、牟宗三、徐复观，到杜维明、刘述先……

与"现（当）代新儒家"名称相对应，董光璧先生提出"当代新道家"⑤，他对"当代新道家"的界定是："虽然他们多不自命'道家'，也不

---

① 马克斯·韦伯：《新教伦理与资本主义精神》，于晓、陈维纲等译，三联书店1987年；马克斯·韦伯《儒教与道教》，洪天富译，江苏人民出版社，1995年。
② 亨廷顿：《世界各种文明的对立与斗争》，美国《外交季刊》1993年夏季号。
③ 方克立、李锦全：《现代新儒学研究丛书·主编的话》，辽宁大学出版社，1994年。
④ 董光璧：《当代新道家》，华夏出版社，1991年。
⑤ 董光璧：《当代新道家》，华夏出版社，1991年。

专注于道家思想的'现代化',而是基于他们的发现,当代新科学的世界观向东方特别是道德家某些思想复归的特征,提倡一种以科学新成就为根据的贯通古今、契合东西的新文化观。这是一种基于文化趋同性的世界主义文化观。"他将李约瑟、汤川秀树、卡普拉等一批学者称为"当代新道家",并将他们发展的道家思想的现代形式归纳为四个基本论点:道实论、生成论、循环论、无为论。

对"当代新道家"的提法目前学术界尚有争议。我认为董光璧提出"当代新道家"的名称是有创见的,也是有必要的。不过既然称"当代新道家",那就应该"专注于道家思想的现代化",如同"当代新儒家"专注于儒家传统的重建一样。虽然李约瑟等人阐述过道家思想的世界意义、现代性和生态智慧,但他们既"不自命道家",又"不专注于道家思想的现代化",他们对道家的研究和推崇只是从属于对中国传统思想文化的认同和回归大背景之下,他们还称道过《易经》、儒家、法家、墨家的一些思想,因此,对"当代新道家"这个名称进行科学界定,对当代一些"专注于道家思想现代化"的学者进行划分,是一件很有意思也很有意义的事。

我认为如从科学与人文结缘、古今与东西贯通这个意义上说,与其称为"当代新道家",不如称为"当代新易家"。

这是因为,在中国文化史上,只有"易学"是贯通儒家、道家,只有"易学"是贯通人文科学与自然科学的。"易学"包含了宇宙生命的最高原则、共通原理,包括对称原理、平衡原理、和谐原理、循环原理、生生原理、稳定原理等,①"易学"更是中华传统思想文化的集大成者。无论是"儒家"还是"道家"都不足以代表中华传统文化,只有"易家"(包括了"儒家易家""道家易家")才能代表中华传统文化。因此,对于那些在现代社会专注于中华传统文化"现代化"的专家,如果要取一个新名称的话,不妨称为"当代新易家"。

当代新易家的使命就是在受到西方文化严峻挑战面前,重新确认以"易学"为代表的中华传统文化的现代价值,承续以"易道"为代表的中华民族传统理念精神,在与西方文化对接中逐步完成中西两种思维方式的双

---

① 黎凯旋:《易经的宇宙最高原理》,《中华易学》第7卷第9期。

结　语

向转型与提升，发挥"易学"统贯人文与科学的优势，从"统一性"入手建构未来科学，迎接科学革命的到来。

消解科学文化与人文文化的对立，消解中国文化与西方文化的冲突，促进人与自然的和谐、科学与人文的互补、中西文化的融合，理应是"当代新易家"追求的目标。

后记

我还清楚地记得，25年前我和同学在北大校园散步，在一片茂密的树林里，我们讨论中华文化命运时的激烈场景。中华文化好比眼前的这棵参天大树，它的根在哪里？它的主干在哪里？它的枝叶又在哪里？

当时的学术界有一派观点，认为中华文化的主干不是儒家，而是道家，也有人提出应该是儒道互补。我们围绕儒家主干、道家主干、儒道互补这三派观点争论不休。现在回想起来，真是"恰同学少年，风华正茂"。虽然我已不再"少年"，可豪情依然不减。我是同意儒道互补的，但觉得不到位，没说透。经反复琢磨，突然有一天我恍然大悟。中国文化是有根的，而主干一定是从根上长出来的。中华文化的根当然是中华民族原创性的经典，而《易经》作为"群经之首"，《易经》的八卦、六十四卦作为古圣先贤的精神符号，无疑是中华文化之根。其后从《易传》开始经历代学人的阐释，就长成了枝繁叶茂的大树。这棵大树的树干正是《易经》《易传》和历代易学的大道，是"易"的思想精髓和基本精神——"易道"。

儒家、道家不是主干，而是主枝，是长在"易道"这个坚实的树干上的树枝，后来再加上中国化的佛家，可以说中华文化就是一干三枝。最近我把它称为"一个中心，三个代表"。

后来我将这个观点写成了一本书，1999年由中国书店出版社出版，书名叫《易道：中华文化的主干》，2001年又重新做了修改、补充，书名改为《易道主干》。出版之后引起了读者和学术界的关注，这一观点也成为与儒、道主干并列的第三种观点。经过这么多年的思考，我仍坚持这一观点，并且做了补充，在"易贯儒道"的基础上加上了"禅"，成为"易贯儒道禅"。第二版中，为了纠正原《易道：中华文化主干》与原《易符与易图》分工不明的毛病，我又花了数月时间对两书进行了调整，使本书重点围绕"易道"展开论述，先介绍《易经》《易传》"易学"，然后归纳出"易道"。在第二章《易经》中，将原《易符与易图》中的"易符"内容放到了本书的

"卦爻象——符号系统"中，补充了"卦爻辞——文字系统"的内容，增写了"卦爻象与卦爻辞"一节。第三章《易传》，作了较大的补充，主要是增写了第三节与第四节。第四章基本未动。第五章第一节增写了一些内容。

第三版由广西科学技术出版社于 2010 年 11 月出版，这次出版应读者朋友的要求，特补入了"佛禅"的内容。

此次是第四修订版，由华夏出版社出版，此次出版主要增加了第五章第一节中的两部分，即"易贯儒道禅医"和"学习国学的终极目的和现实功用"两部分。

张其成

2022 年 11 月